公路养护创新技术系列——

沥青路面预防性养护理念与技术

徐　剑　黄颂昌　编著

人民交通出版社

内 容 提 要

本书根据作者多年研究成果和经验,以及国内外相关研究结论与应用情况,向读者系统介绍了沥青路面预防性养护的理念与实践,内容涵盖预防性养护的定义、应用概况和技术优势,路面病害、成因与防治对策,路面养护决策方法,预防性养护实践效果,以及雾封层、碎石封层、微表处、裂缝修补、冷补料、超薄罩面、就地热再生等多种预防性养护技术的实施细节。

本书可供从事公路管理、公路养护设计与施工的管理和技术人员使用,也可作为公路工程专业大中专院校相关专业师生的参考用书。

图书在版编目(CIP)数据

沥青路面预防性养护理念与技术/徐剑,黄颂昌编著.—北京:人民交通出版社,2011.11

ISBN 978-7-114-09410-1

Ⅰ.①沥… Ⅱ.①徐… ②黄… Ⅲ.①沥青路面-公路养护 Ⅳ.①U418.6

中国版本图书馆 CIP 数据核字(2011)第 194624 号

公路养护创新技术系列——

书 名:沥青路面预防性养护理念与技术
著 作 者:徐 剑 黄颂昌
责任编辑:丁润铎
出版发行:人民交通出版社
地 址:(100011) 北京市朝阳区安定门外外馆斜街 3 号
网 址:http://www.ccpress.com.cn
销售电话:(010) 59757969,59757973
总 经 销:人民交通出版社发行部
经 销:各地新华书店
印 刷:北京鑫正大印刷有限公司
开 本:720×960 1/16
印 张:18.5
字 数:318 千
版 次:2011 年 11 月 第 1 版
印 次:2011 年 11 月 第 1 次印刷
书 号:ISBN 978-7-114-09410-1
定 价:45.00 元
(有印刷、装订质量问题的图书由本社负责调换)

前　言

路面预防性养护是指交通主管部门或者公路管理机构，为防止路面出现病害或者轻微病害的进一步扩展，延缓路面使用性能的衰减，降低路面全寿命周期费用，在没有发生损坏或者只有轻微病害与病害迹象的路面上，采取的基本不扰动路面结构、不改变路面结构强度的路面养护作业。其基本理念是通过“早养护”实现“少养护”，通过“早投入”实现“少投入”，代表了养护理念的科学发展方向。

随着使用期的延长，我国公路已经大量进入维修养护期，交通量超预期地快速增长、车辆超载问题、极端恶劣天气等因素加大了公路养护需求，迫切需要道路工作者认真贯彻“预防为主，防治结合”的公路养护方针，积极推行预防性养护理念与技术。交通运输部《“十一五”公路养护管理事业发展纲要》中也明确提出，要“全面推行预防性养护；牢固树立全寿命周期养护成本理念；以现有高速公路、普通干线和重要旅游公路为重点，围绕路况检测调查、分析评价、养护决策和工程实施四个关键环节，抓紧研究制订预防性养护相关制度措施；积极推广应用预防性养护新设备、新技术和新工艺”。

推行预防性养护，不单只是技术问题，而是受到理念、技术、政策、资金等多方面条件的制约，是经济社会发展到一定阶段、公路养护资金和技术达到一定水平之后的产物，需要“水到渠成”，而不是在外部条件不具备情况下“生硬”推动的产物。近些年来，我们在预防性养护领域做了大量的研究和推广工作，取得了一些成效，但是仍然存在较多问题，集中表现为：尚未形成稳定的预防性养护经费来源，尚未形成牢固的预防性养护理念与认知，尚未具备完善的预防性养护的硬件条件，尚未形成完善的预防性养护技术体系，尚未形成完善的技术规范和标准体系，预防性养护相关研究工作开展仍显滞后。

为推动沥青路面预防性养护理念与技术在我国的发展，进一步提升我国路面养护管理水平，作者结合自身经验和研究成果、国内外相关研究结论与应用情况等编著本书。其中，第一章、第四～七章、第九章由徐剑编写，第二章、第三章、第八章由黄颂昌编写，第十章、第十一章由李峰编写，秦永春参与了第四章的编写工作，杨红旗、薛忠军参与了第五章、第六章的编写工作。

由于作者水平所限，书中部分观点和结论可能有待进一步研究和完善，恳请专家及同行不吝赐教。

编著者

2011 年 8 月

目　录

第一章　预防性养护研究与应用现状

第一节　路面预防性养护的定义

一、国外对路面预防性养护的定义

预防性养护是一种新的路面养护理念。根据美国各州公路和运输官员协会(American Association of State Highway and Transportation Officials,简称AASHTO)公路标准委员会的定义,路面预防性养护(Pavement Preventive Maintenance,简称PPM)是指在不增加路面结构承载力的前提下,对结构完好的路面或附属设施有计划地采取某种具有费用效益的措施,以达到保养路面系统、延缓损坏、保持或改进路面功能状况的目的。其英文定义原文为"Preventive Maintenance is a planned strategy of cost-effective treatments to an existing roadway system and it's appurtenances that preserves the system, retards future deterioration, and maintains or improves the functional condition of the system (without significantly increasing the structural capacity)"。

在国外路面养护技术体系中,与预防性养护相对应的是矫正性养护,英文为"Corrective Maintenance"或"Reactive Maintenance"。两者的关系如图1-1所示,其中路面翻修与路面重建均属矫正性养护。尽管预防性养护和矫正性养护都是需要的,但是养护工作重点应放在预防性养护上,以降低路面全寿命周期的养护费用(图1-2),并使路况始终维持在较高水平(图1-3)。

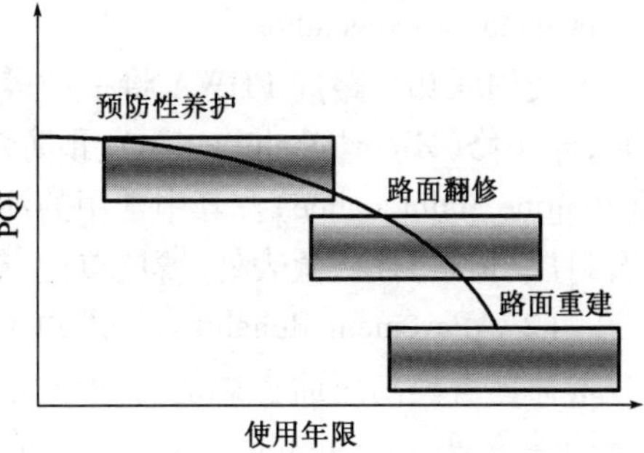

图1-1　国外养护体系中预防性养护的位置

在国外,与路面养护相关的概念还有很多,此处将一一阐述,供读者了解其中的联系与区别。

(1)"Pavement Preservation",国内有专家将其翻译为"路面保存"。按照AASHTO的定义,其是所采取的保持道路服务功能的所有措施的总称,包括保持国家公路网投资,延长路面寿命,提高路面功能,确保成本效用比,减少用户延迟。它包括矫正性养护和预防性养护,以及小型维修工程,但是不包括新建、大修、重建。其英文原文如下:“Pavement preservation is the sum of all activities undertaken to provide and maintain serviceable roadways, including the following: Preserving investment in the National Highway System, Extending pavement life, Enhancing pavement performance, Ensuring cost-effectiveness, Reducing user delays, Pavement preservation includes corrective maintenance and preventive maintenance, as well as minor rehabilitation projects. It does not include new or reconstructed pavements and pavements requiring major rehabilitation or reconstruction”。

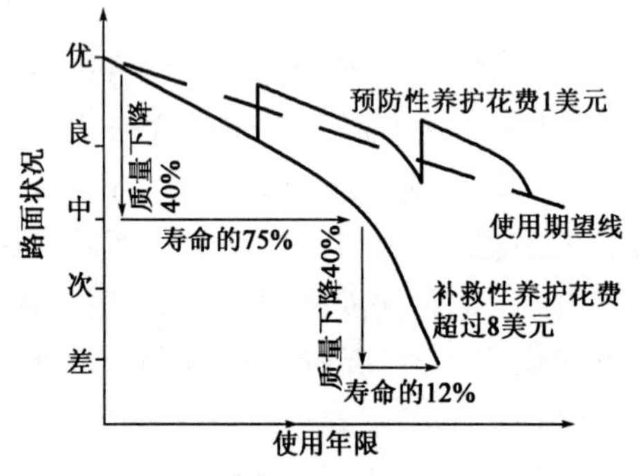

图 1-2 通过预防性养护降低养护费用

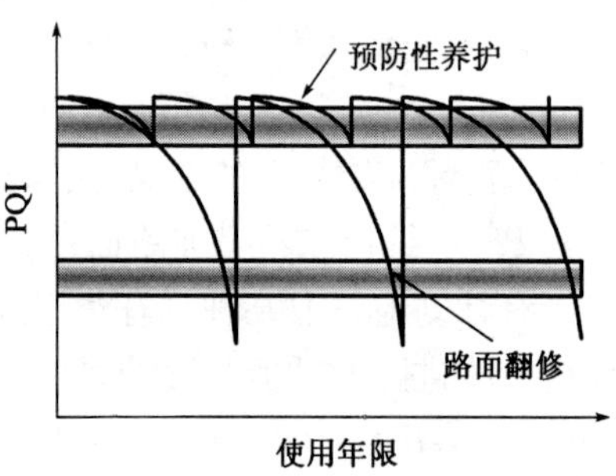

图 1-3 通过预防性养护使路况始终维持在较高水平

美国联邦公路局 FHWA 对“Pavement Preservation”的定义为:通过一系列高效益成本比的实践来延长路面寿命、提高路面安全水平、满足用户期望的网级长期养护策略。其英文原文为:“Pavement Preservation is a program employing a network level, long-term strategy that enhances pavement performance by using an integrated, cost-effective set of practices that extend pavement life, improve safety and meet motorist expectations”。

美国联邦公路局 FHWA 将三类养护方式纳入“Pavement Preservation”的范畴,即小修(Minor rehabilitation)、预防性养护(Preventive Maintenance)、日常保养(Routine Maintenance)。其中常用的沥青路面预防性养护措施主要包括灌缝、碎石封层、稀浆封层、微表处、薄层罩面、超薄罩面等。

(2)“Pavement Rehabilitation”,AASHTO 养护委员会将其定义为延长路面服务寿命或者提高路面承载能力的结构性改善。它包括路面复原(restoration)和结构性罩面(structural overlays)。其英文原文为:“Structural enhancements that extend the service life of an existing pavement and/or improve its load carrying capacity.

Rehabilitation techniques include restoration treatments and structural overlays”。

而 NCHRP 的定义与 AASHTO 略有不同，它将“Pavement Rehabilitation”定义为对路面的功能性或者结构性改善，通过显著提高路面状况和行驶质量来延长路面服务寿命。其英文原文为：“Pavement rehabilitation is defined as a structural or functional enhancement of a pavement which produces a substantial extension in service life, by substantially improving pavement condition and ride quality”。其内涵往往被概况为“4R”，即“Restoration”、“Resurfacing”、“Recycling”、“Reconstruction”，可以翻译为路面修复、罩面、再生、重建。

其中，修复（Restoration）是指对路面病害的修复以及显著改善路面的服务功能，且不会显著提高路面结构承载力的作业。其英文原文为：“Restoration is a set of one or more activities that repair existing distress and significantly increase the serviceability (and therefore, the remaining service life) of the pavement, without substantially increasing the structural capacity of the pavement”。

罩面（Resurfacing）有两种类型，一种是结构性罩面（Structural Overlay），另一种是功能性罩面（Functional Overlay）。结构性罩面通过提高路面结构承载力达到延长路面服务寿命和服务水平的目的，而功能性罩面通过修复路面功能性病害达到延长路面使用寿命的目的。其英文原文为：“Resurfacing may be either of the following: (a) A structural overlay, which significantly extends the remaining service life by increasing the structural capacity and serviceability of the pavement, usually in combination with pre-overlay repair and/or recycling. A structural overlay also corrects any functional deficiencies present. (b) A functional overlay, which significantly extends the service life by correcting functional deficiencies, but which does not significantly increase the structural capacity of the pavement”。

再生（Recycling），是指将原路面材料重新用于罩面或者路面重建中的养护作业。其英文原文为：“Recycling is the process of removing pavement materials for reuse in resurfacing or reconstructing a pavement (or constructing some other pavement)”。

重建（Reconstruction），是指清除和重铺原路面面层甚至基层、底基层。其英文原文为：“Reconstruction is the removal and replacement of all asphalt and concrete layers, and often the base and subbase layers, in combination with remediation of the subgrade and drainage, and possible geometric changes”。

美国联邦公路局 FHWA 的定义与 NCHRP 的较为接近，它将“重建”细分为小修（Minor rehabilitation）和大修（Major rehabilitation）。“小修”是指消除沥青老化和表面裂缝的,但不提高路面结构承载力的养护作业;"大修"则是指结构性维修。

(3)"Routine Maintenance"即日常养护。FHWA 列举的日常养护作业包括清扫路面、坑槽修补、局部挖补、裂缝填补等。

(4)"Corrective Maintenance"即矫正性养护。FHWA 将其定义为对影响路面运营安全、运营效率的路面病害做出的反应性养护,通常包括坑槽修补、局部挖补、路肩损害维修等。

(5)"Catastrophic Maintenance"译为灾害性养护,即对应泥石流、雪崩、水毁等造成的路面损坏进行抢修,恢复其基本通行能力的养护作业。

各类养护方式的对比见表 1-1。

美国各类养护方式的对比 表 1-1

路面工程类型	提高通行能力	提高结构强度	减缓路面老化	恢复服务功能
新建(New Construction)	√	√	√	√
重建(Reconstruction)	√	√	√	√
大修[Major (Heavy) Rehabilitation]		√	√	√
结构性罩面(Structural Overlay)		√	√	√
小修[Minor (Light) Rehabilitation]			√	√
预防性养护(Preventive Maintenance)			√	√
日常养护(Routine Maintenance)				√
矫正性养护[Corrective (Reactive) Maintenance]				√
灾害性养护(Catastrophic Maintenance)				√

二、我国对路面预防性养护的定义

1. 公路养护的定义与分类

建设和养护是公路发展的两大主题。对于公路部门来说,不仅要加快高等级公路建设,提高整个路网技术等级,更要切实加强对已建成公路的养护管理,改善路网结构,保障公路畅通。一手抓建设,一手抓养护,建养并重、协调发展,是公路事业自身发展的客观要求。其中,公路养护是保持路网完好、延长使用寿命、为经济建设提供良好服务的根本条件。如果公路养护跟不上,路网技术状况会迅速下降,道路的服务水平必然会受到影响,公路建设的初衷也就难以实现。

《公路工程名词术语》(JTJ 002—87)将公路养护定义为:"为保持公路的正常使用而进行的经常性保养、维修作业,预防和修复灾害性损害,以及为提高使用质量和服务水平而进行的加固、改善或者增建”。该定义是广义上的公路养护，而实际工作中还存在一个狭义上的“养护”，即将公路的小修保养称为养护，而将大中修养护称为“维修”，这也就是经常使用“维修养护”这个词组的原因。本书中所有的“养护”均为广义养护的概念。

《公路养护技术规范》(JTG H10—2009)将公路养护按照工程性质、规模大小和技术复杂程度，分为小修保养、中修、大修、改建4类。

(1)小修保养是对管养范围内的公路及其沿线设施经常进行维护保养和修补其轻微损坏部分的作业。

(2)中修工程是对公路及其沿线设施的一般性损坏部分进行定期的修理与加固，以恢复公路原有技术状况的工程。

(3)大修工程是对公路及其沿线设施的较大损坏进行周期性的综合修理，以全面恢复到原技术标准的工程。

(4)改建工程是对公路及其沿线设施因不适应现有交通量增长和载重需要而提高技术等级指标，显著提高其通行能力的较大工程。

各类工程的具体作业内容见表1-2。

公路养护工程的作业内容　　表1-2

工程项目	小修保养	中修工程	大修工程	改建工程
路基	保养： ①整理路肩、边坡，修剪路肩、分隔带草木，清除杂物，保持路容整洁； ②疏通边沟，保持排水系统畅通； ③清除挡土墙、护坡上有碍设施功能发挥的杂草，修理伸缩缝，疏通泄水孔及处理松动石块； ④路缘带的修理。 小修： ①小段开挖边沟、截水沟或分期铺砌边沟； ②清除零星塌方，填补路基缺口，处理轻微沉陷翻浆； ③桥头接线或桥头、涵顶跳车的处理； ④修理挡土墙、护坡、护坡道、泄水槽、护栏和防冰雪设施等局部损坏； ⑤局部加固路肩	①局部加宽、加高路基，或改善个别急弯、陡坡和不合理的视距段； ②全面修理、接长或个别添建挡土墙、护坡、护坡道、泄水槽、护栏及铺砌边沟； ③清除较大塌方，大面积翻浆、沉陷处理； ④整段开挖边沟、截水沟或铺砌边沟； ⑤过水路面的处理； ⑥平交道口的改善； ⑦整段加固路肩	①在原路技术等级内整段改善线形； ②拆除、重建或增建较大挡土墙、护坡等防护工程； ③大塌方的清除及其善后处理	整段加宽路基，改善公路线形，提高公路技术等级

续上表

工程项目	小修保养	中修工程	大修工程	改建工程
路面	保养： ①清除路面泥土、杂物，保持路面整洁； ②排除路面积水、积雪、积冰、积砂，铺防滑料、灭尘剂或压实积雪维持交通； ③砂土路面刮平，修理车辙； ④碎砾石路面匀扫面砂，添加面砂，洒水润湿，刮平波浪，修补磨耗层； ⑤处理沥青路面的泛油、拥包、裂缝、松散等病害； ⑥水泥混凝土路面日常清缝、灌缝及堵塞裂缝； ⑦路缘石的修理和刷白。 小修： ①局部处理砂石路的翻浆变形、添加稳定料； ②碎砾石路面修补坑槽、沉降，整段修理磨耗层或扫浆铺砂； ③桥头、涵顶跳车的处理； ④沥青路面修补坑槽、沉陷、处理波浪、局部龟裂、啃边等病害； ⑤水泥混凝土路面板块局部修理	①砂土路面处理翻浆，调整横坡； ②碎砾石路面局部路段加厚、加宽，调整路拱、加铺磨耗层，处理严重病害； ③沥青路面整段封层罩面； ④沥青路面严重病害的处理； ⑤水泥混凝土路面严重病害的处理； ⑥水泥混凝土路面接缝材料的整段更换； ⑦整段安装、更换路缘石； ⑧桥头搭板或过渡路面的整修	①整段采用稳定材料改善土路； ②整段加宽、加厚或翻修重铺碎砾石路面； ③翻修、补强或重铺高级、次高级路面； ④补强、重铺或加宽高级、次高级路面	①整线整段提高公路技术等级，铺筑高级、次高级路面； ②新铺碎砾石路面； ③水泥混凝土路面病害处理后，补强或改造为沥青混凝土路面
桥梁、涵洞、隧道	保养： ①清除污泥、积雪、积冰、杂物，保持桥面的清洁； ②疏通涵管，疏导桥下河槽； ③伸缩缝养护，泄水孔疏通，钢支座加润滑油，栏杆油漆； ④桥涵的日常养护； ⑤保持隧道内及洞口清洁。 小修： ①局部修理、更换桥栏杆和修理泄水孔、伸缩缝、支座和桥面的局部轻微损坏；	①修理、更换木桥较大损坏构件及防腐处理； ②修理更换中小桥支座、伸缩缝及个别构件； ③大中型钢桥的全面油漆除锈和各部件的检修； ④永久性桥墩、台侧墙及桥面的修理和小型桥面的加宽；	①在原技术等级内加宽、加高、加固大中型桥梁； ②改建、增建小型桥梁和技术性简单的中桥； ③增改建较大的河床铺底和永久性调治构造物； ④吊桥、斜拉桥修理与个别索的调整更换；	①提高公路技术等级，加宽、加高大中型桥梁； ②改建、增建小型立体交叉桥； ③增建公路通道； ④新建渡口的公路接线、码头引线；

续上表

工程项目	小修保养	中修工程	大修工程	改建工程
桥梁、涵洞、隧道	②修补墩、台及河床铺底和防护圬工的微小损坏； ③涵洞进出口铺砌的加固修理； ④通道的局部维修和疏通修理排水沟； ⑤清除隧道洞口碎落岩石和修理圬工接缝，处理渗漏水	⑤重建、增建、接长涵洞； ⑥桥梁河床铺底或调治构造物的修复加固； ⑦隧道工程局部防护加固； ⑧通道修理与加固； ⑨排水设施的更新； ⑩各类排水泵站的修理	⑤大桥桥面铺装的更换； ⑥大桥支座、伸缩缝的修理更换； ⑦通道改建； ⑧隧道通风和照明排水设施的大修或更新； ⑨隧道的较大防护、加固工程	⑤新建短隧道工程
沿线设施	保养： 标志牌、里程碑、百米桩、界牌、轮廓标等埋置、维护或定期清洗。 小修： ①护栏、隔离栅、轮廓标、标志牌、里程碑、百米桩、防雪栏栅等修理、刷漆或部分添置更换； ②路面标线的局部补画	①全线新设或更换永久性标志牌、里程碑、百米桩、轮廓标、界牌等； ②护栏、隔离栅、防雪栏栅的全面修理更换； ③整段路面标线的施画； ④通信、监控设施的维修	①护栏、隔离栅、防雪栏栅的增设； ②通信、监控设施的更新	①整段增设防护栏、隔离栅等； ②整段增设通信、监控设施
绿化	保养： ①行道树和花草的抚育、抹芽、修剪、治虫、施肥； ②苗圃内幼苗的抚育、灭虫、施肥、除草。 小修： ①行道树、花草缺株的补植； ②行道树冬季刷白	更新、新植行道树、花草，开辟苗圃等		

由此可以看出，小修、中修、大修的分类方法主要是定性的规定，相互的界限并不是很明确。同一种养护工艺可以划归不同的养护工程，互有交叉和重叠。在实际工作中，养护工程的区分经常是以工程量的大小、养护经费来源等非技术标准作为划分依据。除此之外，实际养护工程中还有所谓的“专项工程”，其划分的技术依据同样也不够明确。

正如表1-2所示，公路的养护包括路基的养护、桥梁涵洞的养护、沥青和水泥路面的养护、沿线附属设施的养护及绿化等多个方面。在整个公路养护工作中,路面的养护是公路养护的中心环节,而沥青路面又是我国高等级公路路面的主要结构形式,因此,沥青路面的养护便成为公路养护工作的重点。

2. 我国路面预防性养护的定义

《公路养护技术规范》(JTG H10—2009)要求公路养护工作必须贯彻“预防为主,防治结合”的方针,体现了预防性养护的要求。但是,目前我国现行的标准规范体系中还没有预防性养护的定义,养护工程分类中也还没有预防性养护。

为此,作者提出如下的路面预防性养护的定义,供读者参考:路面预防性养护是指交通主管部门或者公路管理机构,为了防止路面病害出现或者轻微病害的进一步扩展、延缓路面使用性能的衰减,降低路面全寿命周期费用,在没有发生损坏或者只有轻微病害与病害迹象的路面上,采取的基本不扰动路面结构、不改变路面结构强度的路面养护作业。

通俗地讲,路面预防性养护就是将养护工作提前至路面尚未出现病害或者仅出现轻微病害之时,通过“早养护”实现“少养护”,通过“早投入”实现“少投入”。图1-4为国内某早期修建的高速公路通车后历年养护总费用变化趋势图。从图中可以看出,如果及早实施预防性养护,可以减少养护费用,并使路面状况保持在相对较高的水平。

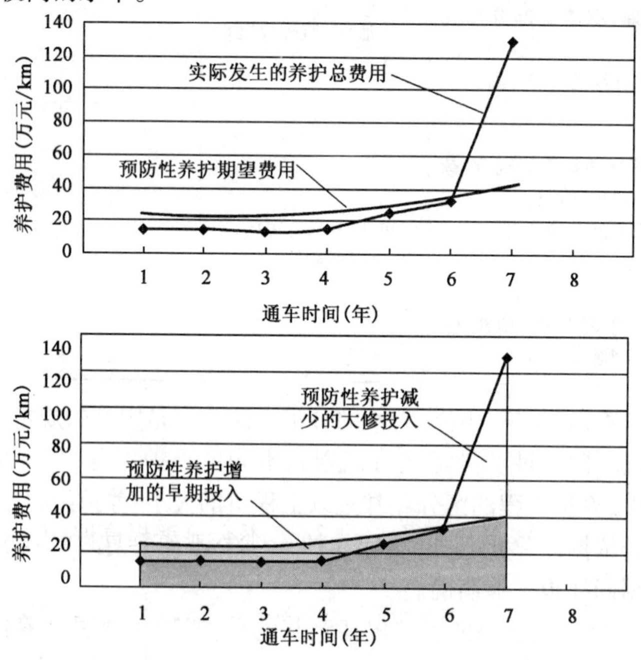

图1-4 高速公路通车后历年养护费用变化趋势图

预防性养护要求道路养护部门在路面结构良好或是路面病害发生初期，即对其进行预防性养护，避免道路病害进一步向更深层次发展，从而达到延长路面使用寿命、保持道路完好率和平整度、提高道路质量、降低道路寿命成本、延长中修或大修期限的目的。这与传统的道路养护遵循的“不坏不修”的原则截然不同。上述定义包含以下4个要素。

(1)实施的主体：交通主管部门或者公路管理机构；

(2)实施的对象(客体)：没有发生损坏或只有轻微病害与病害迹象的路面；

(3)实施的目的：维持良好路况，降低路面全寿命周期费用；

(4)技术特点：基本不扰动路面结构，不改变路面结构强度。

3. 预防性养护的外延和内涵

作者认为，按照技术特点，路面养护工程可以分为日常保养、路面病害矫正、预防性养护、路面翻修、路面重建5类。路面病害矫正是对路面局部病害的维修作业；路面翻修是指在一定深度范围内对路面的面层进行的铣刨重铺、加铺、再生等养护作业。路面重建则是对路面基层、底基层及路基进行的翻修作业。新的分类方法与公路养护技术规范中分类方法的关系见图1-5。应该说，这两者并不矛盾，而是互为补充。原方法的分类依据侧重于工程量大小和养护资金来源，有利于养护管理，而作者提出的新分类方法主要依据养护内容的技术特点进行分类。

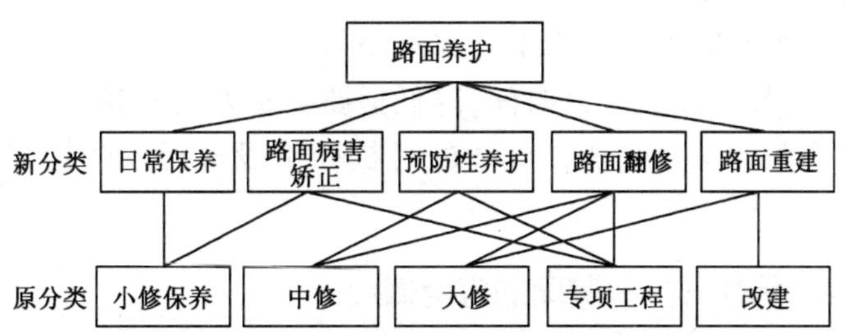

图1-5 新分类方法与原分类方法的关系

路面预防性养护在国外又被称作“0-3工程”，因为它采用的工程技术均为如雾封层、碎石封层、微表处、稀浆封层、超薄罩面、薄层罩面、就地热再生等功能恢复技术，其封层罩面厚度一般不超过3cm，不会显著提高路面结构承载能力(图1-6)。

有一些技术措施处于预防性养护与其他养护技术的边界，比如裂缝修补技术、坑槽修补技术、4cm沥青罩面等，既可以归入预防性养护的范畴，也可以分别归入路面病害矫正和路面翻修。本书根据它们属于路面功能性养护的技术特点，将这些技术纳入到预防性养护技术体系中加以论述。

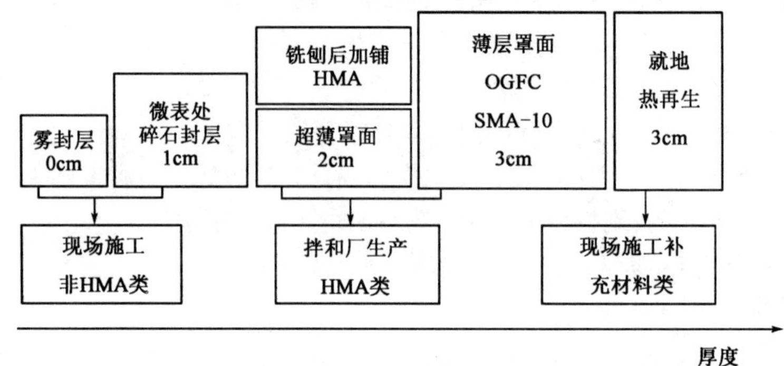

图 1-6　预防性养护的主要技术措施

第二节　预防性养护在国外的研究与应用

近 80 年前的 1932 年，德国建成世界上第一条高速公路。第二次世界大战后，欧美发达国家高速公路发展很快，大部分发达国家早在 20 世纪 60、70 年代即已建成高速公路网。实行预防性养护，是发达国家在多年的高等级公路养护实践中总结出来的基本经验：通过预防性养护，可以提高路面服务功能，延长路面大中修时间，降低道路养护费用和用户费用。国际上先进的养护理念就是主张选择合适的时机和手段进行预防性养护，做到防患于未然。

一、路面预防性养护在美国的应用情况

美国公路管理部门在 20 世纪 80 年代初期进行的路况普查显示，仅沥青路面急需重铺的费用便高达 4 000 亿美元，因路面病害造成的交通延误每年约 20 万小时。为此，美国联邦公路局于 80 年代初调整政策，提出今后公路工作的重点是加强养护、路面补强、旧桥加固、完善交通工程设施；在公路发展政策方面，压缩新建工程规模，集中资金实施“4R”工程，即路面修复（restoration）、罩面（resurfacing）、再生（recycling）、重建（reconstruction），全面弥补养护欠账，并在此基础上寻求更加经济有效的养护策略，以缓解养护经费短缺的矛盾。根据 1996 年美国联邦公路局 FHWA“Pavement Maintenance Effectiveness Preventive Maintenance Treatments Participants Handbook”提供的数据，美国为维持国家公路网路面的技术状况所需的养护经费约为500亿美元/年，而实际投入仅为250亿美元/年左右，资金缺口高达50%，如果要将路面技术状况提升至“优”的水平，则需要2 000亿美元。因此，传统的养护策略难以为继，唯有采用更加经济高效的路面预防性养护策略。

1. SHRP1996年的问卷调查结论

美国SHRP路面预防性养护研究组(SHRP Lead State Team for Preventive Maintenance)在1996年对美国各州(50个州和波多黎各)进行调查，结果如下。

(1)是否有兴趣建立预防性养护体系？28个州回答“是”，15个州回答“否”。

(2)是否需要养护管理方面的协助？16个州回答“是”，17个州回答“否”。

(3)是否需要具体预防性养护技术方面的协助？16个州回答“是”，17个州回答“否”。

(4)是否需要养护决策方面的协助，以便确定预防性养护的规模？18个州回答“是”，13个州回答“否”。

(5)是否需要养护决策方面的协助，以便确定使用何种预防性养护技术以及何时使用？22个州回答“是”，10个州回答“否”。

(6)从问卷结果得出的其他结论包括：①需要建立决策树，以确定何时才有预防性养护；②宜实现预防性养护时机的最佳化等。

2. LTPP1999年的调查结论

美国AASHTO路面保存研究组LTPP(Lead States Team on Pavement Preservation)于1999年对美国各州进行调查，调查内容包括是否有预防性养护规划、建立预防性养护规划的时间、每年的预防性养护经费、采用何种预防性养护方法以及在何种情况下使用预防性养护等。调查报告主要结果如下。

(1)接受调查的41个州中有36个已经建立了路面预防性养护体系，占被调查总数的87%，2个州正在建立预防性养护体系，41个州都在采用不同种类的预防性养护方法进行路面的养护；1996年，在接受调查的43个州中有26%的州有完善的预防性养护体系，56%的州有预防性养护体系，18%的州没有预防性养护体系。

(2)在已经有预防性养护体系的各个州中，有接近一半的州(17个)的预防性养护计划已经建成使用了10年以上时间。具体情况见表1-3。

美国各州建成使用预防性养护体系的情况 表1-3

年数	州的个数	年数	州的个数
3年	7	10年以上	17
3~10年	9		

注:以33个州为调查对象。

(3)美国各州预防性养护经费来源于年度建设预算,尽管不是专项资金,但优先予以满足。各州用于预防性养护的经费情况如表1-4所示。

美国各州预防性养护经费情况 表1-4

年经费数目(万美元)	州的个数	年经费数目(万美元)	州的个数
1 000以下	6	5 000~7 500	4
1 000~2 500	12	7 500以上	8
2 500~5 000	6		

注:以36个州为调查对象。

(4)有26个州已经建立了预防性养护技术指南,并且在不断修订和完善中;另有4个州的预防性养护指南正在制订。

(5)超过一半的州(25个)是在路面状况好的情况下采取了预防性养护措施,尽管也有少部分州因资金不足将预防性养护用于路面状况较差的情况,但仍认为必须将预防性养护严格限定在路面状况"良"(good)和"较好"(fair)的情况。

3. 美国NCHRP2004年的调查结论

美国国家公路合作研究计划(National Cooperative Highway Research Program,简称NCHRP)于2004年对美国50个州和加拿大的4个省的路面预防性养护和路面保存(Pavement Preservation)情况进行问卷调查(35个州作出回复),主要结论如下。

(1)30个州已有路面保存体系,占回复问卷总数的83%。

(2)在30个已有路面保存体系的州中,有18个州(占30个州的60%)制订了指南、标准,并有固定的预防性养护经费预算等;有4个州(占30个州的13%)制订了指南、标准,但是没有固定的预防性养护经费预算等;有8个州(占30个州的27%)在实际工作中采用预防性养护,但是没有统计的计划,也没有固定的经费预算。

(3)在30个已有路面保存体系的州中，有10个州(占30个州的33%)预防性养护计划已经执行了10年以上，有10个州(占30个州的33%)预防性养护计划已经执行了3～10年，有8个州(占30个州的27%)预防性养护计划已经执行了1～3年，1个州执行时间小于1年，还有1个州没有回答该问题。

(4)在30个已有路面保存体系的州中，有10个州(占30个州的33%)通过整个路网的养护经验验证了预防性养护可以节省养护费用、提高路面性能；有6个州(占30个州的20%)通过部分预防性养护案例验证了其可以节省养护费用、提高路面性能；有11个州(占30个州的37%)认为应用时间尚短，目前得出结论尚早；1个州没有收集数据；还有2个州当时面临预防性养护的推广障碍，没有相关数据。

(5)从30个州的回复问卷看，对于预防性养护能够实现或者是期望实现的主要目标，由重要到次要依次排序为："改善路面状况">"降低养护费用">"提高安全性">"更高的用户满意度">"技术进步"="更准确的决策"。具体情况见表1-5。

预防性养护的主要目标　　表1-5

目　标	排序名次	是否建立起跟踪目标的机制	
		是	否
更高的用户满意度	4.0	10	20
更准确的决策	4.5	9	20
技术进步	4.5	7	23
改善路面状况	1.8	29	1
降低养护费用	2.7	19	11
提高安全性	3.2	17	13
说明	按照重要性从"1"开始排序，"1"为最重要，"2"为第二重要，以此类推		

(6)各州在推行预防性养护中需要克服的潜在困难，由难到易排序为："改变差路优先的养护">"克服养护失败">"公众接受程度">"传统养护方式的材料供应商和工程企业的竞争">"不同预防性养护方式提供商的竞争">"获得早期效益">"阻止应用养护新技术的政治游说">"从最高管理层获得认可"

>“确定一个示范工程”。具体情况见表1-6。

推行预防性养护过程中需克服的潜在障碍的难易排序 表1-6

困难类型	州的个数(个)				难易程度（最难为“10”，最简单为“1”）
	已有效克服	正在克服	将要面对	不是困难	
确定一个示范工程	15	4	2	13	3.0
转变差路优先的养护	9	16	7	2	6.6
从最高管理层获得认可	14	8	5	8	4.6
获得早期效益	9	7	10	8	5.3
克服养护失败	4	9	13	—	6.3
来自传统养护方式企业的竞争	4	9	13	7	5.5
不同预防性养护方式企业的竞争	3	8	13	9	5.4
阻止应用养护新技术的政治游说	3	5	7	18	5.1
公众接受程度	4	9	16	5	5.6

(7)在35个回复问卷中,16个州(占比46%)没有专门的预防性养护经费,19个州有专门的预防性养护经费(6个州2004年的预算额超过7 500万,7个州2004年的预算额为2 500万~5 000万,3个州的预算额为1 000万~2 500万,4个州的预算额小于1 000万)。有预防性养护预算的州中,11个州对预防性养护经费由州交通部门集中管理使用,3个州分散到各地方管理使用,7个州则既有集中使用也有分散使用。

(8)进行预防性养护时的路面状况水平,9.3%的州用于技术状况为“优”(very good)的路面,25.9%的州用于技术状况为“良”(good)的路面,47%的州的州用于技术状况为“中”(fair)的路面,15.3%的州用于技术状况为“次”(poor)的路面,2.5%的州用于技术状况为“差”(very poor)的路面。具体情况见图1-7。

(9)实施路面预防性养护的主要技术目标,见表1-7。可见,美国各州实施路面预防性养护的最主要目的是减缓路况衰减速度,其次是改善路面渗水、平整度、抗滑等功能性技术状况。

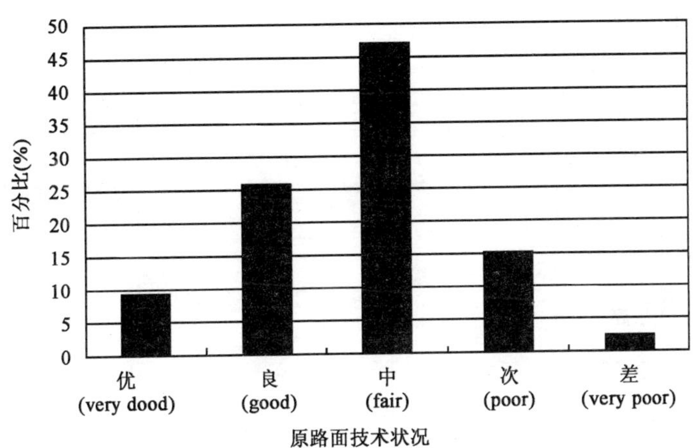

图 1-7　使用预防性养护前原路面技术状况等级

实施预防性养护的主要技术目标　　表 1-7

技术目标	州的个数(个)	技术目标	州的个数(个)
路表封层	30	减缓路况衰减速度	33
减少渗水	28	车道划分	1
提高抗滑	27	降低噪声	3
改善平整度	21		

(10)各种路面预防性养护技术在美国各州的普及情况见表 1-8。

各类预防性养护技术在美国各州的普及情况　　表 1-8

名称	州的个数(个)			
	已经使用	正在使用	准备使用	有兴趣使用
锯缝填缝	28	15	12	4
超强黏结封缝(Overband crack fill)	24	12	10	3
开普封层	3	2	2	3
雾封层	16	8	8	3
撒砂雾封层(Scrub seal)	7	2	3	5
稀浆封层	17	11	11	4

续上表

名　　称	州的个数(个)			
	已经使用	正在使用	准备使用	有兴趣使用
再生剂	9	4	2	4
单层微表处	27	15	13	7
多层微表处	17	11	9	6
单层碎石封层	28	16	13	5
多层碎石封层	18	10	8	6
改性沥青碎石封层	23	11	10	8
热拌混合料封层(Novachip)	25	11	13	5
薄层罩面(<40mm)	27	17	16	6
冷铣刨+薄层罩面(<40mm)	23	14	14	4
超薄罩面(<20mm)	11	5	5	6
就地热再生(<40mm)	17	7	6	4
就地冷再生	17	8	8	5
精铣刨	21	7	8	3
超薄水泥罩面	10	3	4	8
排水系统清理和维修	18	4	6	2

4. 美国AASHTO咨询委员会2006年调查结论

AASHTO咨询委员会于2006年3月的调查报告显示，在美国和加拿大两国参与调查的34个州和5个省中，有91.3%的州(省)实施了路面预防性养护项目，有69.6%的州(省)制订了路面预防性养护技术指南。但该报告同时指出，这些州(省)在制订预防性养护方案时，大多依据的是工程师的经验，基本上没有可量化的方法帮助公路管理部门设计预防性养护方案。

5. 美国明尼苏达州交通厅预防性养护体系

美国明尼苏达州交通厅(MnDOT)将整个州的干线公路划分为几个协作管理区域(ATP，Area Transportation Partnership)，如图1-8所示。他们将养护分为日常养护、预防性养护、维修、重建四大类。

明尼苏达州认同在结构状况良好的路面上进行预防性养护能提高费用效益比并延长使用寿命的理念。他们通过“路面管理系统应用软件”确定要进行预防性养护的路段数量，通过决策树的方式确定养护方案。具体路段采用何种养护手段，则由地区管理人员经州中心管理人员审批后确定。从2001年开始，他们确立了每年投入4 000万美元的预防性养护资金目标。图1-9是2004年该州的预防性养护需求分析情况。表1-9和图1-10为基于4 000万资金规模的预防性养护分配情况。

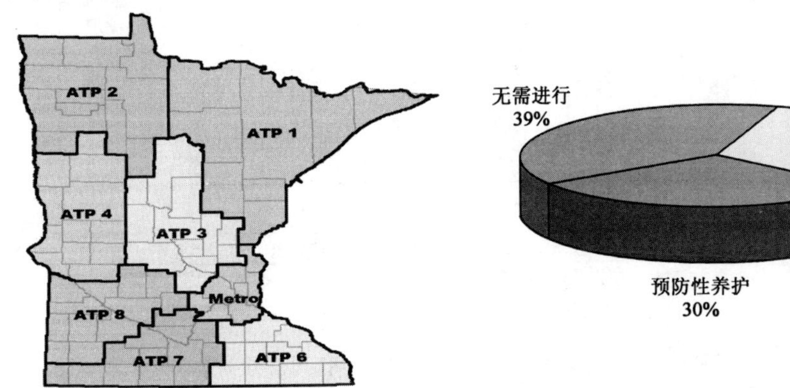

图1-8　明尼苏达州干线公路协作管理区域划分

图1-9　明尼苏达州2004年预防性养护需求（按车道公里计）

预防性养护(PPM)资金需求　　表1-9

区　域	预防性养护总需求（百万美元）	预防性养护需求比例（%）	推荐的预防性养护年度支出（基于4 000万美元的总预算）
ATP 1	8.58	6.89	2.75
ATP 2	8.03	6.44	2.58
ATP 3	14.89	11.94	4.78
ATP 4	13.39	10.74	4.30
ATP 6	13.88	11.13	4.45
ATP 7	16.32	13.10	5.24
ATP 8	10.48	8.41	3.36
Metro	39.08	31.35	12.54
总计	124.65	100.00	40.00

2005 年度的路面管理年度报告中显示，该州各区域 2005 年度的预防性养护支出 1 720 万美元，具体情况如表 1-10 所示。

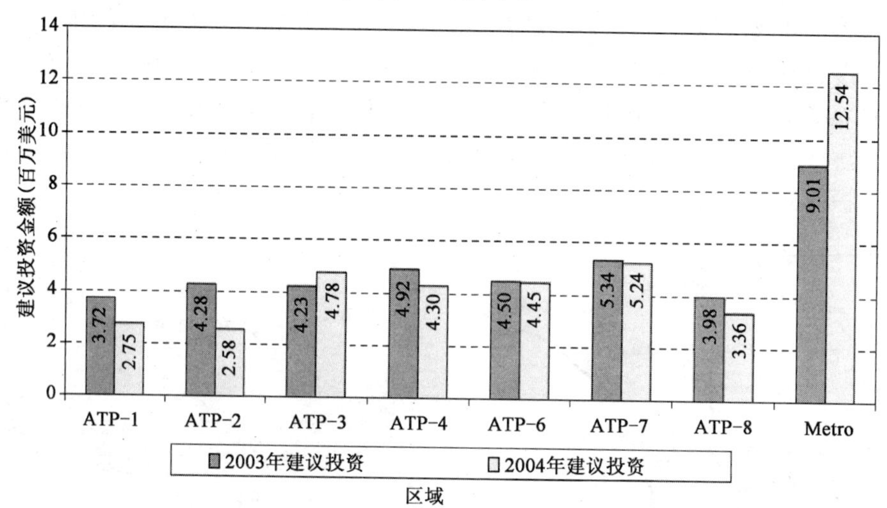

图 1-10　根据 4 000 万美元总预算建议的投资分配方案

明尼苏达州 2005 年预防性养护实际支出情况(百万美元)　　表 1-10

ATP 1	ATP 2	ATP 3	ATP 4	ATP 6	ATP 7	ATP 8	Metro	全州合计
0.3	2.1	2.8	2.9	1.8	1.5	1.2	4.6	17.2

目前，明尼苏达州采用的沥青路面预防性养护技术主要有微表处、裂缝填缝、裂缝修补、车辙填补、碎石封层、薄层罩面等，对水泥混凝土路面的预防性养护技术有灌缝、金刚石研磨和局部修补等。

二、美国路面预防性养护技术研究情况

美国近些年来对路面预防性养护技术开展了大量的研究工作，在预防性养护最佳时机的确定、预防性养护技术的实施等方面取得了很多研究成果。

1. 预防性养护方式选择的研究

(1)预防性养护技术指南

衣阿华州交通厅于 1997 年通过第一阶段研究，建立起薄层罩面养护(包括碎石封层、稀浆封层、微表处等)的适用条件，并对于薄层罩面的适用条件、使用时机、选用何种薄层罩面技术等问题提出了定性的判断依据；第二阶段研究则建立了基于路面 PCI 的薄层罩面养护定量判断依据。

密歇根州交通厅于 1999 年研究编制了路面预防性养护技术指南，其中包括

了8种沥青路面预防性养护方法和8种水泥路面预防性养护方法，对每一种养护方法分别规定了定义、主要功能、适用的原路面技术状况、原路面准备、预期效果、局限性等内容。

俄亥俄州交通厅也发布了路面预防性养护技术指南，其中包括了裂缝修补、碎石封层、微表处、水泥路面修复、薄层罩面、排水系统维护等内容，并阐述了每一种养护方法的定义与功能、适用的原路面技术状况、限制交通量、设计考虑因素、季节施工限制、单位造价、预期效果与寿命。

（2）决策树与决策矩阵

Wei 和 Tighe 于2004年发表的《基于投资效益的预防性养护决策树案例》（《Development of Preventive Maintenance Decision Trees Based on Cost-Effectiveness Analysis An Ontario Case Study》）一文中，阐述了他们在建立预防性养护决策树方面的成果；2003年，美国路面保存基金会（the Foundation for Pavement Preservation，FP^2）和美国联邦公路局联合发布的《沥青路面保存指南》中包含有决策树，以决定何时使用14种沥青路面预防性养护技术；Archuleta，E. D.，D. Ortiz 和 R. Byrne 等在《新墨西哥州性能与规划矩阵》（《The New Mexico Performance and Planning Matrix》）中介绍了新墨西哥州建立的路面保存决策树。

（3）路面预防性养护与路面管理系统的融合

将路面预防性养护纳入路面管理系统，通过后者对预防性养护决策进行优化，对预防性养护的效果进行评估，也是美国相关研究工作的重点之一。

加利福尼亚州交通厅从1995年开始将路面养护由"差路优先"转向预防性养护，2001年完成将预防性养护纳入路面管理系统的第一阶段工作。亚利桑那州交通厅于2004年完成了题为"改善路面管理系统，更好地进行预防性养护决策"（"Enhance the Pavement Management System So That It Can Determine Preventive Maintenance Strategy Effectiveness"）的研究，通过对现有路面管理系统PMS进行升级，跟踪评价路面预防性养护的效果。蒙大拿州、马里兰州、堪萨斯州、密歇根州、宾夕法尼亚州、南卡罗来州等均将路面预防性养护纳入到路面管理系统中。

2. 预防性养护时机的研究

预防性养护的实施时机尤为重要。同一种路面预防性养护技术，实施的时机不同，其路用效果和使用寿命也会完全不同。能够实现效益成本比最大化的养护时机就是预防性养护的最佳时机。换言之，路面预防性养护的核心就是要在正确的时间、正确的路面选择使用正确的养护技术。

美国 NCHRP 523 报告《路面预防性养护最佳时机确定指南》（《Guide for

Optimal Timing of Pavement Preventive Maintenance Treatment Applications》)对预防性养护的时机进行系统研究,建立起了基于最佳效益成本比的养护时机决策方法,形成了“OPTime”的养护时机分析工具。2004 年科罗拉多州交通厅开展了“各种预防性养护措施的性能、经济性及实施时机的评估”(“Evaluation of the Performance, Cost-Effectiveness, and Timing of Various Preventive Measures”)的研究,旨在建立预防性养护时机选择和养护决策的详细步骤,以改变当时主要依赖工程师经验的状况。Wei 和 Tighe 于 2004 年发表的《基于投资效益的预防性养护决策树案例》(《Development of Preventive Maintenance Decision Trees Based on Cost-Effectiveness Analysis An Ontario Case Study》)得出结论:当采取低费用投入水平的养护策略或者是全寿命周期内进行一次预防性养护时,最适宜的预防性养护时机为大修周期的中间时段;当采取中等费用投入水平的养护策略或者是全寿命周期内进行两次预防性养护时,最适宜的预防性养护时机为大修周期的1/3 时段;当采取高费用投入水平的养护策略或者是全寿命周期内进行三次预防性养护时,最适宜的预防性养护时机为大修周期的 1/4 时段。

3. 预防性养护效果的研究

美国在 20 世纪 80 年代开始进行大规模路网重建工程时,面对未来公路交通日益强化的挑战,于 1987 年启动了一个庞大的战略性公路研究项目(SHRP),其中第三个子项目“养护费用效益”就是专门从改善费用效益的角度来研究养护技术的。它包括了两个主要研究课题——H101 和 H106,前者的研究对象是四种预防性养护技术,后者的研究对象则是坑洞修补和裂缝(接缝)填封两种局部修复养护方法。此后,为期 20 年的“路面长期性能研究计划(LTPP)”又开展了沥青路面养护课题研究 SPS3。SHRP H101 和 LTPP SPS3 课题的重要研究成果,就是明确了预防性养护在延长路面寿命周期、节约寿命周期费用方面的良好经济效益。

SHRP 开展的 H－106 研究计划,就“如何对沥青路面裂缝进行经济有效长度修补”开展研究,考察了 31 种不同的裂缝修补工艺和材料,在全美 5 个地区铺筑了试验路段。之后,FHWA 开展了“Long-Term Monitoring Crack Sealing Studies”研究,对各种裂缝修补方式的路用效果进行了 7 年的跟踪观测,发布了沥青路面裂缝修复手册。

此外,美国公路界基于 LTPP SPS-3 数据库进行了大量研究和分析,其他还有大量关于微表处、超薄罩面等各类预防性养护技术使用效果的研究成果,此处不再一一列举。

三、推行路面预防性养护的阻力与应对策略

1. 遇到的主要问题

尽管预防性养护具有很多的技术经济优势，但是美国在推广应用初期遇到了非常多的阻力。这些阻力，在我国推行路面预防性养护过程中也或多或少地存在着，总结起来主要包括以下几个方面。

(1)美国联邦政府对预防性养护缺少资金支持，而对于路面大修则有资金补贴。因此，各州在路面养护工作中更愿意等到路面性能衰减到一定程度后直接进行大修。

(2)没有足够的证据证明预防性养护的技术经济优势。

(3)一些路面预防性养护技术手段被认为不适用于大交通量道路。

(4)公路管理部门不愿意面对因增加养护次数而带来的交通影响。

(5)路网中有大量路面技术水平为差的路段需要维修，没有资金和精力进行预防性养护。有的州(如明尼苏达州)的路面预防性养护和冬季养护是同一经费来源，而冬季养护(除雪、除冰)关系到百姓的出行安全，便受到了更大的重视，因此造成预防性养护经费不足。

(6)其他原因。

2. 应对策略

要想在路面养护工作实践中推行预防性养护，必然需要克服上述困难，并且要让公路养护部门真实地感受到预防性养护的技术经济优势。

美国路面保存基金会(FP2，Foundation for Pavement Preservation)在2001年发布的调查报告显示，根据其对各州公路养护部门的广泛调查，发现对于如何成功推行预防性养护，最需要解决的问题依次排序为：

(1)充足的专项经费；

(2)管理层的支持和认可；

(3)科学的数据收集与处理；

(4)从业人员的认可；

(5)技术培训；

(6)模型修订与项目选择；

(7)法规与法律支持；

(8)公众认可。

从这些调查结果可以看出，美国在推行路面预防性养护时遇到的最突出问题并非主要来自于技术层面，而来自于管理层面、资金层面，以及认知度方面。为有效解决这些问题需要采取的具体工作步骤，各州也给出了答案，见表1-11。

表 1-11

推行预防性养护最需要解决的问题

解决策略	最需要解决的问题							
	充足的专项资金	高管支持	数据采集处理	业者接受程度	技术培训	项目选择	法律支持	公众认可
制订计划	√	√		√			√	
外部推动	√	√		√			√	√
向预养护转移资金	√							
耐心	√	√	√	√	√	√	√	√
减少合同准备时间		√		√			√	
现场人员参与		√	√	√	√			
简化预养护计划		√		√				√
引进新技术		√		√				√
制订相关规范		√		√	√			√
不夸大预养护优势	√	√		√		√		
计划适应变化	√	√		√	√	√		
必要的监管和总结	√	√	√	√		√	√	√
与行业共同努力	√	√		√	√		√	√
确立预防性养护目标	√	√	√			√		
跟踪和提高优势	√	√		√	√	√	√	√

续上表

解决策略	最需要解决的问题							
	充足的专项资金	高管支持	数据采集处理	业者接受程度	技术培训	项目选择	法律支持	公众认可
获得专项资金	√							
资金应满足需求		√		√				
创新和改善技术	√		√	√	√	√		
向公众宣传					√		√	√
制作相关视频				√	√			√
抽样调查	√	√					√	√
召开信息会议	√	√		√	√			√
科学研究			√		√	√		
赞助培训项目		√		√	√			
形成指南		√		√	√			
信赖工作人员经验			√		√	√		
进行年度回顾与总结	√	√	√	√		√		

第三节　预防性养护的效果与技术经济优势

国外大量的使用经验表明,有计划地、科学合理地实施预防性养护,可以给国家和社会带来巨大的效益。

一、降低全寿命周期养护费用

预防性养护计划可以使路面在不进行大中修或改建的情况下获得更长的使用寿命,节省了投资,减少了整个生命周期的费用。美国在战略性公路研究项目(SHRP) H101 和 LTPP SPS3 课题中对养护费用效益的研究,明确了预防性养护在延长路面寿命周期、节约寿命周期费用方面的良好费用效益。研究结果表明:在整个路面寿命周期内,进行 3 ~4 次的预防性养护可以延长使用寿命 10 ~15 年,节约养护费用 45% ~50%。其带来的效益——延长道路使用寿命,大大超过实施预防性养护的成本。

美国密歇根州通过研究,认为预防性养护的费用效益是大修或改建的 6 倍。密歇根州从 1992 年开始实施预防性养护计划,对辖区内 27.6% 的公路采取了预防性养护措施,预防性养护总的资金投入约 8 000 万美元。如果不采取预防性养护措施,期间所需的大中修或改建费用估计将达到 7 亿美元,是预防性养护资金的 8 倍,因此,他们认为预防性养护措施能够有效地节省公路部门的长期投资成本。密歇根州运输规划局进一步指出,他们对预防性养护措施使用性能的估计还是相当保守的。

美国加利福尼亚州认为预防性养护能够提高路面的表面功能,可延长路面使用寿命 5 ~7 年,由此可以把本来要在路面大修或改建的资金投资到其他更需要的地方。

美国亚利桑那州公路部门对以下 3 种养护方法进行了对比研究:(1)铺筑完沥青混凝土路面后不做任何中间维修和养护,行车 20 年后进行大翻修;(2)铺筑完沥青混凝土路面 10 年后做修补性养护,而后做一次沥青混凝土罩面;(3)按照预防性养护的要求,对已经铺筑的沥青混凝土路面,根据路面检测结果,进行定期的预防性养护。研究结果表明:以第 3 种方案为基准,第 1 种方案的直接工程费用高出 63%,第 2 种方案的直接工程费用高出 55%;而由预防性养护带来的路面良好的服务能力更是其他两种方案所无法相比的。

Joseph 对三种不同养护方式进行寿命周期费用分析，得出了与亚利桑那州相同的结论。方案一为不采用预防性养护，第一次养护为当路面 PCI 衰减到 50 时加铺 5cm 热沥青罩面，第二次养护为大修；方案二是先灌缝，当路面 PCI 衰减到 50 时加铺 5cm 热沥青罩面，最后一次养护还是为大修；方案三是在路面 PCI 衰减到 50 之前进行两次灌缝，然后是 5cm 热沥青罩面，最后一次养护仍为大修。不同养护方案的经济性对比见表 1-12。结果显示，不采用预防性养护的方案一，其全寿命周期养护费用比方案二和方案三高出近 50%。

不同养护方案的经济性对比　　表 1-12

项　　目	养护方案 1	养护方案 2	养护方案 3
寿命周期费用(千美元)	855.26	623.95	584.23
效用成本系数	36.57	54.08	56.06
效用成本比	1	1.48	1.53

美国蒙大拿州 1995 年将 1 400 万美元的养护经费中的 200 万美元用于预防性养护，1996 年投入了 700 万美元用于预防性养护（占到了养护总经费的 50%），然后用路面管理系统的数据评价其成本效益比，结果显示在预防性养护中每投入 1 美元，就可以在大修养护中节省 4 ~ 10 美元。研究还发现，预防性养护成本效益比的高低在很大程度上取决于养护时机的选择，越早实施预防性养护，所需养护投入越少，得到的效果越好。

犹他州交通厅（Peterson 等人）根据该州的预防性养护经验，得出在路面寿命早期进行预防性养护可以减少 75% 的大修工程投入的结论。Chong 和 Phang 将使用裂缝修复技术进行预防性养护与没有进行预防性养护的路段进行对比研究，发现预防性养护可延长路面服务期 4 年以上。

二、延长路面寿命，减缓路面状况衰变

美国明尼苏达州交通厅从 1987 年开始利用路面管理系统数据对预防性养护的效果进行评价，结果发现，采用预防性养护的路面，其性能采用 SR（Surface Rating）表征，衰变速度显著小于没有进行预防性养护的路面，且路面使用寿命得到了明显延长，见图 1-11。

美国明尼苏达州依根市根据对其路面管理系统中路面 PCI 数据的研究分析，发现预防性养护可以显著延长路面服务寿命，见图 1-12。

1992 年,加拿大安大略省交通厅发表的《柔性路面裂缝修复的全寿命周期费用分析》(《CRACK SEALING IN FLEXIBLE PAVEMENTS: A LIFE-CYCLE COST ANALYSIS》)研究报告中,研究发现科学灌缝可以延长路面寿命 2 ~ 5 年。

Larry Galehouse 根据美国密歇根州路面预防性养护经验,认为不同的路面预防性养护技术可以延长路面寿命 2 ~ 10 年,如表 1-13 所示。

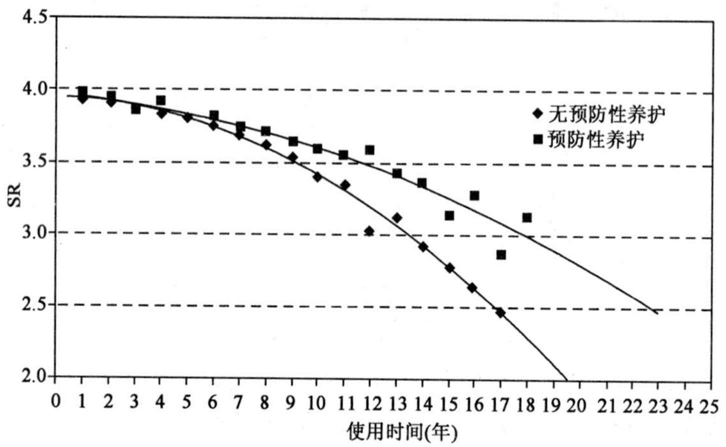

图 1-11　明尼苏达州交通厅预防性养护减缓路面性能衰变速度

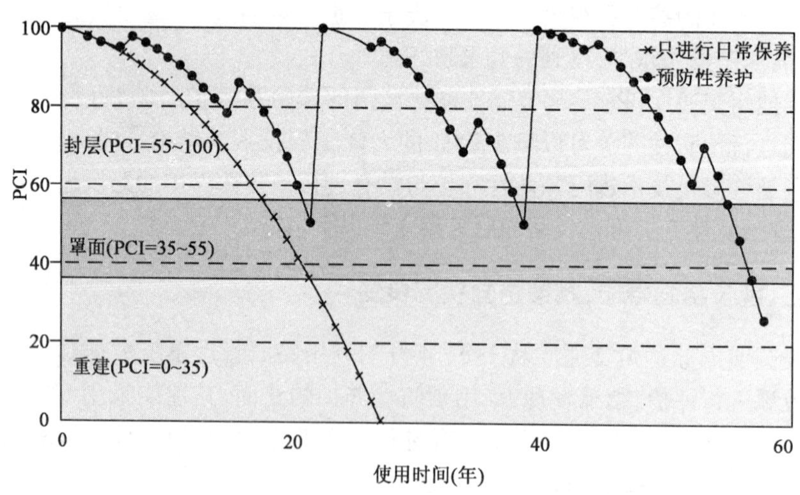

图 1-12　依根市对预防性养护效果的研究结论

不同预防性养护措施对路面寿命的延长作用 表 1-13

养护措施	延长路面寿命(年)
超强黏结封缝	2
封缝	3
单层碎石封层	3~6
双层碎石封层	4~7
单层微表处	3~5
双层微表处	4~6
热沥青超薄罩面(<20mm)	3~5
热沥青罩面(<40mm)	5~10
铣刨+热沥青罩面(<40mm)	5~10

三、改善路面功能，提高路面服务水平

通过路面预防性养护，可以显著提高路面的使用性能，可为用户提供使用质量更好的道路。

美国堪萨斯州交通厅在20世纪80年代初期还是采用“差路优先”的养护策略，从1989年开始大幅度提高路面预防性养护资金的投入，大范围采用裂缝修补、碎石封层、稀浆封层、微表处等技术进行路面预防性养护，大幅度提高了该州路网的路面技术状况。其中，州际公路路面技术状况为“优”的比例由1983年的49%提升至2003年的95%以上，非州际公路路面技术状况为“优”的比例由1983年的43%提高至2003年的93%；州际公路和非州际公路路面技术状况为“差”的比例从1983年的13%和19%降低至1%以内，如图1-13所示。

美国佐治亚州每年都采用不同的预防性养护措施(包括薄层加铺)处理10%的路面，每年投入预防性养护资金7 000万~8 000万美元。随着预防性养护技术的提高，现在采取预防性养护技术后的路面使用性能大大提高。例如与1972年相比，1997年采取预防性养护措施后路面的平整度提高了300%，即现在的封层表面处理后的路面平整度是同样的封层效果的4倍。佐治亚相关报告认为，通过预防性养护计划的实施，当地的路面行驶舒适性已经提高到相当高的水平，所以采集的平整度数据再也不是衡量预防性养护计划的关键因素。

此外，预防性养护措施可以在短期内施工完成，降低了对交通造成的干扰，

减少了居民出行的不利和交通的延误。

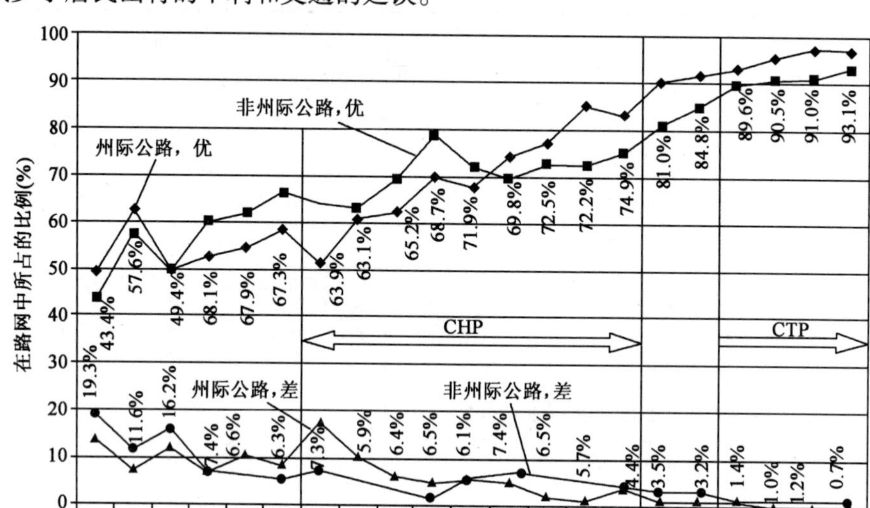

图 1-13 堪萨斯交通厅实施路面预防性养护的效果

第四节 我国路面预防性养护应用与研究概况

一、我国公路养护形势

改革开放以来,我国公路事业持续、快速发展,取得了举世瞩目的成就。2010 年年底,我国公路总里程达到 398.4 万公里,二级及以上高等级公路里程达到 44.5 万公里(含高速公路 7.4 万公里),使我国成为仅次于美国的世界第二公路大国。四通八达的公路网为我国经济社会的快速发展提供了强有力的保障。

公路的发展包括建设和养护两大方面:建设是创造财富,养护管理则是保护财富与增值财富;公路建设是前提,养护管理是保障;公路建设成就越大,公路养护任务就越重。公路网路面养护,关系到国家高速公路网数万亿巨额国有资产安全和投资效益,关系到高速公路效率的发挥和人民群众的安全便捷出行,关系到"和谐交通"和"高速公路"的可持续发展,是影响社会经济发展全局的重大问题。为此,交通运输部党组提出了"建设是发展,养护管理也是发展"的新发展观。

随着使用期的延长，我国公路已经大量进入维修养护期，交通量超出预期地快速增长、车辆超载问题、极端恶劣天气等因素加大了公路养护需求。“十二五”期间，我国经济将继续快速发展，公路客货运量和交通量将保持高增长态势，百姓对公路出行的要求将越来越高，我国公路养护需求将更加迫切。

路面工程是公路设施中投资大、影响出行直接、资源能源消耗多、环境影响大的关键工程。按照10年的大中修周期测算，仅高速公路路面的大中修养护规模已超过建设规模（约5 000km/年），到2020年将长期维持在8 000km/年以上。图1-14是潘玉利博士在2006年对我国高速公路建设和养护里程的分析，尽管“大建设”的势头由于2008年全球金融危机得以持续，使得图中的预测与实际情况略有出入，但是养护里程的迅速增加却是不争的事实。特别是由于极端恶劣天气的影响、交通量的大幅增长、超载现象等多重原因，目前我国高速公路每年的路面大中修养护工程规模已经超过了每年新建成通车的高速公路里程。我国公路已经开始由原来“建设为主”的发展阶段逐渐转变为“建养并举”的发展阶段，公路建设、维修、重建和升级改造的任务将交织在一起。

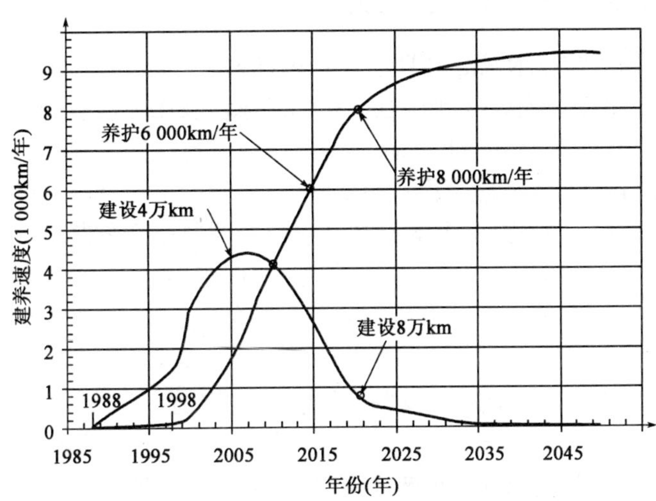

图1-14　我国高速公路养护规模发展趋势图（2006年）

这样的形势，要求我们必须转变原来“差路优先”的养护策略，全面实施预防性养护。这事关公路交通基础设施巨额国有资产的安全和效益发挥，事关人民群众的安全便捷出行和政府形象，事关交通事业的可持续发展和节约型社会的建设进程，是交通事业实现科学发展的必由之路。

改革开放以来，为缓解公路交通对社会经济发展的瓶颈制约状况，我国注重了路网和高等级公路的建设，客观上造成了路面养护技术发展滞后，难以支撑高速公路网正常运营。主要集中体现在以下几个方面。

（1）缺少路面表面及内部缺损状况快速检测、解译及养护评价分析技术。长期以来，路面检测主要是依靠人工手段，由于检测工作费时费力、影响交通、存在安全隐患，造成公路管养部门难以及时、准确地掌握公路病害发展情况及损坏规律。

（2）沥青路面大中修养护设计一直借用路面设计规范的方法，不能很好地反映道路平整度、路面破损、表面抗滑、车辙等使用性能指标，缺乏基于全寿命周期费用分析的路面养护设计技术。

（3）沥青路面传统的大中修养护施工速度慢、效率低、材料消耗多，对交通影响大。

（4）沥青路面的传统养护技术污染大、能耗高，沥青路面再生利用研究不够系统深入，急需开展低排放节能型沥青路面罩面技术、沥青路面再生利用实用技术的研究。

二、路面预防性养护推广应用取得的成绩

我国《公路养护技术规范》（JTG H10—2009）提出了“预防为主，防治结合”的公路养护方针，充分体现了预防性养护的理念。我国公路管理部门也高度重视预防性养护。在2006年全国公路养护工作会议上，交通运输部冯正霖副部长在讲话中要求各级公路管理部门从落实科学观、建设节约型行业的角度认识预防性养护的重要性，并积极推行预防性养护。《“十一五”公路养护管理事业发展纲要》中明确提出要“全面推行预防性养护；牢固树立全寿命周期养护成本理念；以现有高速公路、普通干线和重要旅游公路为重点，围绕路况检测调查、分析评价、养护决策和工程实施四个关键环节，抓紧研究制订预防性养护相关制度措施；积极推广应用预防性养护新设备、新技术和新工艺”。交通运输部《2010年全国干线公路养护与管理检查方案》中规定，省级交通主管部门或公路管理机构制定了干线公路推行预防性养护的相关制度、政策或指导意见的，加2分；公路管理机构组织对实施预防性养护技术的典型路段进行跟踪观测和评估总结的，加2分。

各地公路管理部门克服种种困难，在路面养护工作加大预防性养护力度，取得了一定成效。

1. 北京市

北京市交通委员会路政局与同济大学开展了《北京市公路路面预防性养护

技术对策》研究项目，结合北京近年来的公路数据，更新了路面管理系统中路面性能衰变模型的参数和轴载换算的系数；结合北京市已经实施预防性养护的路面的调研数据，提出路面预防性养护措施寿命预估模型；结合更新后的路面衰变模型，选取寿命周期费用效益模型提出了最佳预防性养护方案的选取方法，就费用变化对最佳养护方案的影响做了敏感性分析。2006 年该局与交通运输部公路科学研究所合作开展《改性乳化沥青稀浆封层养护技术在北京市的应用研究》，并在北京市国省干线公路网中累计实施了 200 余公里的微表处、改性稀浆封层；2007 年与交通公路科学研究所合作编写并发布实施了《北京市沥青路面大修设计与预防性养护技术指南》。

2010 年北京市交通委员会路政局与交通运输部公路科学研究所合作，在前期扎实研究工作的基础上，编制完成了《北京市公路路面预防性养护计划纲要(2010～2015)》(以下简称《纲要》)和《北京市公路沥青路面大修设计指南》(以下简称《指南》)。《纲要》作为未来五年北京市预防性养护工作的纲领性文件，提出了北京市公路网预防性养护工作的指导思想、工作方针、基本原则、预期目标、保障条件，并对未来五年北京市各区县路面预防性养护规模做出了预测；《指南》则从总则、定义、路面养护期望水平、常用预防性养护措施与适用条件等方面，对实施预防性养护的具体技术细节做了规定，成为预防性养护工程一线人员的重要技术参考。

北京市早在 20 世纪 90 年代便开始研究应用稀浆封层等养护技术。从 2005 年开始，北京市安排专项资金对国省干线公路沥青路面进行预防性养护，取得了非常好的效果。近年来，北京市国省干线公路路面预防性养护主要具备以下几个显著的特点。

(1)实施工程量大，且呈现加速发展态势。2006 年、2007 年北京市在 12 个路段实施预防性养护，共计 100 余公里；2009 年、2010 年实施预防性养护的路段增加到 83 个，实施里程 774km，投资额 5.59 亿元，详见表 1-14、表 1-15。

北京市 2009 年路面预防性养护实施情况　　表 1-14

分　类	雾封层	改性稀浆封层	微表处	超薄磨耗层	合计
项目数(个)	6	18	11	3	38
里程(km)	22	148	84	15	268
面积(1 000m^2)	227	1 174	1 308	229	2 937
计划投资额(万元)	1 248	6 682	7 313	2 445	17 688

北京市 2010 年路面预防性养护实施情况 表 1-15

分　类	雾封层	改性稀浆封层	微表处	超薄磨耗层	合计
项数(个)	8	16	13	8	45
里程(km)	120	158	181	47	506
面积(1 000m^2)	1 126	1 317	1 810	673	4 927
计划投资额(万元)	4 686	11 851	12 127	9 606	38 271

(2)多种预防性养护技术措施,满足了不同预防性养护需求。北京市已经实施的预防性养护措施涵盖了微表处、改性稀浆封层、雾封层、超薄磨耗层等目前全球范围内主要的预防性养护方式,能够满足不同路况路面预防性养护技术的需求。

(3)实施区域广,有广泛代表性。北京市路面预防性养护已覆盖全市所有区县(不含城区),实施路段涵盖三级及三级以上各等级公路,具有广泛的代表性。

(4)实施效果好。北京市在实施路面预防性养护后,路面 PCI 指标普遍达到 90 以上,且 PCI 维持在"优"和"良"平均达 2.5 ~3 年,有效遏制了路面状况衰减速度,显著改善了路面技术状况,延缓大修周期 3 年以上。

北京市通过对预防性路段的跟踪观测和研究,得到了以下基本结论:(1)预防性养护可以显著改善路面技术状况;(2)预防性养护可以有效减缓路面技术状况的衰变速度;(3)科学的预防性养护可以使路面 PCI 维持"优"、"良"水平约 3 年时间。

2. 上海市

上海从 20 世纪 90 年代中后期逐渐引进"预防性养护"的理念和技术。2001 年以来,上海市各区(县)公路的预防性养护投资和养护里程迅速增加,大量采用铣刨加铺、微表处与稀浆封层、薄层罩面等技术进行路面预防性养护。2003 年,上海市公路管理处联合同济大学开展了"公路沥青路面预防性养护技术研究",分别从预防性养护的微观标准和宏观标准、预防性养护实施的最佳时机、最具效益费用比的预防性养护措施入手,对预防性养护技术的一些关键问题进行了研究,于 2004 年 7 月 ~2004 年 10 月间完成了上海城市外环线、沪宁高速公路、浦星公路和叶新支线 4 条试验路的施工,并对其进行了跟踪观测和分析。2006 年 1 月,上海市公路管理处组织编写了《上海市公路沥青路面预防性养护技术规程》(SZ-G-D01—2007),于

2007 年 1 月 17 日由上海市市政工程管理局批准颁发,2007 年 2 月 1 日起正式实施。2006 年 7 月,上海市公路管理处将预防性养护模块纳入公路路面管理系统。

上海市区(县)公路预防性养护投资总额变化趋势见图 1-15。

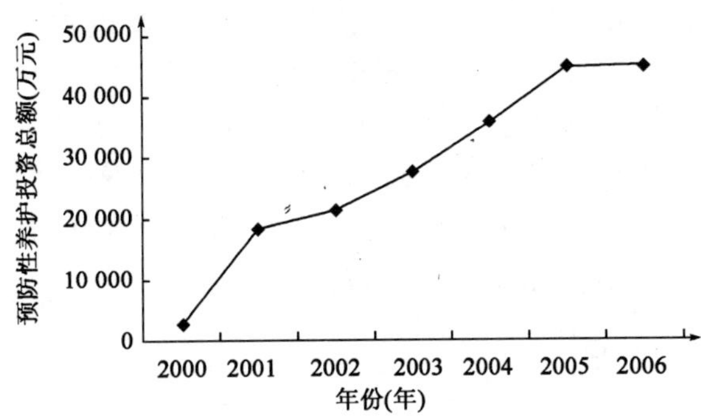

图 1-15　上海市区(县)公路预防性养护投资总额变化趋势

3. 陕西省

陕西省公路局的统计数据显示,该省公路沥青路面预防性养护资金投入随养护历程的增加呈逐年增长趋势。其中,2006 年沥青路面养护里程较 2000 年增加 1 774. 9km,养护资金投入增加 29 343. 7 万元,是 2000 年的 4. 45 倍。2000 ~ 2006 年沥青路面预防性养护投资占总投资的比例从 24. 63% 增长到 39. 95% ,增长了 62% 水泥混凝土路面预防性养护投资占总投资的比例从 4. 45% 增长到 19. 4% ,增长了 336% 。干线公路及经营性公路路面养护投资情况见图 1-16。

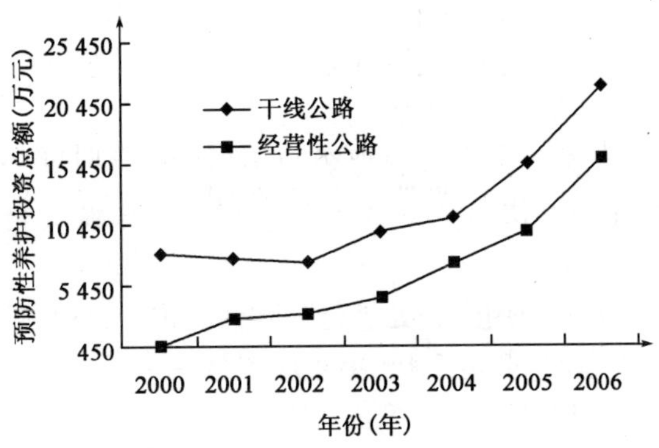

图 1-16　陕西省沥青路面预防性养护资金增长情况

4. 山东省

2003年,山东省各地市公路系统均配备了沥青路面灌缝机,当年即完成沥青路面灌缝260万延米。经过连续两年的强降雨考验,证明灌缝技术可以有效遏制路面病害的进一步发展,达到了"管三年"的目标。

京福路济南段使用就地热再生技术进行路面预防性养护。2004年,京福路济南段进行了8万m^2的就地热再生试验段,2005年完成了500万m^2的预防性养护任务,之后又陆续完成了数量不等的路面预防性养护任务。

滨州市和日照市高度重视路面预防性养护,在路面养护工作中大量采用碎石封层、裂缝修补、薄层罩面等预防性养护技术,取得了很好的使用效果。两地预防性养护资金投入不断增加,见图1-17。

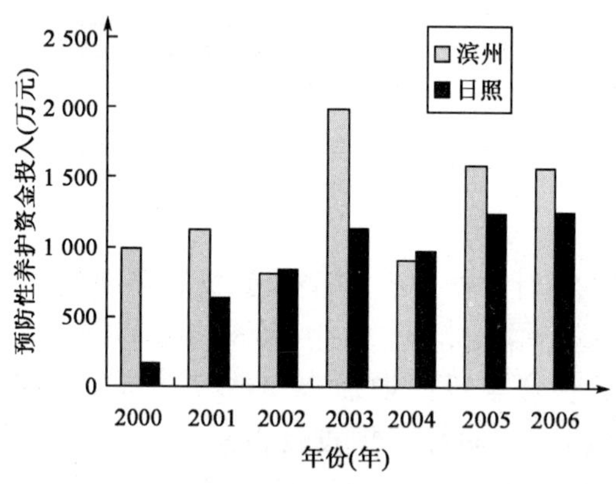

图1-17　山东省滨州和日照两地路面预防性养护投入情况

5. 其他省份

2004年,广东省高速公路有限公司开展了"沥青路面预防性养护与资产保值成套技术研究"项目的研究,研究成果形成了广东省公路行业规程《广东省高等级沥青路面预防性养护技术手册》。

安徽省为了防止路面水损害的发生,尝试采用雾封层技术进行路面封水处理;为了遏制路面车辙的快速发展,大量采用微表处车辙填充技术,对深度小于20mm的车辙进行处理。

各地高速公路大量使用微表处进行预防性养护。目前我国每年微表处用量稳定在3 000万m^2左右,截至2009年年底累计用量超过1.5亿m^2(图1-18)。微表处已经成为目前我国高速公路最主流的路面预防性养护技术,该技术被广泛用于沥青路面、水泥桥面、隧道道面的预防性养护。上海等地使用微表处情况如图1-19~图1-23所示。

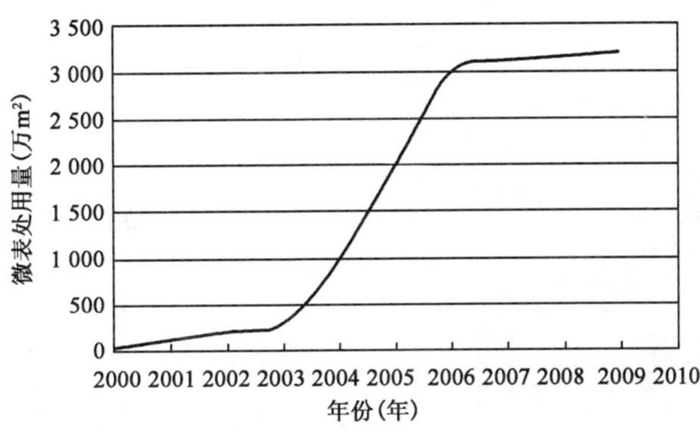

图 1-18　我国微表处养护技术的应用情况

图 1-19　上海沪宁高速微表处罩面施工现场

图 1-20　四川内宜高速微表处使用 4 年后的情况

图 1-21　安徽合安高速公路微表处修复车辙

图 1-22　浙江省隧道水泥道面微表处罩面

三、路面预防性养护技术研究概况

面对日趋严峻的路面养护形势，交通运输部、各省区市都开展了大量的路面

图 1-23　重庆成渝高速公路水泥桥面上的微表处施工现场

养护技术研究，主要研究成果包括预防性养护技术、路面再生利用技术、病害快速修复技术，涵盖了高等级公路、农村公路，沥青路面、水泥路面。早期开展的研究工作包括："七五"攻关项目"干线公路(省、市级)路面评价养护系统的技术开发"，"路面平整度快速测定仪的研制和应用技术"，国家推广项目"干线公路路面评价养护系统 CPMS 推广"，"干线公路路面管理系统(二期工程)的开发研究"等。

2000 年以来，交通运输部西部交通建设科技项目中实施了大量路面养护技术研究课题，见表 1-16。通过微表处技术、裂缝修补技术、冷补料技术等路面预防性养护技术的研究，为路面预防性养护的实施提供了经济、有效、方便的养护手段；通过沥青路面再生技术、水泥路面就地再利用技术的研究，为路面大中修养护中的废旧路面材料找到了高附加值的循环利用方法；通过路面快速修复技术的研究，显著改善了养护工程对交通的影响。通过上述研究，显著提高了我国路面养护技术水平，大大降低了路面养护成本，缩短了我国在路面养护领域与发达国家的差距。

交通运输部西部交通建设科技项目中与路面养护相关的部分课题　表 1-16

序号	项目名称	起止年限	第一承担单位
1	改性乳化沥青稀浆封层养护技术	2001～2003 年	交通运输部公路科学研究所
2	水泥混凝土路面养护技术的研究	2001～2003 年	广西壮族自治区交通科学研究所 交通运输部公路科学研究所
3	水泥混凝土路面再生利用关键技术研究	2004～2006 年	交通运输部公路科学研究所
4	沥青路面再生利用关键技术研究	2004～2006 年	浙江兰亭高科有限公司
5	农村公路路面养护技术研究	2006～2008 年	辽宁省交通运输厅公路管理局
6	高性能预拌式冷铺沥青混合料的研制和应用技术研究	2006～2008 年	交通运输部公路科学研究所
7	沥青路面高效能处治裂缝养护技术研究	2006～2008 年	交通运输部公路科学研究所
8	水泥混凝土路面快速修复技术推广应用	2007～2010 年	广西壮族自治区交通科学研究所
9	西部地区高等级公路养护技术研究	2007～2010 年	交通运输部公路科学研究所

这些研究项目有很多都属于预防性养护技术的范畴，对路面预防性养护技术的进步和推广应用起到了积极的推动作用。以目前高速公路最主流的路面预防性养护技术——微表处为例，该技术的研究始于2000年，被列入原国家经贸委国际技术创新项目，由交通运输部公路科学研究所和北京市公路桥梁建设公司承担，山西省高速公路管理局、山东东营公路局等单位参加。2000年8～9月，该项目组分别在山西太旧高速公路和山东东营潍高一级公路铺筑了试验路和实体工程，2001年和2002年分别又在四川内宜高速公路和辽宁铁四高速公路铺筑了实体工程。2001年9月，交通运输部西部交通建设科技项目也立项对微表处技术进行研究，该项目由交通运输部公路科学研究所承担，四川省交通运输厅公路局和内蒙古自治区乌海市公路管理局参加。2002年，该项目组在四川内宜高速公路和110国道内蒙古乌海段完成了两处依托工程，2003年11月完成成渝高速公路重庆上桥立交区依托工程。2005年底，交通运输部发布实施了《微表处和稀浆封层技术指南》。与此同时，国内不少单位也以多种形式对该技术进行了研究和探讨，有力地推动了微表处技术的发展。

四、存在的问题与应对策略

尽管我们在路面预防性养护领域取得了一定的进步，但是仍然存在较多问题。总体而言，目前我们尚未建立起预防性养护机制，公路部门"重维修、轻预防"的现象普遍存在。养护维修方法主要是被动式的维修，即等到路面的破坏较严重以致影响行车时，才安排大中修工程，造成养护工作的被动局面：路面"不坏不修"，一旦路坏了又迫于保障交通运输畅通压力而急于维修，"疲于奔命"，却又"修不胜修"，到头来是形成"钱也花了、路也坏了"的形式。我们现在的维修养护好比是公路的急救中心"120"，从事的是应急性的抢救工作。

1. 存在的问题

我国路面预防性养护目前主要表现出以下的问题。

（1）尚未形成预防性养护机制。预防性养护机制是指保证预防性养护实施的人员分配、机构与职责划分等，重点是形成从经费划分、路段选择与技术选择、技术实施、质量评价、长期效果评价、技术数据与资料收集与分析、养护效果总结与反馈等完整的管理体系。目前，能做到这一点的省市并不多，缺少中长期的实施计划。

（2）尚未形成稳定的预防性养护经费来源。各省市真正安排有预防性养护专项经费的数量较少。年度养护计划中预防性养护的相关工程、资金及管理规定都还没有充分细化,没有固定的预防性养护经费来源,难以保证预防性养护工作的延续性,预防性养护的长期效果也很难得以体现。部分经济欠发达地区,日常养护经费紧张,既要考虑全面养护,又要针对重点工程保障畅通,难以拿出相对充足、稳定的专项资金对道路进行预防性养护,难免使道路错过了最佳预防养护时期。有时受资金制约,预防性养护方案的选择也不尽合理。

(3)尚未形成牢固的预防性养护理念与认知。养护从业人员对预防性养护理念与技术的认知水平还很低。养护部门已经长期习惯于“差路优先”的养护方式,转变养护观念尚需时日。尽管目前预防性养护作为一个概念已经被大家熟知,但是到底为什么要进行预防性养护,何时进行预防性养护,如何实施预防性养护,很多养护管理者和养护技术人员对于这一系列问题还不是很清楚。

(4)尚未具备完善的预防性养护的硬件条件。与日常养护相比,预防性养护所需的机械化水平高,设备配套投入大;与大修养护工程和新建工程相比,预防性养护所需的机械设备大多是专用设备。在目前公路养护管理体制下,养护部门自己往往做不了,只能依靠专业技术力量,实施起来“不顺手”;而要自己来实施,就需要较大的设备投入,在资产管理办法、设备折旧、高闲置率等因素的制约下,实施预防性养护“并不划算”。

(5)尚未形成完善的预防性养护技术体系。从技术角度出发,为了成功实施预防性养护,需要科学的预防性决策(确定养护路段、养护时机、养护方案),需要成功的养护工程施工,需要严谨的质量检验评定与后评估。而目前我们的预防性养护技术体系还很不完善:预防性养护决策的随意性大,预防性养护时机的选择往往滞后,从国外借鉴而来的预防性养护工程技术在实施中存在与我国国情不完全接轨的问题,养护工程质量检验评定与后评估还处于起步阶段。

(6)尚未形成完善的技术规范和标准体系。技术问题的解决,很大程度上依赖于研究工作基础上的标准、规范、指南等的制订(这是实现预防性养护的规范化、标准化的基础)。目前,交通行业标准中还没有关于预防性养护的确切定义,一些省市尽管制订了预防性养护技术指南,但是离工程需求还有一定的距离。

(7)预防性养护相关研究工作开展仍显滞后。随着交通组成的不断变化,人民群众出行要求的不断提高,公路路面新结构、新材料、新工艺等的不断涌现,公路路面预防性养护的需求和矛盾也在不断变化,路面预防性养护新材料、新工艺、新设备也在不断涌现,对此需要持续深入地科学研究。但是目前我国路面预防性养护项目研究，“点”的研究多，“点”与“点”的对接性不够，系统性不足，没有形成完整的技术体系，并且已有研究成果的转化率总体不高。

2. 应对策略

养护从来都是与管理分不开的。推行预防性养护，不单只是技术问题，而是受到理念、技术、政策、资金等多方面条件的制约。投入产出比更高的预防性养护理念与实践，道理上似乎更适用于养护资金更加短缺的发展中国家，但是为什么欧美发达国家更热衷推广呢？在我国，预防性养护推广应用较多的为什么主要是沿海经济发达省份，而不是实际上更需要接受养护资金的西部省份呢？原因在于，预防性养护是经济社会发展到一定阶段、公路养护资金和技术达到一定水平之后的产物，需要“水到渠成”，而不是在外部条件不具备情况下“生硬”推动的产物。只有当经济社会发展到一定程度，路网经过一轮甚至几轮较大规模的翻修、重建、升级改造，路网整体技术状况已经大为改观的前提下，才有推广预防性养护的市场；只有在经济发展到相对的规模，交通量增长到相当的水平，全社会和公路养护部门才会体会到“开膛破肚”式的维修是难以接受的；只有当经济社会发展到一定水平，群众的出行要求提升到一定高度，才会使公路养护部门提高养护标准，从“不断维修差的路”转变到“不断养护好的路”上来。

推行预防性养护，转变理念是前提，成熟技术是基础，鼓励政策和充足的资金是保障。为此，作者建议从以下几个方面入手，为路面预防性养护的推广营造良好的发展环境。

(1)构建完善的制度保障

建立健全路面预防性养护管理法律法规体系、监督检查机制，实现路面预防性养护工作的制度化、法制化；建立和完善路面预防性养护技术政策、技术规范体系，形成可操作性强的路面检测、路面评价、预防性养护时机和方案选择、预防性养护后评估实施细则，实现路面预防性养护工作的科学化、规范化。

(2)构建稳定的资金保障

建立稳定、充足的公路路面预防性养护资金管道，建立预防性养护经费与汽车保有量同步增长机制，积极争取通过多种方式加大政府财政投入；利用市场机制提高资金使用效率，积极探索吸引社会资金的途径。

(3)构建强大的科技保障

提高科技投入，加大公路预防性养护新技术、新设备、新材料、新工艺研究力度，加快科研成果转化应用，提高路面服务质量和使用寿命，降低路面全寿命成本；积极推进公路养护机械化进程，全面提高公路养护技术水平和效率；广泛开展国际交流与合作，提升预防性养护管理科技水平。

(4)构建充足的人才保障

着力培养和造就一支具有全局意识和战略眼光、养护理念先进、基础理论扎实、业务功底精、既懂业务又会管理的高水平养护人才队伍;努力为基层工作人员创造更多学习交流机会;培育若干技术精湛、工作规范、具有良好职业道德的预防性养护施工人员队伍。

(5)搭建科学完善的技术标准体系

加快制订公路路面预防性养护相关技术标准和指南,构建科学完善的技术标准体系,推动预防性养护的规范化、标准化,推动科学养护,促进公路事业又好又快的发展。

(6)营造宽松和谐的内外部环境

加强与政府和相关部门的沟通协调,主动引导舆论,形成有利于预防性养护事业发展的政策环境和社会环境;在公路管理机构内部深入开展预防性养护技术宣传,切实转变公路管理者的养护理念,形成目标一致、思想统一、政令畅通、上下顺畅的行业内部环境;深入开展预防性养护工作调查研究,加强沟通和交流,使预防性养护政策制定更具前瞻性也更贴近实际,使基层部门全面理解掌握上级主管部门的意图,提高政策执行力。

第五节　我国推行路面预防性养护的意义

我国传统的养护观念,是在路面出现明确病害或已部分丧失服务功能的情况下,采取相应的功能性或结构性恢复措施进行养护。这种养护模式存在两方面问题:一是路面出现病害后,其服务功能受到显著影响,导致了社会使用成本的增加;二是错失了路面在病害初期可能通过适当处治措施防止或延缓病害发生、发展的时机。而预防性养护就是将养护工作提前,至路面没有出现病害或者出现病害的初期,通过“早投入”实现“少投入”的目的。预防性养护虽然在投入资金上要早于现有养护模式,但其投入的产出(包括社会效益)要大于现有养护模式,并且在一个较长的使用年限内,总的养护投入也低于现有养护模式。

我国的公路部门是国家行政事业单位,承担着社会服务的基本任务,在资金投入与产出方面,不仅要考虑本部门的费效比,还必须综合考虑社会成本与效益。预防性养护更能体现公路部门养护工作的性质,对于延长公路使用寿命,降低公路寿命周期成本,提高公路服务水平和资源利用效率具有重要的意义,代表了科学发展的方向。

一、我国严峻气候条件的必然要求

众所周知，道路结构的性能和耐久性受到气候条件的显著影响。夏季高温是造成沥青路面车辙的主要外因，冬季低温、气温骤降以及气温反复升级是造成沥青路面横向裂缝的最重要原因。水（降雨、降雪等）进入路面结构，是造成路面坑槽、松散等病害的重要原因。

我国地处全球季风气候最典型、最强烈的地区。与同纬度的全球其他地区相比，我国冬寒冷夏炎热，昼夜温差大、季节温差大，夏季路面温度经常在60℃以上，超过沥青软化点；冬季路面温度经常在0℃左右，一次大风降温就可以使气温降低8～10℃。以北京为例，其一月份日平均最低温度是相同纬度地区大城市中最低的，而七月份日平均最高温度却是相同纬度地区大城市中最高的。地处北纬48°德国的柏林一月份日平均最低温度为－2.7℃、七月份日平均最高温度为23.3℃，而与纬度接近的哈尔滨（北纬45°）、齐齐哈尔（北纬45°）则是冬季天寒地冻、夏季也有接近40℃的高温；地处北纬59°的瑞典首都斯德哥尔摩的一月份日平均最低温度为－5.0℃、七月份日平均最高温度为21.9℃，而纬度远低于斯德哥尔摩的我国最北端漠河（北纬53°）极端最低气温曾达－52.3℃。北京与世界其他城市的气温比较见图1-24。

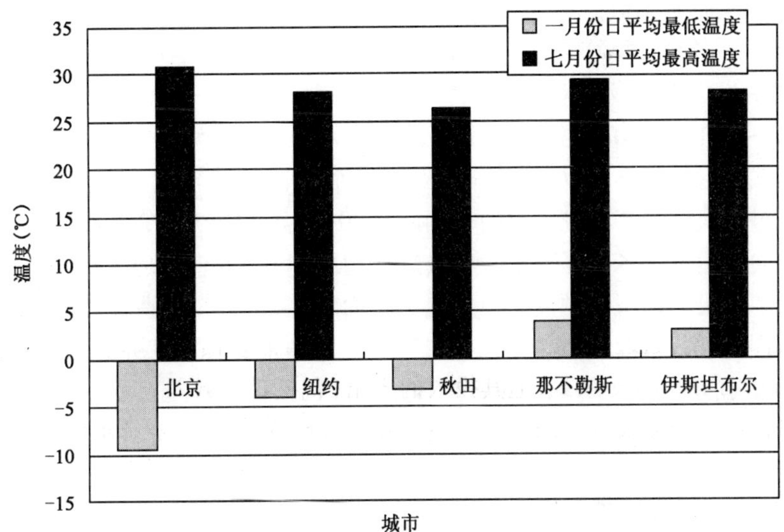

图1-24　与北京同纬度的部分大城市气温对比

这样严酷的气候条件，对路面形成严峻考验，造成路面病害出现得更早，病害发展更迅速，路面技术状况的衰减更快，适宜的养护时机“稍纵即逝”。这必然要求将养护工作提前实施预防性养护。

二、超预期交通量的必然要求

超载运输在我国是普遍存在的现象。根据交通运输部公路科学研究所孟书涛等对山西、河北、河南三省的调研，几乎所有的干线公路普遍存在着车辆超载的现象。在超载现象十分普遍的情况下，车辆超载程度又十分严重。许多额定载质量为5t的货车，实际载质量为17～20t；额定载质量为8t的货车，实际载质量为22～24t；额定载质量为10t的货车，实际载质量为30t；额定载质量为20t的货车，实际载质量则为60～80t。

按照"采用轴载比的4～8次方进行不同荷载疲劳损伤效应换算"这一普遍接受的法则，超载对公路沥青路面的破坏作用是惊人的。我国《公路沥青路面设计规范》(JTG D50—2006)也采用这样的换算方，即：

$$N = \sum_{i=1}^{k} C_1 C_2 n_1 \left(\frac{P_1}{P}\right)^{n} \tag{1-1}$$

式中：N——标准轴载的当量轴次；

n_1——各种被换算汽车的作用次数；

C_1——轴数系数；

C_2——轮组系数；

P_1——各种被换算车型的轴载(kN)；

P——标准轴载(kN)；

n——轴载换算指数。

从式中可以看出，例如车辆轴载超过路面标准设计轴载100kN的1倍，超载车通过1次相当于标准轴载的车辆通行20次($n=4.35$)～256次($n=8$)。

交通运输部和各省区市尽管积极进行超限超载治理，但是超载问题并没有得到根本解决。超载问题极大地加速了路面状况衰变速度，造成公路路面很快出现网裂、变形、松散、坑洞、拥包、翻浆、车辙等病害，高速公路和一级公路沥青路面的实际使用寿命下降至5～7年，许多公路不得不提前进行大修。这样的现状，客观上要求将养护工作提前，适时进行预防性养护，延缓路面性能衰变。

三、我国沥青路面结构形式的必然要求

路面在使用过程中，路用性能会随着时间的推移不断衰减。不同路面结构其性能衰变曲线是不同的。按照同济大学孙立军教授的研究结论，我国的路面性能衰变曲线为"先快后慢型"(图1-25)，即路面在使用初期性能下降很快。这

样的路面性能衰变特点，同样要求将养护工作提前，适时进行预防性养护。

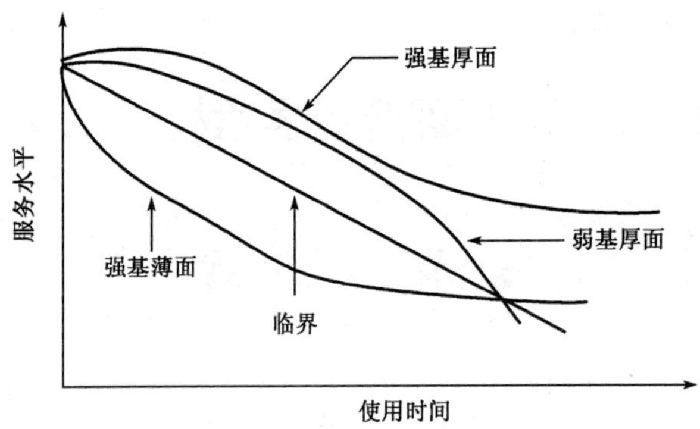

图 1-25　不同路面结构形式的路面服务水平随使用时间的变化趋势图

四、科学合理使用养护经费的必然要求

按照交通运输部的测算公布，满足我国公路网正常养护需要，每年至少需要 1 000 亿元的养护资金，而目前全国养路费中真正用于公路维修和养护的资金约为 500 亿元，公路养护管理的资金缺口很大。因此，迫切需要通过预防性养护，提高养护经费的使用效率和投入产出比。

第二章　沥青路面病害类型、成因与预防

第一节　裂　　缝

一、裂缝的分类与成因

裂缝、坑槽、车辙是我国高等级公路沥青路面的最主要病害形式。

按照裂缝外观的不同，裂缝可以分为横向裂缝、纵向裂缝、网裂、块状裂缝、推挤裂缝等不同的类型。按照裂缝形成原因的不同，裂缝可以分为荷载型裂缝、非荷载性裂缝（低温收缩裂缝、温度疲劳裂缝等）、反射裂缝等不同的类型。

1. 纵向裂缝

纵向裂缝是指与道路中线大致平行的裂缝。一般认为，纵向裂缝与路基路面结构强度不足和行车荷载的作用有关，属于荷载型裂缝。其产生的原因主要包括以下方面。

（1）路面结构强度不足以抵抗交通荷载的作用（图2-1）。路面结构设计不合理，路面厚度不足，基层施工质量不好等都会造成路基路面结构强度不足。这是纵向裂缝发生的内因。车辆超载现象严重，重载、大交通量和高轮胎压力则是产生纵向裂缝的外因。这样的纵向裂缝可能进一步发展为网裂。

图2-1　因路面结构强度不能适应重载交通的作用而产生的纵缝

（2）地基不良、路基不均匀沉降（尤其是旧路加宽后路基的不均匀沉降等），造成路面出现纵向裂缝（图2-2）。

（3）基层纵向裂缝或者旧路边缘会在其上的沥青层产生反射的纵向裂缝（图2-3）。尤其是在路面宽度较大时，路面基层的横向收缩产生纵向开裂，必然会反射到路面表面。

（4）相对方向交通荷载的显著不平衡，会造成路面纵向裂缝。

（5）沥青混合料两幅摊铺时接缝温度低、压实不够会形成纵向裂缝。

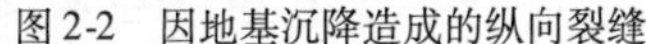

图2-2　因地基沉降造成的纵向裂缝

图2-3　沥青层铣刨后的基层表面纵向裂缝

2. 横向裂缝

横向裂缝是指与道路中线接近于垂直的裂缝。按照成因的不同，横向裂缝主要有温度裂缝和反射裂缝两种。如图2-4所示连同路缘石一起开裂的横向裂缝。

图2-4　连同路缘石一起开裂的横向裂缝

温度裂缝包括低温收缩裂缝和温度疲劳裂缝两种。低温收缩裂缝是指在气温大幅下降后，沥青路面的收缩变形受到约束，产生的拉应力或者拉应变超出沥青层抗拉强度或者极限拉应变而出现的开裂。温度疲劳裂缝是指由于环境温度的变化，沥青路面在温度应力的反复作用下产生的疲劳开裂。产生温度裂缝的外因主要是气温的骤然变化，如北方地区的大风降温天气，昼夜温差过大等，这也是我国北方地区沥青路面横向裂缝往往更为严重的原因。产生温度裂缝的内因包括沥青材料的质量差、沥青强度等级相对于气候条件而言偏低（即沥青过硬）、沥青老化等。

半刚性基层横向开裂，或者是加铺的沥青面层由于下卧旧沥青路面的横向裂缝、水泥路面的横向接缝等，会造成沥青面层的横向反射裂缝（图2-5）。

此外，沥青路面与构造物连接处填土压实度不足、固结沉陷等，也会形成横向裂缝。

3. 网裂

路面裂缝与裂缝纵横交错连接成龟甲纹状的不规则裂缝称为网裂(或者龟裂)。网裂既可能是荷载型裂缝,也可能是非荷载型裂缝。

(1)通常认为,路面结构强度不足,在重载、大交通量的行车作用出现疲劳破坏,是产生路面网裂的主要原因。这样的网裂,属于荷载型裂缝,一般出现在路面轮迹带的位置(图2-6),有时候与车辙同时出现。

图2-5 基层的横裂、纵裂形成反射裂缝

图2-6 行车道出现的严重网裂

(2)还有一种荷载型的网裂,其表现形式为轮迹带位置的多条平行纵向裂缝(图2-7)。这种裂缝称为Top-down裂缝,一般自上向下发展。孙立军教授等的研究表明,这类裂缝产生的力学机理主要是剪切疲劳破坏(多条纵向平行裂缝)和一次性剪切破坏(单条纵向裂缝)。

图2-7 表现为平行纵向裂缝形式的网裂

(3)沥青材料的质量差、沥青强度等级相对于气候条件而言偏低(即沥青过硬)、沥青老化等,使得路面在环境温度变化下产生网裂。这属于非荷载型裂缝。如图2-8所示严重网裂出现在几乎没有机动车行驶的非机动车道上,显然不是交通荷载引起的网裂。

4. 块状开裂

块状开裂是将路面分割成块状的纵横交错的裂缝。有的块状开裂是由于沥青层本身的横向裂缝、纵向裂缝不断发展,纵横交错形成的。有的块状开裂是由于路面基层的块状开裂产生的反射裂缝,见图 2-9。

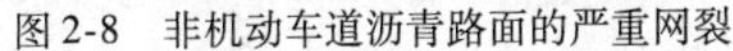

图 2-8　非机动车道沥青路面的严重网裂

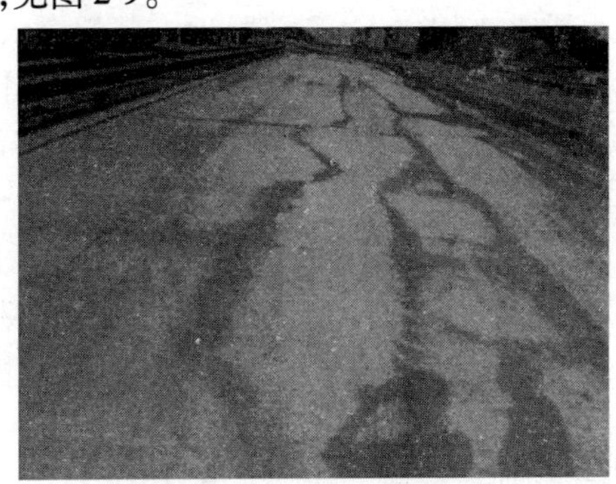

图 2-9　半刚性基层的块状开裂

还有的块状开裂是因温度疲劳以及沥青老化等原因产生的。它一般与荷载无关,但是荷载可以加大裂缝的严重程度。相对于渠化交通的公路和城市道路而言,该类块状开裂更常见于大面积铺装的区域,如收费站、停车场、停机坪。

5. 推挤开裂

推挤型裂缝也属于荷载型裂缝,它一般出现在下坡弯道处,由于面层与基层间黏结不牢,车辆频繁制动产生的侧向剪切应力在沥青面层形成的新月状或者半月状的推挤开裂,见图 2-10。

裂缝作为沥青路面的主要病害形式,欧美发达国家对此也开展了大量研究工作。例如,美国联邦公路局(FHWA)通过系统的调研,将裂缝分为 9 类,每类根据破损程度分为轻、中、重三个等级。美国 SHRP 长期路面性能鉴别手册 SHRP-P-338 将沥青路面裂缝损坏分为疲劳裂缝、块状裂缝、边缘裂缝、纵向裂缝、反射裂缝和横向裂缝。

图 2-10　推挤裂缝

二、裂缝的处治

路面开裂形成裂缝对于沥青路面而言是不可避免的,我国的沥青路面会开裂,发达国家的沥青路面同样会开裂;半刚性基层沥青路面会开裂,柔性基层的沥青路面同样也会开裂;北方寒冷地区的沥青路面会开裂,南方湿热地区的沥青路面也会开裂。

初期产生的裂缝对沥青路面的使用性能常无明显影响,但是随着路表雨水或雪水的侵入,裂缝附近土基的含水率会显著加大甚至达到饱和,使路面强度明显降低,并在行车反复作用下产生冲刷和唧浆现象(图 2-11),使沥青面层与基层间出现脱空,导致路面很快产生大面积网裂或其他形式的结构性破坏。

为了减少沥青路面的开裂,我国广大的道路工作者进行了大量的研究和探索,取得了一些进展和成果,如在筑路材料方面,大量使用优质沥青和聚合物改性沥青,尝试各种新型的沥青混合料级配类型,使用收缩性小的半刚性基层材料等;在路面结构方面,增设改性沥青或土工格网应力吸收膜,设置级配碎石中间层,增加沥青面层的厚度等;在施工工艺方面,严格控制半刚性基层碾压含水率,对沥青路面进行预锯缝处理等。所采取的这些技术措施尽管取得了一定的成效,但是仍然不可能消除裂缝病害。正如不少学者所说,要求沥青路面不开裂是不可能的。

面对沥青路面必然开裂的事实,如何对已经出现的裂缝进行修复,最大限度地降低其对路面结构强度的破坏作用,是我们必须解决的问题。

1. 裂缝处治技术种类

从处治技术的角度讲,裂缝的处治目前主要有以下几种方法。

(1)灌缝。灌缝是使用灌缝机具,将专用的灌缝胶灌入到裂缝内部,从而起到封闭裂缝的作用(图 2-12)。灌缝工艺分为开槽修补法和不开槽修补法两种形式。

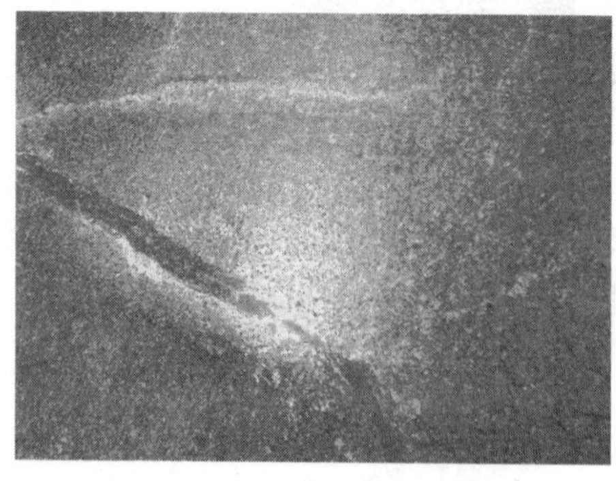

图 2-11　由裂缝渗水产生的路面唧浆

图 2-12　路面灌缝作业

(2)贴缝。贴缝是将贴缝带粘贴在裂缝表面，从而起到封闭裂缝的作用(图2-13)。

(3)挖补。可以采用挖补方式对网状裂缝、宽度或者深度较大的条状裂缝进行处治，见图2-14。

图2-13　贴缝作业

图2-14　采用挖补的方式处治裂缝

(4)碎石封层、就地热再生等。可以根据情况选择采用碎石封层、就地热再生等技术对较大面积的网裂或者是较大范围的条状裂缝进行处治。

上述技术措施，尽管难以从源头上消灭裂缝，但是却可以减少水分从裂缝处渗入路面结构，减少路面水损害的可能性，从而起到延长路面的使用寿命、推迟路面的大中修时间的作用。即便是在沥青路面加铺罩面层之前，也可先对原路面进行灌缝处理，以延缓或防止罩面层上反射裂缝的出现，延长罩面层的寿命。

2. 不同类型裂缝处治方式的选择

1)横向、纵向裂缝的处治

(1)缝宽为3~5mm的裂缝，应及时使用专用灌缝胶和灌缝设备进行灌缝；用于低等级道路时也可以使用普通热沥青或者乳化沥青进行灌缝。

(2)缝宽在5mm以上的裂缝，应在清理松动的裂缝边缘后，使用沥青砂填充、捣实；也可沿着裂缝两边各10cm开槽，进行挖补处理。

(3)维修路段内沥青路面裂缝率高，采用灌缝技术已经不够经济或者不可行，且无因基层、路基产生的病害时：

①高速公路、一级公路可使用就地热再生进行处理，再生厚度3~5cm。

②普通公路可使用碎石封层技术进行处理。

(4)纵向裂缝在灌缝处理后仍继续发展，可以判断是路面局部结构强度不足造成的，应通过挖补进行路面补强。

2)网裂、块状开裂的维修

(1)由于基层强度不足造成的路面网裂,应采用以下方法处理。

①局部网裂,对基层、面层进行挖补。

②大面积网裂,挖除原路面结构,重做路面;普通公路可将原路面进行就地冷再生后作为基层,然后重做面层。

(2)由于土基强度不足或者路基翻浆等引起的路面网裂,应首先处理土基后再重做面层。

(3)由于沥青层本身的原因产生的网裂、块状开裂可以采用以下方法修复。

①网裂面积较小的,可以采用挖补的方法进行修复。

②大面积的轻微块状开裂,对于高速公路可以采用以下方法修复:

微表处;改性沥青薄层罩面;碎石封层;雾封层;就地热再生;粘贴土工合成材料,然后进行罩面。

③大面积的中度、重度网裂、块状开裂,应先将病害路段沥青层铣刨,然后罩面;对于普通公路,可以将原路面进行就地冷再生作为基层,然后加铺罩面层。

3)推挤裂缝的维修

推挤裂缝可以通过挖补进行处理。

第二节 车　　辙

车辙是我国高速公路沥青路面的最主要病害形式之一,长期以来各地高速公路沥青路面均不同程度地受到车辙病害的困扰。

车辙会对交通行车和路面结构造成不良后果:

(1)车辆在变换车道时行驶稳定性差,形成安全隐患;

(2)雨天车辙内积水,冬季车辙槽内聚冰,易导致车辆出现飘滑,影响行车安全;

(3)影响行车舒适性;

(4)轮迹处沥青层厚度减薄,削弱了面层及其路面结构的整体强度,聚集在车辙内的水分在行车作用下渗入路面结构层内部,易诱发网裂等其他路面病害。

一、车辙的成因

沥青路面的车辙,按照成因的不同,基本可以分为三类:结构性车辙、失稳性车辙和因施工时压实不足造成的非正常性车辙。

1. 结构型车辙

结构性车辙是指由于路面结构强度不足而引起的包括路基在内的各结构层

的永久性变形。这类车辙的断面一般呈两边高中间低的 V 形，车辙范围内经常伴有路面网裂、龟裂、坑槽。

例如，我国北方某山区高速公路 15km 的沥青路面出现了严重的车辙病害（图 2-15），根据经验初步判断为结构强度不足产生的车辙。为了准确地摸清路面病害原因，对路面结构开挖探坑 2 处，钻芯取样 10 处，发现路面基层基本上是松散的。具体情况见图 2-15、图 2-16、表 2-1、表 2-2，由此可以印证上述判断。

图 2-15　高速公路沥青路面的车辙病害

图 2-16　开挖探坑后发现基层松散

钻芯取样情况　　表 2-1

取样序号	面层厚度（cm）及面层描述	基层厚度（cm）及基层描述	地貌描述	备　注
1	$H = 11$ 面层整体开裂	不成型，全部松散	填挖交界	孔深 28cm
2	$H = 8 + 5$（补层） 面层整体开裂	不成型，全部松散	半填半挖	孔深 26cm， 面层修补
3	$H = 9$ 面层整体开裂	$H = 5$ 基层上部成型， 下部呈破裂状	半填半挖	孔深 25cm，行车道左轮沉陷 4.5cm，右轮沉陷 4cm
4	$H = 12$ 面层整体开裂	基层松散不成型	填方	孔深 28cm
5	$H = 14$ 整体开裂	基层松散不成型	挖方	孔深 27cm
6	$H = 12$ 面层开裂	基层松散不成型	半填半挖	孔深 26cm
7	$H = 12$ 面层开裂	$H = 15$ 表面松散，试样开裂	半填半挖	孔深 32cm

续上表

取样序号	面层厚度(cm)及面层描述	基层厚度(cm)及基层描述	地貌描述	备注
8	$H=12$ 面层开裂	$H=15$ 表面松散	半填半挖	孔深32cm
9		$H=18$	半填半挖	挖坑取样
10	$H=12$ 芯样横向断裂	$H=19$ 基层成型,芯样纵向断裂	半填半挖	孔深28cm

探坑开挖情况

表2-2

取样序号	路基状况	结构层位	层厚(cm)	含水率(%)	描述
1	土质挖方,挖深3.2m,处上坡路段,坡度2.1%	沥青混凝土面层	13/15	—	表面车辙深3cm,严重龟裂,局部松散
		水稳碎石基层	18/20	—	水泥含量不足且不均匀,碎石粒径小,级配为0.5~2cm,板结性差,多数不成型,强度低
		水稳砂砾底基层	20/28	18.4	该层上部约10cm,水泥含量尚可,板结性好,较坚硬,下部水泥含量不足,板结性差,强度低
		砂砾垫层	29/30	23.0	砾石含量较小,压实度尚可
		土基	—	16.5	压实度不足,铁锹较易挖松
2	土质填方,填高2.5m,处下坡路段,坡度1.3%	沥青混凝土面层	14/15		表面车辙深2cm,严重龟裂,局部松散
		水稳碎石基层	19/20		水泥含量尚可,但不够均匀,板结较差,强度一般,碎石粒径为0.5~2cm
		石灰土底基层	24/30	14.8	石灰含量不均匀,板结性一般,不够坚硬
		土基	—	15.8	压实度不足,铁锹较易挖松
3	土质填方,填高2.0m,处下坡路段,坡度1.3%	沥青混凝土面层	15/15	—	表面平整密实,完好无损
		水稳碎石基层	17/20	—	水泥含量较高,碎石粒径为0.5~2cm,板结性好,较坚硬
		石灰土底基层	24/30	17.4	板结性好,比较坚硬
		土基	—	16.6	压实度不足,铁锹较易挖松

续上表

取样序号	路基状况	结构层位	层厚(cm)	含水率(%)	描　述
4	土质填方,填高2.5m,处下坡路段,坡度1.5%	沥青混凝土面层	13/15	—	表面车辙深8cm,轻度网裂
		水稳碎石基层	14/20	—	水泥含量低,石粉含量大,板结较差,很不成型,碎石粒径为0.5~2cm
		石灰土底基层	10/30	22.4	石灰含量很少,板结性较差,不够坚硬,厚度严重不足
		土基	—	15.4	压实度不足,铁锹较易挖松
5	石质挖方,挖深0.5m,处下坡路段,坡度0.5%	沥青混凝土面层	14/15	—	表面下凹成坑,深7cm,轻微网裂
		水稳碎石基层	19/20	—	水泥含量少,板结较差,强度一般,碎石粒径为2~4cm,较大
		二灰碎石底基层	30/30	13.8	石灰含量少,碎石粒径为2~4cm,压实度及强度尚可
		路基	—	—	砂岩石质路基,较坚硬

注:层厚一栏中,分子表示实测厚度,分母表示设计厚度。

2. 失稳性车辙

失稳性车辙是指由于炎热季节沥青层在交通荷载作用下产生塑性流动而形成的车辙。失稳性车辙的断面一般呈W形,轮迹带处下陷,轮迹带周边可能出现隆起。出现此类车辙,主要的诱因包括:

(1)重载交通的作用。重载交通作用下产生的剪应力超过沥青混合料的抗剪强度,导致沥青混合料侧向流动变形,不断累积形成失稳性车辙。力学计算表明,在交通荷载作用下,路面材料剪应力极值一般出现在路面表面层下3~8cm的位置,荷载越大,剪应力极值的位置越向下移动。可见,路面中面层正好处在高剪应力的分布范围内,最容易产生失稳性车辙,其次为表面层,再次为下面层。这与工程实际中观测到车辙经常出现在中面层的现象相吻合。

图2-17　上坡路段出现的W形失稳性车辙

此类车辙最容易出现在长大上坡路段(图2-17)。这是因为在长大上坡路段,重载车辆车速下降明显,延长了荷载作用时间。根据沥青材料的温度时间换算法则，长时间承受荷载与高温条件是等效的，这使得具有黏弹性特征的沥青材料表现出更多的黏性特征，更容易产生流动变形。

(2)高温。失稳性车辙最容易出现在高温季节。高温对车辙的产生具有十分明显的推波助澜的作用。没有高温，即使在重载的交通状况下，车辙也难以产生。例如，跨线桥下的路面、天桥下路面的车辙深度一般很小。车辙一般不会在冬季发生和发展，而夏季经常是连续 5 ~ 10d 的高温天气之后，原来平整的路面就会出现较为严重的车辙。这是因为，随着温度的升高，沥青的黏度呈对数级下降，表现出更多的黏性特征，更加容易出现塑性流动变形，沥青混合料的抗压强度和抗剪强度会快速下降。

检测结果显示，夏季午后路表温度经常能够达到 60 ~ 70℃，远远超过重交沥青的软化点温度。Superpave 认为沥青路面内部的温度比其表面温度还要高，沥青面层以下 20mm 处的路面温度达到最大。河南新郑路实测沥青路面温度沿深度的分布表明：路表下 4 ~ 9cm 处的温度最高，这一区域正好位于中面层。路表面很容易与大气发生热交换，表面高温持续时间短，而沥青混合料的导热系数小；内部高温不易与大气发生热交换，内部的高温持续时间长。对于具有黏弹塑性的沥青混合料，其形变与高温持续时间成正比，因此中面层更易于发生车辙。

(3)在我国，还有一种特殊的车辙，就是由于沥青层施工时混合料或者气温偏低、压实次数过少、片面追求平整度等原因造成沥青层压实度不足，在行车作用下进一步压密产生的非正常性车辙。这类车辙的断面一般也呈 W 形。

二、车辙维修的处治方法

根除车辙病害，必须具体分析车辙病害的成因，有针对性选择处治方式。

(1)对于由于基层或者路基结构强度不足产生的结构性车辙，应首先处理基层和路基。

(2)深度在 15mm 以内的车辙，可不作处理。

(3)深度为 15 ~ 25mm 的车辙，可采用以下两种方法。

①单层微表处车辙填充。

②将出现车辙的路面铣刨，然后罩面。铣刨深度应超过车辙最深处 0.5cm 以上，且留下的该材料层厚度不应小于 2cm，否则应将该层全部铣刨。

(4)深度为 25 ~ 40mm 的车辙，可采用以下两种方法。

①采用多层微表处车辙填充。当车辙伴有网裂时不宜采用该方法。

②将出现车辙的路面铣刨，然后罩面。铣刨深度应超过车辙最深处 0.5cm

以上，且留下的该材料层厚度不应小于2cm，否则应将该层全部铣刨。

(5)深度在40mm以上的车辙，不宜采用微表处车辙填充处理，只能将出现车辙的路面铣刨，然后罩面。铣刨深度应超过车辙最深处0.5cm以上，且留下的该材料层厚度不应小于2cm，否则应将该层全部铣刨。

第三节　坑　　槽

一、坑槽的成因

沥青路面的坑槽表现为两种形式，一种是"上宽下窄"的V形坑槽，一种是"上窄下宽"的∧形坑槽。两者的形成机理是不同的。

(1)"上宽下窄"的V形坑槽(图2-18)。这种坑槽自上而下发展，一般是沥青面层网裂、龟裂、松散后没有及时处理而逐渐恶化形成的。

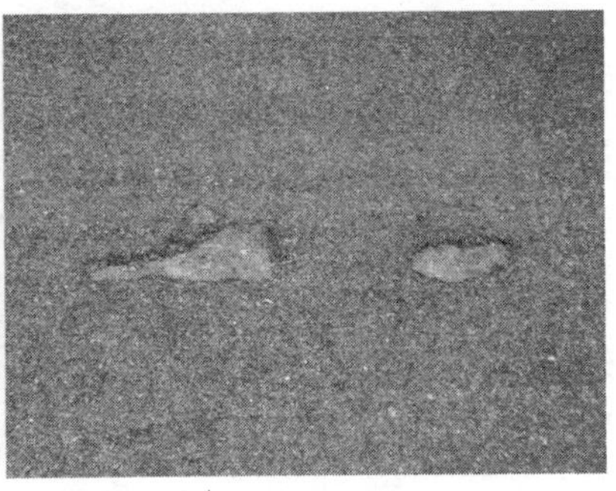

图2-18　V形坑槽

(2)"上窄下宽"的∧形坑槽。这种坑槽自下而上发展，往往是路面局部结构强度不足造成的。半刚性基层沥青路面的水损害造成路面的坑槽就是属于这一类型。当水分进入沥青路面，滞留在基层表面，在荷载作用下反复冲刷沥青层，使沥青膜与集料剥离，发生松散，水分还将基层表面的水泥、石灰、土甚至是乳化的沥青膜挤到路表形成唧浆。当路面出现唧浆后，坑槽便会很快出现(图2-19)。

图2-19　伴随着唧浆出现的路面坑槽

二、坑槽的处治方法

(1)因基层局部强度不足形成的坑槽,应对路面面层和基层进行挖补。

(2)因面层本身的原因形成的坑槽,应对路面面层进行挖补。

坑槽的挖补应遵循的基本原则:圆洞方补,斜洞正补;宁大勿小,宁深勿浅,彻底挖补。

(3)路面出现大范围的坑槽,普通公路可以进行就地冷再生,然后加铺沥青罩面层,也可进行翻修;高速公路、一级公路应进行路面翻修。

第四节　其他路面病害

一、泛油

1. 病害原因

泛油往往是由于沥青混合料中沥青用量偏多,沥青稠度太低等原因造成的。泛油一般在炎热季节产生,但是在寒冷季节泛油病害不会逆转。

泛油是沥青结合料集聚到沥青路面表面,开始时表现为单个的油斑,逐渐结合成光亮的黏膜。沥青在表面聚集,造成路面抗滑性能降低,影响行车安全。泛油是混合料缺陷的后果:高温下沥青结合料超出了混合料空隙可以容纳的量。

2. 泛油的维修方法

(1)对于轻微泛油,可以撒布 3 ~5mm 石屑或者粗砂,用压路机或者控制行车碾压。

(2)对于中度泛油,可撒布 5 ~10mm 的碎石,用压路机碾压稳定;然后再撒布 3 ~5mm 的石屑或者粗砂,并用压路机或者控制行车碾压。

(3)对于普通公路的重度泛油,可撒布 10 ~15mm 的碎石,用压路机碾压稳定;然后再撒布 5 ~10mm 的碎石,并用压路机碾压稳定。

对于高速公路、一级公路的大面积重度泛油,可采用以下方法处理:

①使用铣刨机将泛油表层刨除,铣刨后可进行罩面。

②微表处罩面。

二、磨光

1. 磨光产生的原因

磨光病害主要是由于沥青表面层集料在车轮作用下变得光滑、无棱角,造成路面抗滑性能不足。这种病害主要发生在使用石灰岩等耐磨性较差的普通公路，以及高速公路、一级公路的轮迹带处。

2. 磨光的维修方法

沥青路面出现磨光病害，可以采用以下方法处理：

(1)用铣刨机将已经磨光的沥青面层拉毛，恢复表面粗糙度。

(2)加铺抗滑表层。普通公路可采用稀浆封层、碎石封层、普通沥青混合料罩面等；高速公路、一级公路可使用微表处、超薄罩面、SMA 罩面等。

加铺抗滑表层前应首先处治好原路面的其他病害，并视情况喷洒黏层沥青。

(3)进行就地热再生。

三、松散、麻面

1. 病害成因

松散和麻面分别是沥青路面从表面向下不断发展的集料颗粒流失(麻面)和沥青结合料流失(松散)的破坏。麻面和松散的出现是由于沥青与集料间的黏结丧失造成的。这可能是由于沥青结合料硬化，集料表面灰尘阻碍了沥青与集料的黏结，沥青混合料离析造成有地方缺少粉料，压实不足造成较低的混合料现场密度。大的空隙含量会造成较快的老化，增加了麻面出现的可能性。增加沥青膜厚度可以减少老化的速度，从而抵消高空隙率的影响。由于油品泄漏造成路面表面松软和集料的移动也被为麻面。

2. 松散、麻面的维修方法

(1)对于局部的松散、麻面，应进行挖补。挖补深度视病害成因而定，病害出现在哪一层，就将挖补到哪一层。

(2)对于大面积的麻面，高速公路、一级公路可以使用微表处、超薄罩面、SMA 等进行罩面；普通公路可以使用碎石封层、稀浆封层、普通热拌沥青混合料等进行罩面。

(3)对于大面积的轻微松散，高速公路、一级公路可以使用微表处、超薄罩面、SMA 等进行罩面，也可使用雾封层、还原剂封层等进行处理；普通公路可以使用碎石封层、稀浆封层、普通热拌沥青混合料等进行罩面。

(4)对于大面积的重度松散，应将松散的路面材料层铣刨，然后罩面，或者进行就地热再生。

四、拥包和波浪

1. 病害成因

沥青路面产生拥包一般有以下两种原因。

(1)沥青面层本身原因产生的拥包,如沥青层材料的抗剪强度不足,在行车水平力作用下产生推挤拥包;沥青层过薄,或者是沥青层与下卧层黏结强度低,在行车水平力作用下产生推挤拥包等。

(2)路基冻胀造成路面局部或者大面积隆起。

沥青路面产生的波浪同样容易出现在行车水平力作用较大的地方。

2. 拥包和波浪的维修方法

(1)属于面层本身原因形成的波浪和拥包,可以采用以下方法维修:

①对于轻微波浪和拥包,可用铣刨机将隆起部分作铣刨处理,恢复路面平整。

②对于大范围的拥包和波浪,可进行就地热再生,恢复路面平整。

③对于大范围的拥包和波浪,也可进行铣刨,铣刨深度应低于波谷 3 ~5cm,然后重做沥青面层,恢复路面平整。

(2)属于基层与面层结合不良而产生推挤变形所形成的拥包,应将沥青面层、基层顶部薄弱部分铣刨或者挖除,将基层表面清扫干净后喷洒黏层油,然后重做沥青面层。

(3)属于冻胀等路基病害造成的拥包和波浪,应挖除路面结构,按照路基抗冻要求重做路基和路面结构。

五、沉陷

1. 沉陷产生的原因

沉陷是指局部范围内路面高程低于周围路面。沉陷病害一般是由于路基的不均匀沉降或者路基局部缺陷造成的。

2. 沉陷的维修方法

(1)路面基层或者土基尚未稳定的局部沉陷,应对基层或者路基进行挖补,然后重做面层。

(2)路基和基层已经密实稳定,不再继续下沉的局部沉陷,只对面层挖补。

(3)普通公路存在大范围的沉陷,采用挖补的方法在技术上、经济上已经不可行时,可对路面进行就地冷再生作为基层,然后加铺面层。

第三章　沥青路面预防性养护决策

第一节　路面技术状况评价指标

一、国外路面评价模型概况

对路面使用性能进行评价，是进行路面养护决策的前提和重要组成内容。从20世纪60年代开始，美国、日本、加拿大、英国、世界银行等国家或国际机构先后建立了不同的路面评价模型。美国AASHO的PSI(Present Serviceability Index)、日本的MCI(Maintenance Control Index)、美国军事机构的PCI(Pavement Condition Index)，是其中比较有代表性的路面评价模型。

1.路面服务性能指数(PSI)

1960年代，AASHO提出了路面服务性能指数(PSI)的概念。研究人员将与公路有关的不同职业人员8～16人组成专家评分小组，通过对路面进行主观评分，给出每个路段的个人评分值IPSR(Individual Present Serviceability Rating)，计算其平均值作为该路段的专家评分值PSR(Present Serviceability Rating)。同时，检测人员对各路段的路面损坏进行调查，用多元回归方法建立路面破损与PSR的关系。该关系被定义为路面服务性能指数PSI。

$$\mathrm{PSI} = 5.03 - 1.91\lg(1 + \mathrm{SV}) - 0.01\sqrt{C + P} - 0.21\mathrm{RD}^2 \qquad (3\text{-}1)$$

式中：SV——轮迹带纵向平整度离散度；

C——裂缝率($m^2/1\,000m^2$)；

P——修补率($m^2/1\,000m^2$)；

RD——车辙深度(cm)。

从式(3-1)可以看出，该模型包含4种路面病害，即纵向平整度、车辙(横向平整度)、裂缝、路面破损。其中，路面纵向平整度(SV)对PSI影响显著，说明当时美国的评分专家把平整度看作是公路服务水平的最重要指标，也说明PSI主要是反映道路使用者驾驶舒适性的指标。

此后，日本道路协会模仿AASHO的PSI方法，建立了日本自己的PSI模型

[式(3-2)]。该模型中,平整度对 PSI 的影响并不显著,反而是车辙、裂缝对其的影响要大一些。这说明日本 PSI 的关注点主要是道路养护(不是用户)。

$$PSI = 4.53 - 0.518\lg\sigma - 0.371\sqrt{C} - 0.174D^2 \tag{3-2}$$

式中:σ——纵向平整度标准差(mm);

C——裂缝率(%);

D——车辙深度(cm)。

2. 养护管理指数(MCI)

饭岛尚等在 PSI 模型的基础上提出了养护管理指数 MCI。该指数与 PSI 的最大不同在于评分的专家组由道路管理人员组成,且仅考虑路面平整度、裂缝、车辙对道路养护需求的影响,然后通过多元非线性分析建立了式(3-3)~式(3-6)的 MCI 评价模型,4 个方程分别用于不同的路面状况。

$$MCI = 10 - 1.48C^{0.3} - 0.29D^{0.7} - 0.47\sigma^{0.2} \tag{3-3}$$

$$MCI_0 = 10 - 1.51C^{0.3} - 0.30D^{0.7} \tag{3-4}$$

$$MCI_1 = 10 - 2.23C^{0.3} \tag{3-5}$$

$$MCI_2 = 10 - 0.54D^{0.7} \tag{3-6}$$

式中:C——裂缝率(%);

D——车辙深度(cm);

σ——平整度(mm)。

3. 路面状况指数(PCI)

美国军事机构采用扣分法建立了路况指标与专家评价之间的关系,形成式(3-7)表示的非线性方程。

$$PCI = 100 - \sum_{i=1}^{p}\sum_{j=1}^{m(i)} a(T_i, S_j, D_{ij})F(t,q) \tag{3-7}$$

式中:$a(\quad)$——破损类型 T_i、严重程度 S_j、损坏密度 D_{ij}的扣分值;

i——破损类型;

j——严重程度;

p——总的破损类型;

$m(i)$——第 i 种破坏的数量;

$F(t,q)$——重复损坏修正系数。

二、我国标准的路面状况评价模型

1. 路面使用性能(PQI)

《公路技术状况评定标准》(JTG H20—2007)中规定,公路技术状况用公路技术状况指数 MQI(Maintenance Quality Indicator)和相应分项指标表示。其中，沥青路面使用性能评价包含路面损坏、平整度、车辙、抗滑性能和结构强度五项技术内容，采用路面使用性能指数 PQI(Pavement Quality or Performance Index)表示。PQI 按式(3-8)计算。

$$PQI = w_{PCI}PCI + w_{RQI}RQI + w_{RDI}RDI + w_{SRI}SRI \tag{3-8}$$

式中：w_{PCI}——PCI 在 PQI 中的权重，按表 3-1 取值；

w_{RQI}——RQI 在 PQI 中的权重，按表 3-1 取值；

w_{RDI}——RDI 在 PQI 中的权重，按表 3-1 取值；

w_{SRI}——SRI 在 PQI 中的权重，按表 3-1 取值。

PQI 分项指标权重 表 3-1

路面类型	权重	高速、一级公路	二、三、四级公路
沥青路面	w_{PCI}	0.35	0.60
	w_{RQI}	0.40	0.40
	w_{RDI}	0.15	—
	w_{SRI}	0.10	—

2. 路面损坏状况指数(PCI)

路面损坏用路面损坏状况指数(PCI)评价。PCI 按式(3-9)、式(3-10)计算。

$$PCI = 100 - a_0 DR^{a_1} \tag{3-9}$$

$$DR = 100 \times \frac{\sum_{i=1}^{i_0} w_i A_i}{A} \tag{3-10}$$

式中：DR——路面破损率(Pavement Distress Ratio)，为各种损坏的折合损坏面积之和与路面调查面积之百分比(%)；

A_i——第 i 类路面损坏的面积(m^2)；

A——调查的路面面积(调查长度与有效路面宽度之积)(m^2)；

w_i——第 i 类路面损坏的权重，沥青路面按表 3-2 取值；

a_0——沥青路面取 15.00；

a_1——沥青路面取 0.412；

i——考虑损坏程度(轻、中、重)的第 i 项路面损坏类型；

i_0——包含损坏程度(轻、中、重)的损坏类型总数，沥青路面取 21。

PCI 与 DR 的对应关系如图 3-1 所示。

沥青路面损坏类型和权重 表3-2

类型(i)	损坏名称	损坏程度	权重(w_i)	计量单位
1 2 3	龟裂	轻 中 重	0.6 0.8 1.0	面积 m^2
4 5	块状裂缝	轻 重	0.6 0.8	面积 m^2
6 7	纵向裂缝	轻 重	0.6 1.0	长度 m (影响宽度:0.2m)
8 9	横向裂缝	轻 重	0.6 1.0	长度 m (影响宽度:0.2m)
10 11	坑槽	轻 重	0.8 1.0	面积 m^2
12 13	松散	轻 重	0.6 1.0	面积 m^2
14 15	沉陷	轻 重	0.6 1.0	面积 m^2
16 17	车辙	轻 重	0.6 1.0	长度 m (影响宽度:0.4m)
18 19	波浪、拥包	轻 重	0.6 1.0	面积 m^2
20	泛油		0.2	面积 m^2
21	修补		0.1	面积 m^2

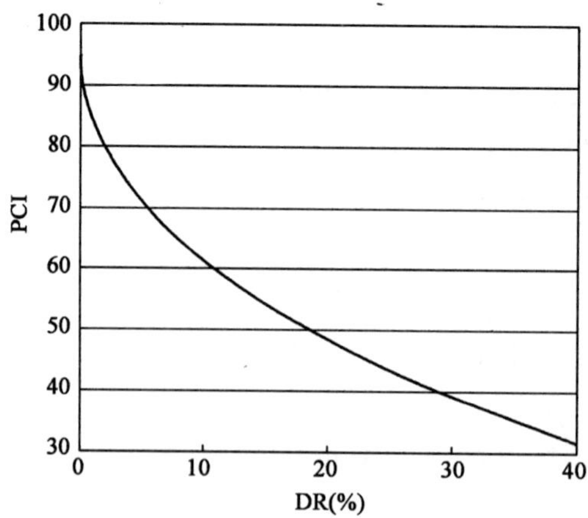

图3-1 PCI与DR的对应关系图

《公路技术状况评定标准》(JTG H20—2007)中将沥青路面损坏分为11类21项。

(1)龟裂。轻:初期裂缝,裂区无变形、无散落,缝细,主要裂缝宽度在2mm以下,主要裂缝块度在0.2～0.5m之间,损坏按面积计算。中:龟裂的发展期,龟裂状态明显,裂缝区有轻度散落或轻度变形,主要裂缝宽度在2～5mm之间,部分裂缝块度小于0.2m,损坏按面积计算。重:龟裂特征显著,裂块较小,裂缝区变形明显、散落严重,主要裂缝宽度大于5mm,大部分裂缝块度小于0.2m,损坏按面积计算。

(2)块状裂缝。轻:缝细、裂缝区无散落,裂缝宽度在3mm以内,大部分裂缝块度大于1.0m,损坏按面积计算。重:缝宽、裂缝区有散落,裂缝宽度在3mm以上,主要裂缝块度在0.5～1.0m之间,损坏按面积计算。

(3)纵向裂缝。轻:缝细、裂缝壁无散落或有轻微散落,无支缝或有少量支缝,裂缝宽度在3mm以内,损坏按长度计算,检测结果用影响宽度(0.2m)换算成面积。重:缝宽、裂缝壁有散落、有支缝,主要裂缝宽度大于3mm,损坏按长度(m)计算,检测结果用影响宽度(0.2m)换算成面积。

(4)横向裂缝。轻:缝细、裂缝壁无散落或有轻微散落,裂缝宽度在3mm以内,损坏按长度计算,检测结果用影响宽度(0.2m)换算成面积。重:缝宽、裂缝贯通整个路面、裂缝壁有散落并伴有少量支缝,主要裂缝宽度大于3mm,损坏按长度计算,检测结果用影响宽度(0.2m)换算成面积。

(5)坑槽。轻:坑浅,有效坑槽面积在0.1m^2以内(约0.3m×0.3m),损坏按面积计算。重:坑深,有效坑槽面积大于0.1m^2(约0.3m×0.3m),损坏按面积计算。

(6)松散。轻:路面细集料散失、脱皮、麻面等表面损坏,损坏按面积计算。重:路面粗集料散失、脱皮、麻面、露骨,表面剥落、有小坑洞,损坏按面积计算。

(7)沉陷(大于10mm的路面局部下沉)。轻:深度在10～25mm之间,正常行车无明显感觉,损坏按面积计算。重:深度大于25mm,正常行车有明显感觉,损坏按面积计算。

(8)车辙。轻:辙槽浅,深度在10～15mm之间,损坏按长度计算,检测结果用影响宽度(0.4m)换算成面积。重:辙槽深,深度15mm以上,损坏按长度计算,检测结果用影响宽度(0.4m)换算成面积。

(9)波浪、拥包。轻:波峰波谷高差小,高差在10～25mm之间,损坏按面积计算。重:波峰波谷高差大,高差大于25mm,损坏按面积计算。

(10)泛油。路面沥青被挤出或表面被沥青膜覆盖形成发亮的薄油层,损坏按面积计算。

(11)修补。龟裂、坑槽、松散、沉陷、车辙等的修补面积或修补影响面积(裂缝修补按长度计算,影响宽度为0.2m)。

公路技术状况检测和评价时,以1 000m路段为基本检测或调查单元,按上行方向(桩号递增方向)和下行方向(桩号递减方向)分别检测。采用快速检测设备检测路面损坏时,应纵向连续检测,横向检测宽度不得小于车道宽度的70%。条件不具备时,可人工检测,形成如表3-3所示的路面损害调查表,然后计算路面破损破损率DR和路面损坏状况指数PCI。

沥青路面损坏调查表 表3-3

路线名称:	调查方向:			调查时间: 调查人员:										
调查内容	程度	权重 w_i	单位	起点桩号: 终点桩号: 路段长度: 路面宽度:										累计损坏
				1	2	3	4	5	6	7	8	9	10	
龟裂	轻	0.6	m^2											
	中	0.8												
	重	1.0												
块状裂缝	轻	0.6	m^2											
	重	0.8												
纵向裂缝	轻	0.6	m											
	重	1.0												
横向裂缝	轻	0.6	m											
	重	1.0												
坑槽	轻	0.8	m^2											
	重	1.0												
松散	轻	0.6	m^2											
	重	1.0												
沉陷	轻	0.6	m^2											
	重	1.0												
车辙	轻	0.6	m											
	重	1.0												
波浪、拥包	轻	0.6	m^2											
	重	1.0												
泛油		0.2	m^2											
修补		0.1	m^2											

3. 路面行驶质量指数(RQI)

路面平整度用路面行驶质量指数(RQI)评价,按式(3-11)计算。

$$RQI = \frac{100}{1 + a_0 e^{a_1 IRI}} \tag{3-11}$$

式中:IRI——国际平整度指数(International Roughness Index,m/km);

a_0——高速公路和一级公路采用0.026,其他等级公路采用0.0185;

a_1——高速公路和一级公路采用0.65,其他等级公路采用0.58。

根据我国公路养护技术的发展状况和公路养护的技术能力,《公路技术状况评定标准》(JTG H20—2007)在2002年《高速公路养护质量检评方法(试行)》的基础上,将RQI"优"(RQI=90)和"良"(RQI=80)对应的路面平整度分别提高到IRI 2.3m/km和3.5m/km(高速、一级公路)及IRI 3.0m/km和4.5m/km(其他等级公路)。调整后的评价模型参数在一定程度上反映了我国路面铺筑技术的进步和道路用户对路面平整度的期望水平。高速公路和一级公路RQI与IRI的对应关系如图3-2所示。

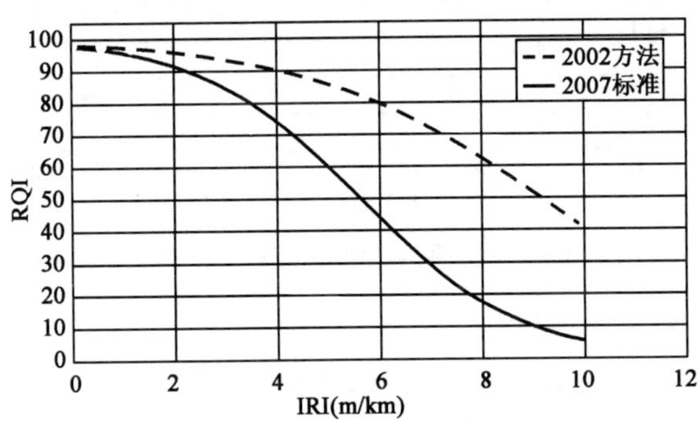

图3-2　高速公路、一级公路RQI和IRI的对应关系图

4. 路面车辙深度指数(RDI)

路面车辙病害用路面车辙深度指数(RDI)评价,按式(3-12)计算。

$$RDI = \begin{cases} 100 - a_0 RD & (RD \leq RD_a) \\ 60 - a_1(RD - RD_a) & (RD_a < RD \leq RD_b) \\ 0 & (RD > RD_b) \end{cases} \tag{3-12}$$

式中:RD——车辙深度(Rutting Depth,mm);

RD_a——车辙深度参数,采用20mm;

RD_b——车辙深度限值,采用35mm;

a_0——模型参数,采用2.0;

a_1——模型参数,采用4.0。

在2002年《高速公路养护质量检评方法(试行)》中,对于车辙病害没有单独的评价指标,而是作为路面破损病害的一种类型计入PCI。近年来,随着重载交通的快速增长和渠化作用的加剧,路面车辙损坏已经逐渐成为我国高速公路路面仅次于裂缝的主要病害形式,对行车舒适性和行车安全造成了较大的负面影响。因此,《公路技术状况评定标准》(JTG H20—2007)提出,对于高速公路和一级公路,将路面车辙列为独立的检测评价指标,用路面车辙深度指数(RDI)表示。车辙深度指数(RDI)与车辙深度(RD)的对应关系见图3-3。

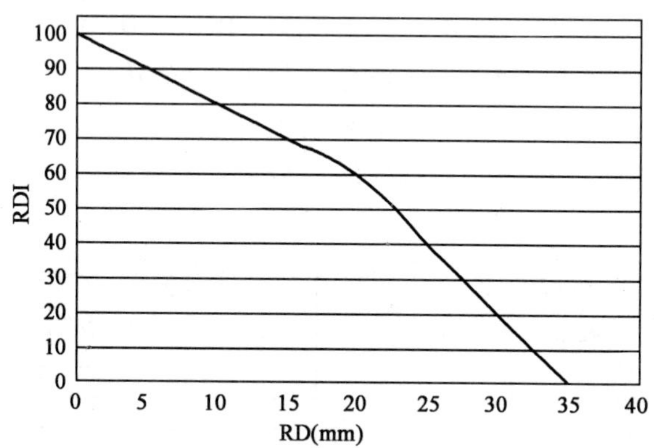

图3-3 高速公路车辙深度指数RDI和车辙深度RD的对应关系图

5.路面抗滑性能指数(SRI)

路面抗滑性能用路面抗滑性能指数(SRI)评价,按式(3-13)计算。其与横向力系数SFC的对应关系见图3-4。

$$SRI = \frac{100 - SRI_{min}}{1 + a_0 e^{a_1 SFC}} + SRI_{min} \tag{3-13}$$

式中:SFC——横向力系数(Side-way Force Coefficient);

SRI_{min}——标定参数,采用35.0;

a_0——模型参数,采用28.6;

a_1——模型参数,采用-0.105。

6.路面结构强度指数(PSSI)

路面结构强度用路面结构强度指数(PSSI)评价,按式(3-14)和式(3-15)计算。

$$\mathrm{PSSI} = \frac{100}{1 + a_0 e^{a_1 \mathrm{SSI}}} \tag{3-14}$$

$$\mathrm{SSI} = \frac{l_d}{l_0} \tag{3-15}$$

式中：SSI——路面结构强度系数（Structure Strength Coefficient），为路面设计弯沉与实测代表弯沉之比；

l_d——路面设计弯沉（mm）；

l_0——实测代表弯沉（mm）；

a_0——模型参数，采用15.71；

a_1——模型参数，采用-5.19。

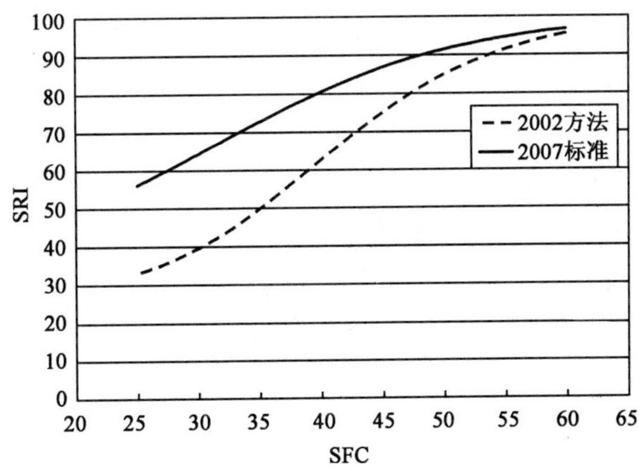

图3-4　路面抗滑性能指数SRI和横向力系数SFC的对应关系图

第二节　预防性养护时机

路面预防性养护是一个复杂的系统工程，涉及养护理念、养护方案、养护时机、养护材料与工艺、养护设备等诸多方面。其中，预防性养护的经济性和有效性在很大程度上取决于采取预防性养护措施的时机。因此，确定适宜的预防性养护时机，是科学进行路面预防性养护必须解决的关键问题。预防性养护，本质上就是在最适宜的时机，在最适宜的路面上实施最适宜的养护措施。预防性养护措施实施得太晚，则不是真正意义上的预防性养护，会导致预防性养护效果不佳、使用寿命过短等问题；预防性养护措施实施得太早，也会造成不必要的养护资金浪费。为此，美国联邦公路局FHWA、美国国家公路与运输协会AASHTO

和美国路面预防性养护基金会 FP2(the Foundation of Pavement Preservation)等举办过多次预防性养护专题研讨会。FHWA 资助了代号为 NCHRP14-14 的路面预防性养护最佳时机指南项目(National Cooperative Highway Research Program Project 14-14, Guide for Optimal Timing of Pavement Preventive Maintenance Treatment Applications),于2004 年发布了代号为 NCHRP523 的报告。但到目前为止,预防性养护的时机问题仍然没有得到满意解决。

目前确定路面预防性养护的最佳时机主要有两类方法。

(1)以路面技术状况为基础,当路面技术状况下降到预定标准时,则要进行预防性养护。该类方法称为路面状况触发法,包括行驶质量指数和破坏指数法、基于时间或路况的方法、决策树、决策矩阵法等。

(2)对养护措施进行费用效益分析,费用效益最大的时间即为最佳预防性养护时间,称为最佳费用效益法,如费用效益评估法、排序法、生命周期费用评估法等。

一、路面状况触发法

1. 行驶质量指数和破坏指数法

路面技术状况会随着使用期的延长逐渐下降,当路面技术状况下降到设定的标准后,便触发了预防性养护。在这类方法中,首先需要设定一个养护标准或者说是养护水平(可选用 PCI、RQI 等指标表征),再利用路面状况调查得到的结果确定措施类型。例如,以 PCI 作为路面预防性养护决策的触发指标,如 90 ~ 95 分采用雾封层,85 ~ 90 采用微表处、碎石封层,80 ~ 85 采用薄层罩面、就地热再生等。

预防性养护触发标准的确定,不仅与路面结构自身情况有关,还与可支配的养护经费规模、用户要求等有关。路网预防性养护经费越高,能够采取的路面养护标准就越高,路网就能保持在更高的服务水平。随着经济社会的不断发展,群众对出行的要求显著提高,对路面服务水平提出了更高的要求,过去那种“晴天不扬尘、雨天不泥泞”的路面养护水平已经无法适应当今的群众出行需要。这就要求公路管理和养护部门把预防性养护触发值提高,将路面技术状况保持在一个更高的水平。

美国俄亥俄州交通厅(ODOT)采用 PSI 和 PCR 作为预防性养护判断指标,提出了如表 3-4 所示的预防性养护触发标准。其中,PSI 以 5 分制表示,在很大程度衡量了路面的结构强度;PCR 以百分制表示,主要衡量路面表面损坏状况。

俄亥俄州交通厅(ODOT)的预防性养护路况要求　　表3-4

路况指标	预防性养护指标	路况指标	预防性养护指标
PCR	75 ~ 85	PSI	≥3.0

美国明尼苏达州交通厅(MnDOT)采用PSR(Present Serviceability Ratio)、SR(Surface Rating)和PQI(Pavement Quality Index)来衡量路面是否需要进行预防性养护。PSR主要衡量路面平整度(目前开始转向使用RQI替代PSR指标),值域为0.0 ~ 4.5。SR主要衡量通过路面表面损坏状况(裂缝、车辙等),值域为0.0 ~ 4.0。PQI通过PSR和SR计算得到:

$$PQI = \sqrt{SR \cdot PSR} \tag{3-16}$$

一般认为,当PQI小于2.8时就需要进行结构性养护。因此,PQI也在一定程度上反映了路面的结构状况。明尼苏达州把道路按功能等级分成了12类,对每类公路都给出了预防性养护标准,详见表3-5。

明尼苏达州预防性养护路况要求　　表3-5

序号	公路功能分级	预防性养护路况指标和标准		
		PSR	SR	PQI
1	乡镇地区主要州际公路	>3.0	>2.7	>3.0
2	乡镇地区主要干线公路	>3.0	>2.7	>2.9
3	乡镇地区次要干线公路	>2.8	>2.5	>2.8
4	乡镇地区主要集散公路	>2.8	>2.5	>2.6
5	乡镇地区次要集散公路	>2.8	>2.5	>2.6
6	乡镇地区一般公路	>2.7	>2.4	>2.6
7	城市地区城际公路	>3.1	>2.7	>3.0
8	城市地区高速公路	>3.1	>2.7	>2.9
9	城市地区主要干线公路	>2.8	>2.5	>2.9
10	城市地区次要干线公路	>2.7	>2.4	>2.8
11	城市地区集散公路	>2.6	>2.4	>2.6
12	城市地区一般公路	>2.5	>2.4	>2.6

纽约州运输厅在路面设计手册(Comprehensive Pavement Design Manual)中用HSRM(Highway Sufficiency Ratings Manual)评分体系进行预防性养护时机的选取,建议柔性路面预防性养护需在6分及以上时进行,刚性路面的预防性养护需在8分及以上时进行。

密西根州运输厅(MDOT)在路网管理中用RQI和DI来表征路面性能,并用DI作为路面维修和预防性养护决策的主要依据。同时,为了通过预防性养护措施提高路面平整度,减小动载对路面产生的破坏,延长路面服务期,MDOT资助了使用RQI作为各种路面的预防性养护阈值的研究。密西根州立大学开发了使用平整度阈值的预防性养护标准。

2. 基于时间的方法

基于时间的方法,就是在不同的时期采用一定的预防性养护措施对路面进行预防性养护。Hicks等认为,每个路段都有一个需要进行预防性养护的时间。表3-6给出了沥青路面需要在不同时间进行的预防性养护措施。当然,进行各种预防性养护的实际时间随交通水平和环境的不同而有所不同,但公路养护管理部门可据此确定所辖路段进行预防性养护的大致时间。

不同预防性养护措施应用的时间 表3-6

措　施	雾状封层	裂缝填封	石屑封层	稀浆封层	薄层罩面
预防性养护的时间(年)	1~3	2~4	5~7	5~7	5~10

3. 决策矩阵、决策树法

在国外有些公路管理部门用决策矩阵、决策树作为预防性养护的决策支持。表3-7是用决策矩阵作为选取预防性养护措施及时机的例子。图3-5是根据密西根州运输厅的标准,以RQI和DI作为预防性养护的标准而建立的决策树。比如,当RQI<54,RD<3mm时,如果20<DI<25,可选择进行单层石屑封层;如果25<DI<30,应进行双层石屑封层;如果DI>40,预防性养护就不适合了。

决策支持矩阵用于预防性养护措施选取 表3-7

预防性养护措施	预防性养护应用的路况											
	平整度		车辙		纵、横向裂缝		松散		泛油		疲劳裂缝	
	低	高	低	高	低	高	低	高	低	高	低	高
封缝												
石屑封层												
稀浆封层												
微表处												
薄层罩面												

图例:□可应用预防性养护　□需研究才可以应用预防性养护　■不用预防性养护措施

决策树是动态模型研究中常用的一种方法(图 3-5)。图 3-6 为我国宁夏公路局沥青路面管理专家系统提出的养护决策树。

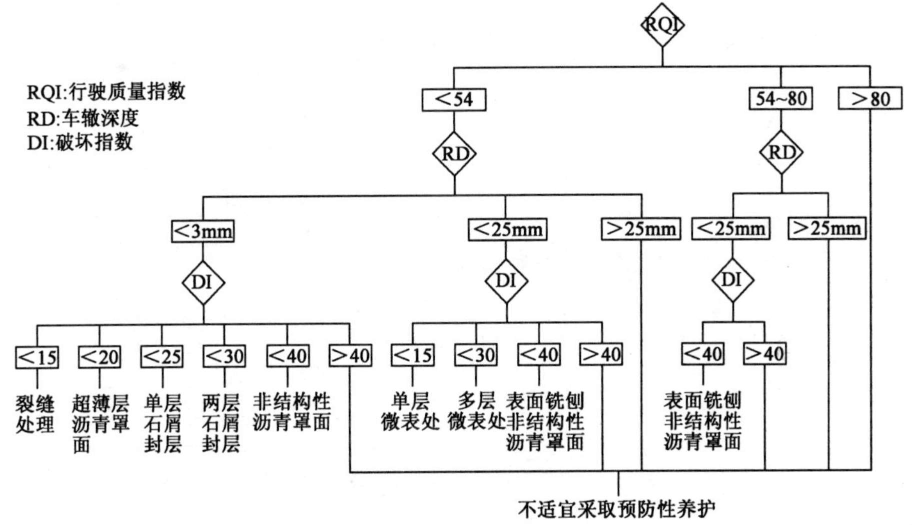

图 3-5　预防性养护决策树

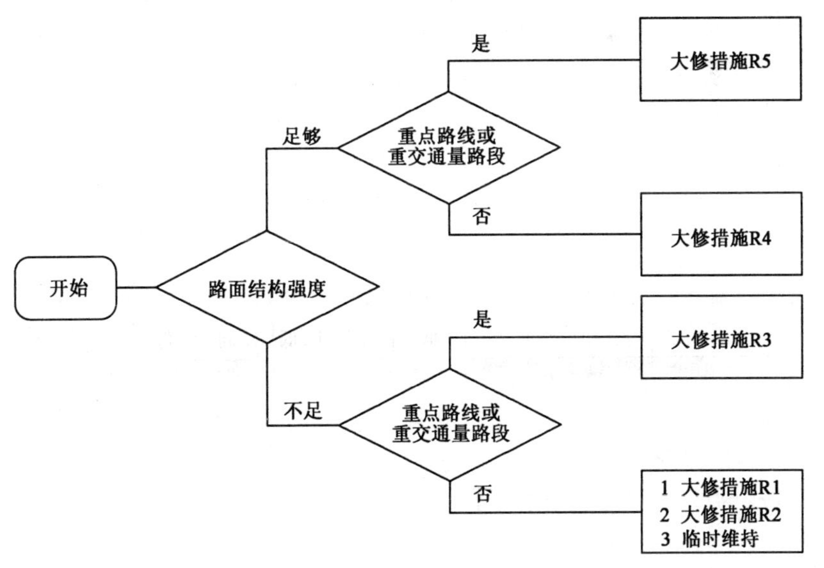

图　3-6

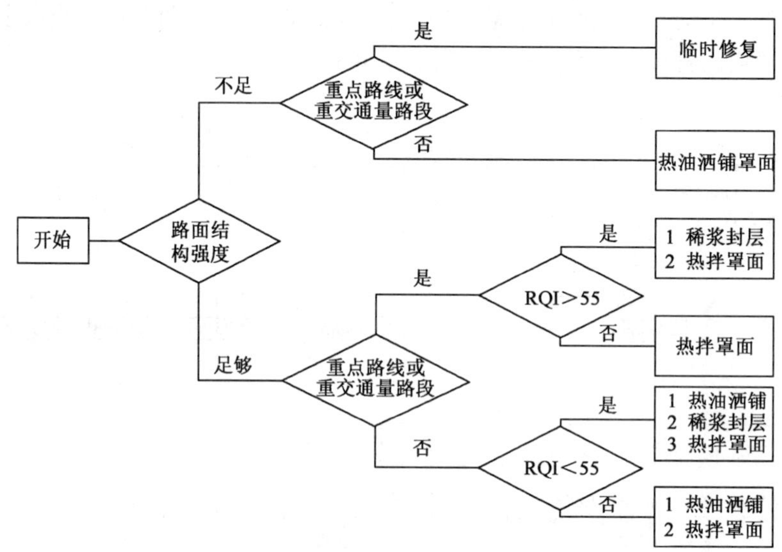

图 3-6　宁夏公路局沥青路面养护管理专家系统提出的养护决策树

二、最佳费用效益法

为了达到同样服务水平的路面，一般来讲，养护措施采取得越晚所要花费的养护费用就越高，但是如果采取的养护措施太早，也会浪费不必要的养护资金。因此，由于养护的延迟而增加的成本和由于提前养护引起的年度费用提高之间有一个最佳关系，如图 3-7 所示。对养护措施进行费用效益分析，费用效益最大的时间即为最佳预防性养护时间，称为最佳费用效益法，包括费用效益评估法、排序法、生命周期费用评估法等。

1. 费用效益评估法

费用效益法是用效益与费用的比值来进行预防性养护措施和时机的选择。每一种养护策略的费用由管理部门费用和用户费用组成。管理部门费用包括设计费、初期建设费、养护费、改建费和残值等，用户费用包括车辆运营费、延误费、行程时间费和事故费等。效益则是根据预防性养护后期望延长的路面寿命或路面性能曲线的变化（即性能曲线下增加的面积）来衡量，见图 3-8。图 3-9 是应用效益费用法来对所选的预防性养护措施和时机进行评估的流程。

美国联邦公路管理局（FHWA）资助的 NCHRP14-14 项目对预防性养护实施的最佳时机进行了研究，提出基于费用—效益计算的用以确定预防性养护实施最佳时机的方法及辅助分析工具。这套方法包括如下步骤：

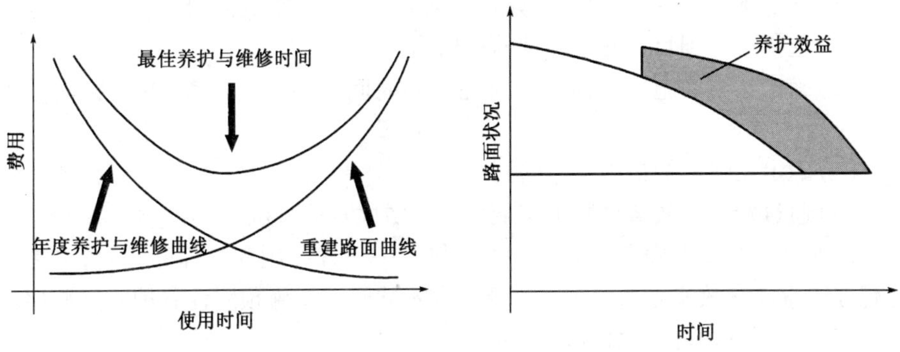

图 3-7　路面养护(维修)的最佳时间示意图

图 3-8　预防性养护效益

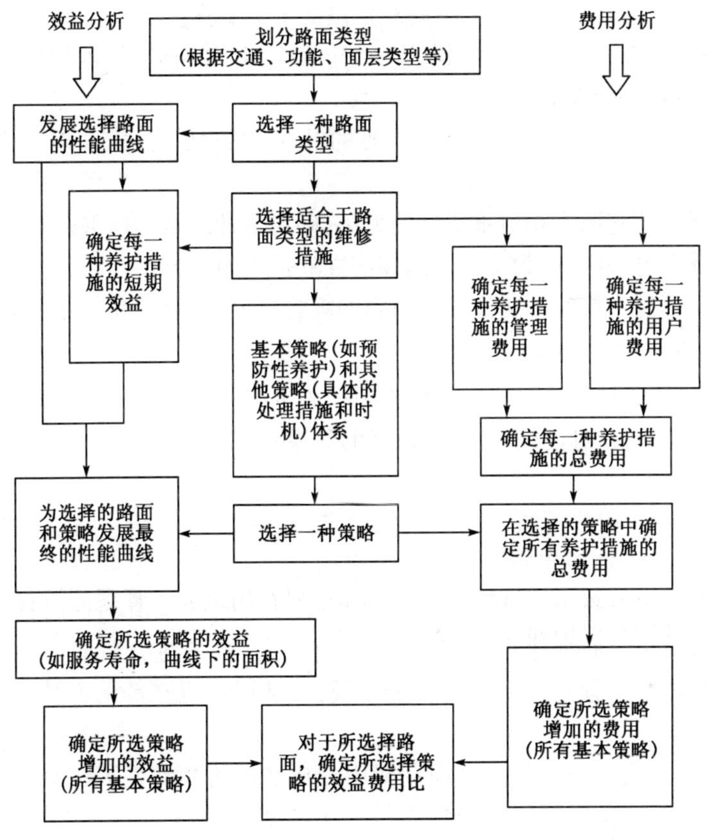

图 3-9　效益费用法评估流程图

(1)确定预防性养护的目的,如延缓损坏速度、增加安全性能等;

(2)选择可达到目标的预防性养护措施;

(3)确定在不实施预防性养护及在不同时间实施预防性养护时,路面使用性能的变化趋势;

(4)确定反映养护措施效益的测量指标;

(5)通过费用—效益计算确定最佳的预防性养护时机。

该项研究在提出确定预防性养护时机的一般性原则和过程的同时,也指出这套方法得以有效实施的关键在于建立在不同时间实施预防性养护时路面性能的衰变模型,而这些模型恰恰是目前比较缺乏的。

FP2 研究项目"柔性路面预防性养护措施的选择"对美国各州用于预防性养护策略选择的方法进行分析和总结,在此基础上提出一种用于选择最佳预防性养护措施的决策框架。这个决策框架包括 5 个步骤:

(1)根据路面状况及交通量状况,确定几个可行的预防性养护措施,并计算其 EAC(Equivalent Annual Cost)值;

(2)确定对于这个项目比较重要的几个关键因素,比如对封闭交通的限制;

(3)根据这些因素相对重要性的大小,确定每种因素的权重;

(4)针对这些因素,为每个备选预防性养护措施打分;

(5)计算每个候选预防性养护措施的综合得分,得分最高的即为最佳措施。

2. 排序法、生命周期评估法

排序法就是对所采取的预防性养护措施进行整体评分排序,通常是先初步确定养护的时间和对策,然后考虑预算的约束和优先次序的要求决策一年或多年的项目规划。

生命周期费用分析法是在一定的时期内,通过分析某一路段的初建费用和以后养护的折现费用来评价养护方案的方法。预防性养护可以推迟路面大修,但要求提前支付养护费用。在不同时期支付同样现值的费用具有不同的经济价值,所以有必要进行经济分析。分析的方法是将分析期内不同时间支出的费用,按某一预定的贴现率转换为现值,从而可以在等值的基础上比较各种方案。

图 3-10 是国外学者用生命周期费用分析法评价预防性养护经济效益的示意图。第一种情况是采取预防性养护措施的费用情况,在交付使用后第 4 年(即 2003 年)进行一次裂缝处理——封缝,然后再经 4 年后(即 2007 年)进行第二次裂缝处理——封缝。这两次连续的预防性养护措施期望推迟 3 年的时间进

行路面大修。若第一次预防性养护的费用为 1 100 美元/km，以 6% 的折现率计，则当前的费用（现值）为 1 040 美元/km。第二次预防性养护的费用为 1 500 美元/km，以 6% 的折现率计，则当前的费用（现值）为 1 120 美元/km。大修费用为 60 000 美元/km，则大修的当前费用（现值）为 26 540 美元/km。仅连续两次采取预防性养护措施后的费用和大修费用折合为当前费用（现值）总计为28 700 美元/km。第二种情况是不采取预防性养护措施的费用情况，折合当前费用（现值）为 31 610 美元/km。可见，仅进行两次连续的预防性养护措施就能节约费用 2 910 美元/km，且增加 3 年的通车时间而由此带来的使用效益还未计算在内。

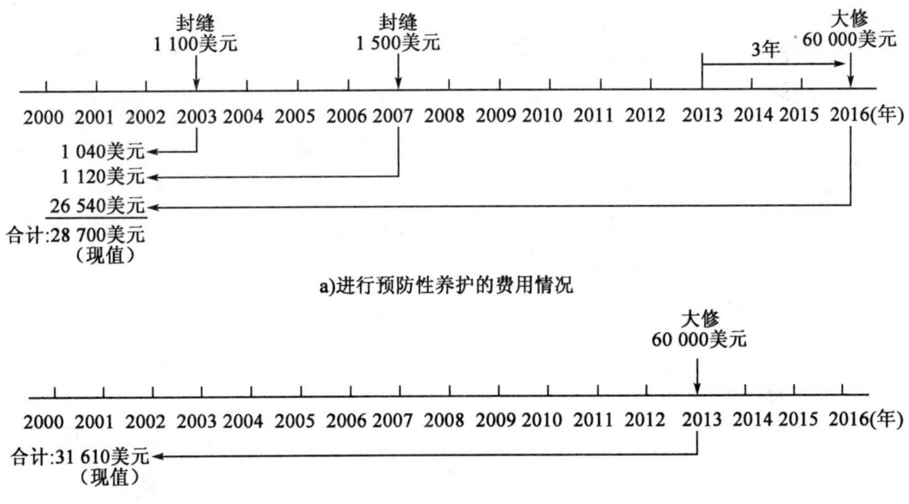

图 3-10　是否进行预防性养护的现值费用对比分析

实际上，每一种预防性养护决策方法均存在一定的局限性。例如，采纳 RQI 值用作路面预防性养护的阈值，不能反映裂缝、抗滑性能等其他路面性能参数；对基于路况的预防性养护来说，PCI 是一个反映不同路面病害的综合性指标，无法反映路面病害深度、病害成因，单凭 PCI 值也很难决定采取哪一种养护措施；效益费用法和生命周期评估法的可操作性相对较差；决策树和决策矩阵法充分利用了当前经验，较好地适用于当地条件，但往往难以直接借鉴到其他地区使用。因此，对于具体的项目，预防性养护措施和时机的选取，要综合考虑路面类型，结构特性，路面破坏类型、范围、严重程度和成因，当地经验，可支配经费，费用效益等多方面因素。

第三节　预防性养护对策的选择

一、常用预防性养护对策(措施)与技术优缺点

目前,国内外常用的沥青路面预防性养护措施主要包括雾封层、碎石封层、复合封层、微表处、稀浆封层、超薄罩面、薄层罩面、就地热再生等。这些技术的共同特点是:铺筑厚度一般不超过3cm,对路面结构主要起到功能性作用,而不会显著提高路面结构承载能力。

1. 微表处技术

微表处技术是采用专用机械设备将聚合物改性乳化沥青、粗细集料、填料、水和添加剂等按照设计配比拌和成稀浆混合料摊铺到原路面上,并很快开放交通的具有高抗滑和耐久性能的薄层。它在国外被广泛应用于高等级公路的路面预防性养护工程。

我国微表处养护技术于2000年开始在山东东营潍高路、山西太旧高速公路、四川内宜高速公路等得到初步应用。随后,该技术逐步在全国30多个省区的高速公路养护工程中得到推广,取得了很好的使用效果。例如,江苏省的宁沪高速公路、京沪高速公路江苏段、宁宿徐高速公路、宁靖盐高速公路等都在养护工程中大量使用微表处罩面,对延缓路面病害的发生、发展,延长路面使用寿命起到了积极作用;安徽省大量使用微表处进行高速公路沥青路面车辙修复,有效地恢复了路面平整,显著改善了行车安全;福建省高速公路大量使用微表处罩面,对预防和延缓沥青路面水损害的发生、发展起到了积极作用;浙江省在高速公路隧道道面中使用微表处技术,有效减少了交通事故的发生。近年来,全国每年高速公路养护工程中使用微表处的数量始终保持在3 000万m^2以上。

微表处技术在我国之所以在较短时间内得到大面积推广,主要是其在应用过程中表现出以下技术优越性。

(1)造价低廉。单层微表处的造价为18元/m^2左右(2010年部分省区微表处造价),价格便宜,适应了我国高等级公路养护经费不足的实际情况。

(2)施工速度快。微表处的摊铺速度与人们步行的速度接近,如果采用两台间歇式摊铺车交替作业,每天摊铺面积可以达到1万m^2;如果采用连续式的摊铺车,每天摊铺面积可以达到3万~4万m^2。微表处摊铺后1h内即可开放交通,有效解决了养护施工与交通的矛盾。

(3)处理路面突出病害的效果比较理想。微表处有良好的封水效果,可以

有效防止路面水损害的发生和发展,可以扭转路面坑槽“补不胜补”的被动局面,满足了高速公路管养部门的基本需求。此外,微表处还具有使路面美观、改善路面抗滑性能的优点。

但是,微表处技术也有其自身的技术缺点和局限性。

(1)噪声问题。近年来,随着微表处技术在高速公路养护上应用的不断扩大,发现微表处路面噪声特性显著不同于普通沥青路面,对驾乘舒适性产生了较大的负面影响。现场噪声测试发现,新铺筑的微表处路面的车内噪声比常规的热拌沥青混凝土路面高出 2 ~ 3dB,这也成为目前微表处技术急需解决的关键问题。

(2)外观质量问题。微表处的外观质量受施工水平的影响较大,如果施工控制不佳,容易造成外观质量缺陷。

2. 雾封层技术

雾封层是将乳化沥青、改性乳化沥青以雾状喷洒在沥青路面上,起到封闭路面空隙,修复路面老化,改善路面外观作用的技术。

雾封层技术的关键是要有高质量的乳化沥青喷洒设备和乳化沥青材料。没有高质量的乳化沥青喷洒设备,就无法将乳化沥青以雾状均匀喷洒到路面上;没有高质量的乳化沥青材料,乳化沥青在通过间隙很小的喷头时就会被剪切破乳,无法喷洒。可喜的是,目前国内有关厂商已经可以生产适合雾封层技术的喷洒设备和乳化沥青,为该技术在我国的大面积推广扫除了障碍(图 3-11)。

雾封层的技术优点是:

(1)施工速度快;

(2)价格较便宜;

(3)可以起到封闭路面空隙,修复路面老化沥青,改善路面外观的作用。

雾封层存在的主要缺点:

(1)养护作用较为单一,适用范围较窄;

(2)对路面抗滑性能可能存在一定的负面影响。

3. 裂缝修补技术

裂缝是我国沥青路面的普遍病害。以往,我们在普通公路养护作业中经常对沥青路面进行灌缝处理,但一般用“油壶”直接向裂缝中灌入普通的热沥青。由于裂缝内的杂物没有进行清理,且普通热沥青的性能较差,这样的灌缝的效果往往不够理想。此外,我们以往对裂缝的灌缝工作不够重视,甚至有的公路养护管理部门觉得裂缝在没有灌缝前不太明显,一旦灌缝反而使裂缝影响到路面美观，因此对裂缝灌缝不够重视。可喜的是，目前这种局面已经在高等级公路养护工作中得到扭转（图 3-12）。例如，山东省各地市公路部门均配备了进口的裂缝修补设备，2003 年一年完成沥青路面裂缝修补 260 余万延米，经历了连续两年的强降雨的严峻考验，证明裂缝修补是一种有效的沥青路面预防性养护技术。辽宁省高速公路管理部门本着"能灌多少就灌多少"的原则，对省内高速公路沥青路面的裂缝也进行了修补处理。

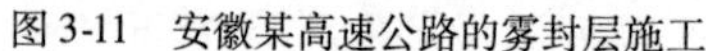

图 3-11　安徽某高速公路的雾封层施工

图 3-12　我国高速公路上的沥青路面裂缝修补作业

沥青路面裂缝修补技术是目前美国路面养护技术研究的重点之一。美国将沥青路面的裂缝灌浆技术及维修养护作业的施工安全列为国家战略公路研究计划（SHRP）的两个重要课题。

要成功完成裂缝修补作业，需要具备以下三个条件。

（1）要有合格的填封材料。作为填缝材料，它应具备以下的特性。①良好的耐久性。不具备耐久性的填缝料将在较短的时间内硬化和产生裂纹，将减弱填缝的作用。②良好的延伸性和疲劳性能。路面的裂缝宽度会随着环境温度的变化而不断地变化，填缝料也会随之伸缩。因此，填缝材料应该具有一定的抗拉能力和抗疲劳能力。③良好的黏结力。填缝材料只有与裂缝缝壁黏结牢固才能起到封水的作用，因此必须具有良好的黏结力，并能在与缝壁断开以后有自行修复的能力。④良好的施工性能。填缝材料在施工过程中应有良好的流动性，施工完成后能迅速终止流动。

（2）要有合理的施工工艺。填缝施工技术主要包括以下几个方面。①裂缝的清理。彻底清理裂缝中的灰尘和杂物，有利于保证封缝材料与缝壁间的牢固黏结。国外多采用压缩空气法和钢丝刷法清理裂缝。②裂缝扩宽。裂缝深宽比太小，无法给填缝料和缝壁提供足够的接触面积，易造成填缝料与缝壁脱开，且易被挤出；而如果深宽比太大，易造成填缝料本身的破坏。③裂缝的加热。在裂缝处加热一方面可以清除裂缝中的水分,另一方面可以使裂缝缝壁温度接近填缝料温度,这都将有助于填缝料的黏结。④填封材料的灌入。国外一般采用专用的灌缝机进行该项作业。为了防止车轮粘起填缝材料,往往在灌入填缝材料以后还要在其上撒上砂子。⑤安全施工和交通管制。

(3)要有符合要求的专用施工设备。为了完成灌缝作业,需要如表3-8所示的施工设备。

裂缝修补作业必需的设备 表3-8

设 备	功 能
修整机	清除松散材料,将裂缝修整或扩大成所需的形状
空气压缩机	利用空气吹出裂缝中的残留物
干燥机	干燥裂缝
清扫器	去除裂缝内和裂缝周围的残留物
封缝机	将封缝材料灌入裂缝中

为了满足高等级公路裂缝修补的需要,欧美发达国家研制了专用的裂缝修补材料(表3-9),开发了用于不同工艺流程的专用施工设备,并在高等级公路的维修养护中得到了应用。

裂缝修补的技术优点:

(1)工艺简单,施工方便;

(2)以较小的成本,可以避免由于裂缝渗水造成的路面病害恶化,性价比较高。

美国各州封缝材料和工艺 表3-9

州名	亚利桑那州	科罗拉多州	衣阿华州	内布拉斯加州	俄克拉荷马州	南达科他州	弗吉尼亚州
材料	橡胶地沥青	AC-10/橡胶	AC-5W/25%橡胶	橡胶改良沥青	橡胶改良沥青	橡胶改良沥青	稀释沥青和乳液(无橡胶)
工艺	修整和清理	清理和干燥裂缝(不修整)	修整、清理和填缝	修整、清理和填缝	修整、清理和填缝	修整、清理和填缝	清理和封缝

目前裂缝修补技术应用主要存在以下问题:

(1)进口的高质量专用灌缝胶价格较高;

(2)切缝造成裂缝宽度加大,在重载路段容易形成“啃边”。

4. 就地热再生技术

就地热再生是用就地热再生机组，在施工现场将旧沥青混凝土路面加热、翻松，通过喷洒再生剂经现场拌和后就地摊铺碾压成型的再生工艺。欧、美、日等发达国家为了在道路维修中充分利用旧沥青混合料，于20世纪70年代相继推出了沥青混凝土路面就地热再生工艺。我国从20世纪90年代起陆续从加拿大、德国、芬兰、日本等国引进了多套就地热再生机组，国内厂家目前也生产出了就地热再生机组，在高速公路沥青路面养护工程中陆续推广使用就地热再生技术。例如，京津塘高速公路、京福高速公路山东段、沪宁高速公路、四川成渝高速公路、京珠高速公路河北段、广深高速公路等，都成功实施了面积不等的沥青路面就地热再生。

通过就地热再生，可以实现以下目标：

(1)旧沥青混合料的再利用；

(2)恢复老化沥青的物理力学性能；

(3)修复路面表面层的病害。

阻碍该技术推广的因素主要包括：

(1)就地热再生设备价格偏高；

(2)就地热再生工艺较复杂，施工效率较低，施工组织难度较大；

(3)就地热再生仅限于维修沥青表层3～5cm的病害，适用范围相对较窄，且路用寿命受到原路面情况的影响较大。

5. 薄层罩面与超薄罩面

在欧、美、日等发达国家，薄层罩面与超薄罩面技术早在20世纪80年代就开始应用。一般情况下，薄层罩面按沥青混凝土面层的厚度，可分为三种，即薄沥青混凝土面层(25～30mm)；很薄沥青混凝土面层(20～25mm)；超薄沥青混凝土面层(15～20mm)。当然，不同国家对薄层(超薄)罩面厚度的理解也略有不同，根据法国NFP98-137标准的定义，非常薄面层(BBTM)的厚度为20～25mm；超薄面层(BBUM)的厚度为15～25mm。它们所选材料非常类似于SMA沥青混合料，但与SMA相比，胶砂含量少，0.075mm以下粉料的含量少了3～5个百分点，沥青结合料含量少0.5～1.3个百分点。2001年，原交通部公路科学研究所对超薄层沥青混凝土面层技术进行研究，提出了薄层罩面沥青混合料设计指标、方法以及施工指南。《公路沥青路面设计规范》(JTG D50—2006)中指出，当沥青路面较平整、车辙深度小于10mm，且路面无结构性破坏(如纵、横向裂缝、网裂)时可以使用薄层罩面。

超薄罩面是一种构造深度较大、抗滑性能较好的薄层结构，厚度一般为20～25mm，混合料可以选用断级配，如SMA-10，UTAC-10等。Novachip®是目前使用较多的超薄磨耗层类型之一。该技术形成于20世纪80年代末，由法国Screg Routes Group和德国福格勒（VOGELE）公司联合开发。20世纪90年代初，美国在对欧洲沥青路面考察的总结中介绍了该项技术。随后，美国科氏公司在取得Novachip®技术在美国的使用权限，并引进了专用设备，于1992年在阿拉巴马州、密西西比州、得克萨斯州铺筑了试验段与实体工程。到2002年，美国的使用面积已超过2 300万m^2。南非、俄罗斯、瑞典、西班牙也不同程度地使用过该技术。2003年，我国引进Novachip®施工专用设备，在广韶高速公路的车辙病害维修中铺筑2km的试验路。该试验路采用C型级配，分两段实施：一段直接铺设厚度为20mm Novachip®；另一段先用微表处填充5mm车辙，然后再加铺25mm Novachip®。

这种Novachip®改性超薄磨耗层材料组成类似于SMA。其工艺流程为：在旧沥青路面上铺设一层较厚的改性乳化沥青，然后立即铺筑热拌沥青混合料，紧接着压路机进行碾压，20min内即可开放交通，摊铺厚度10～20mm。改性乳化沥青喷洒、沥青热混合料摊铺由一台专用设备一次性完成。薄层（超薄）罩面结构可分为两部分：第一部分是沥青混凝土表面磨耗层。它为车辆提供一个安全、舒适、耐久的行驶表面，恢复路面的表面功能，提高路面的抗滑性能，改善路面的平整度。第二部分是防水黏结层。黏结防水层能够保证薄层罩面与原路面结合紧密，防止路表水下渗，并延阻旧沥青路面的反射裂缝。

薄层（超薄）罩面的主要技术优点：

（1）高性能的防水黏结层，可以有效防止路表水下渗；

（2）独特的断级配混合料能更有效地降低路面噪声；

（3）独特的断级配混合料，具有高抗滑性能，并可减少雨天水雾；

（4）施工效率高，开放交通时间快。

薄层（超薄）罩面的主要技术不足：

（1）有的属于专利技术，推广应用存在技术壁垒；

（2）工程造价较高。

二、预防性养护措施的选择

路面预防性养护措施的选择，应根据公路等级、路面技术状况、交通量、资金和费用效益等因素，进行综合分析，科学确定。

首先，预防性养护技术的选择必须“对症下药”，根据原路面技术状况和病害情况，选择有针对性的对策。通常情况下可参照表3-10作出选择。

预防性养护措施选择列表　　表3-10

类别	项　目	指标	预防性养护措施							
			雾封或再生剂封层	微表处	改性或普通稀浆封层	碎石封层	复合封层	超薄或薄层罩面	灌缝	局部挖补
交通量	交通量等级	一类、二类	★	×	★	★	★	★	×	★
		三类、四类	★	×	★	★	★	★	★	★
		五类、重载	★	★	×	★	★	★	★	★
主要养护目的	封水	—	★	★	★	★	★	★	—	—
	恢复抗滑性能	—	×	★	★	★	★	★	—	—
	封闭非疲劳裂缝	—	△	△	△	△	△	★	★	△
	修复局部破损	—	×	×	×	×	×	★	—	★
	恢复平整	—	×	△	△	△	△	★	—	—
原路面宏观技术指标	PSSI	>85	★	★	★	★	★	★	—	—
		≤85	×	×	×	×	×	×	—	—
	PCI	<80	×	×	×	×	×	×	—	—
		80~90	△	★	△	★	★	★	—	—
		>90	★	★	★	★	★	★	—	—
	IRI	≤3.5	★	★	★	★	★	★	—	—
		>3.5	×	★	★	★	★	★	—	—
原路面主要病害形式	车辙	<15mm	×	★	★	★	★	★	—	—
		15~40mm	×	★	×	×	×	×	—	—
		>40mm	×	△	×	×	×	×	—	—
	横向裂缝	轻微	×	★	★	★	★	★	★	—
		严重	×	×	×	×	×	×	★	—
	纵向裂缝	轻微	×	★	★	★	★	★	★	★
		严重	×	×	×	×	×	×	★	★
	龟裂	轻微	×	★	△	★	★	△	×	★
		中等	×	×	×	△	△	×	×	★
		严重	×	×	×	×	×	×	×	★

续上表

类别	项　目	指标	预防性养护措施							
			雾封或再生剂封层	微表处	改性或普通稀浆封层	碎石封层	复合封层	超薄或薄层罩面	灌缝	局部挖补
原路面主要病害形式	坑槽	轻微	×	×	×	×	×	×	—	★
		严重	×	×	×	×	×	×	—	★
	麻面、松散	轻微	△	★	★	★	★	★	—	★
		严重	×	×	×	△	△	×	—	★
	泛油	—	×	★	★	★	★	★	—	★
	磨光	—	×	★	★	★	★	★	—	—
	沉陷	轻微	×	×	×	×	×	×	—	—
		严重	×	×	×	×	×	×	—	★

注：★——推荐使用；△——谨慎使用或有条件使用；×——不推荐使用。

其次，从公路等级角度讲，有的预防性养护措施只适用于高速公路，有的则只适用于普通公路，有的则适用各等级公路。例如，稀浆封层其性能一般无法适应高速公路养护需要；碎石封层路面的行车噪声相对较大，散落的集料可能对高速行车形成安全隐患，因此一般不用于高速公路磨耗层；就地热再生施工队列较长，对路面厚度有一定要求，因此一般不用于二级及二级以下公路，如表3-11所示。

各等级公路适用的预防性养护措施　　表3-11

公路等级	预防性养护措施							
	雾封或再生剂封层	微表处	(改性)稀浆封层	碎石封层	复合封层	超薄或薄层罩面	封缝	就地热再生
高速公路	★	★	×	×	×	★	★	★
一级公路	★	★	×	★	★	★	★	★
二级公路	★	×	★	★	★	★	★	×
三级及以下公路	★	×	★	★	★	★	×	×

注：★——推荐；×——不推荐。

第四节　预防性养护对策的费用效益分析

根据预防性养护的定义，采取的预防性养护措施应该具有较好费用效益。根据工程经济学原理，进行路面养护决策时应对几个备选养护方案进行费用效益分析(Cost Effective Analysis)，计算这些方案所需的费用和带来的效益。

在路面管理系统中，进行经济性分析的方法主要包括以下几类。

(1)等效年度费用(Equivalent Annual Costs)法。该方法是将分析期限内不同时间发生的所有费用累加起来，换算成等额年度费用。

(2)效益费用比(Benefit Costs Ratio)法。该方法通过现值效益与现值费用和的比值，进行养护方案排序。

(3)寿命周期费用(Life-Cycle Cost)法。该方法是比较具有不同服务寿命、初期建设费、养护费和残值的路面方案的当量平均年度费用(EUAC)，通过输入利率、通货膨胀率、分析期、养护措施的单位成本、措施的期望寿命等参数，计算每个备选养护措施的EUAC。EUAC最小者即为最佳措施。

(4)费用效果(Costs Effectiveness)法。该方法将分析不同投资在各年度的路况性能。其中路面使用性能曲线下的面积相当于养护效益。

一、预防性养护措施的单位费用和预期寿命

预防性养护措施的费用主要包括设计费、材料费、施工费(含原路面处理费用)和交通导改费等。为了使不同养护对策的费用之间具有可比性，一般要求必选的养护对策应包含同样的费用项目。同一种预防性养护措施，施工时间不同、应用场合不同，费用也就不同。例如，近年来国内沥青价格飞涨，使用沥青作为原材料的各种预防性养护措施费用也随之大幅增加；再例如，北京、上海等地以及一些交通量特别巨大的高速公路，路面养护一般只能在夜间施工，有效施工时间短，养护费用便相应增加了。

预防性养护措施的预期寿命，是指采取预防性养护措施进行及时养护的路面与未使用预防性养护措施的路面相比所延长的路面使用寿命。不仅不同预防性养护措施的使用寿命不同，而且同一种措施应用于不同的路况和交通量的道路上，其使用寿命也不相同。一般来说，同一种预防性养护措施的使用寿命是一个范围。为了便于比较各常用预防性养护措施的使用寿命，选择预防性养护措施的平均使用寿命作为预防性养护对策选择的依据。平均使用寿命为预防性养护措施的最短使用寿命和最长使用寿命的平均值。

美国南达科他州交通厅(SD DOT)提出了如表3-12所示的各种常用预防性养护措施的单位费用和预期寿命。美国路面预防性养护基金会(FP2)推荐的预防性养护措施典型单位成本和使用寿命见表3-13。

SD DOT预防性养护措施的单位成本和预期寿命　　表3-12

预防性养护措施		单位费用(美元/m^2)	预期寿命(年)
雾封层		0.24~0.30	1~2
稀浆封层		0.84~1.14	3~5
微表处		1.50~2.40	4~7
碎石封层	单层	0.96~1.32	4~7
	多层	0.84~1.14	9~10
砂封层		0.60~1.50	2~5
就地热再生	热翻松	0.90~1.61	3~5
	重铺	1.50~2.40	8~12
	重拌和	2.40~3.90	8~12
薄热沥青罩面	密级配热沥青罩面	28~34/t	7~10
	开级配磨耗层OGFC	39~40/t	8~12

FP2推荐的预防性养护措施典型单位成本和使用寿命　　表3-13

预防性养护措施	单位费用(美元/m^2)	期望寿命(年)		
		下限	均值	上限
裂缝处理①	0.60	2	3	5
雾封层②	0.54	2	3	4
稀浆封层③	1.08	3	5	7
微表处④	1.50	3	7	9
碎石封层⑤	1.02	3	5	7
薄热混合料加铺⑥	2.09	2	7	12
薄冷混合料加铺⑥	1.50	2	5	10

注:①以裂缝率0.27m/m^2计。

②1:1稀释的CSS乳化沥青,用量为0.2L/m^2。

③ISSAII稀浆封层,用量为7kg/m^2。

④ISSAII微表处,用量为14kg/m^2。

⑤用量为15kg/m^2。

⑥用量为30~40mm/m^2。

二、等效年度费用法

等效年度费用法(Equivalent Annual Cost method, 简称 EAC),由于方法简单,所以在工程经济学中被广泛采用。EAC 的计算式如下:

$$\text{等效年度费用(EAC)} = \frac{\text{单位成本}}{\text{期望寿命}} \tag{3-17}$$

例如,对于某条公路,可以采取的预防性养护措施有雾封层、稀浆封层、微表处、碎石封层和薄热拌沥青混凝土加铺,则可按式(3-17)计算得到各个措施的等效年度费用。具有最低的等效年度费用的预防性养护措施最具有费用效益,但并不是说具有最低等效年度费用的措施就是最佳的预防性养护措施。从前面的分析可以知道,有很多因素会影响最佳预防性养护措施的选择。因此,在费用效益分析的基础上,针对具体的项目综合考虑施工、气候等因素,还需要进行进一步的分析。这可以通过进一步建立项目级的决策矩阵完成。

建立项目级决策矩阵一般包括以下步骤。

(1)根据等效年度费用分析的结果选择几个备选的预防性养护措施。

(2)确定重要影响因素,如车道封闭数量、是否需要夜间作业、施工期等。

(3)确定每个影响因素的权重(所有因素的权重系数之和等于 100)。

(4)确定备选方案的特征属性值,一般以 5 分制来进行评定。5 分代表很重要,1 分代表不重要。比如对使用寿命这项属性,薄热拌沥青混凝土罩面可以打 4 分,而雾封层只能打 2 分。

(5)把权重系数和属性值相乘后累加可得到每项措施的得分,然后选择分值最高的措施作为最佳方案。表 3-14 为某一预防性养护项目的决策矩阵。从表中可以看到,微表处具有最高的得分,因此在该项目中微表处是最佳的方案。

影响因素和权值 表 3-14

序号	影 响 因 素	权重系数	热沥青罩面	稀浆封层	碎石封层	微表处
1	期望寿命	20	5	2	3	4
2	季节影响	5	3	3	2	3
3	路面结构影响	5	4	2	3	3
4	现有路面状况影响	5	3	1	4	2
5	EAC	15	3	5	5	4
6	施工控制要求	5	4	3	4	3
7	材料质量要求	10	3	2	3	2

续上表

序号	影 响 因 素	权重系数	热沥青罩面	稀浆封层	碎石封层	微表处
8	天气限制	5	2	4	3	4
9	交通干扰	15	2	4	1	5
10	噪声	10	5	3	1	3
11	表面抗滑	5	4	4	5	4
12	合计	100	3.55	3.10	2.95	3.60

三、寿命周期费用法

美国战略公路研究计划(SHRP)建议采用寿命周期费用法评价预防性养护措施的费用效益。寿命周期费用(Life-Cycle Cost Analysis,简称 LCCA)法是一种被广泛认可的方法,该方法假设所有的路面养护对策具有相同的路面服务水平,并以寿命周期费用最小作为选择最佳方案的标准。1985 年,Darter、Smith 和 Shahin 在美国加利福尼亚州奥克兰市交通委员会上提出了计算寿命周期费用的步骤:(1)选择利率和通货膨胀率;(2)选择分析期;(3)选择养护对策,并估计单位费用;(4)估计每种养护对策下各种措施的寿命;(5)计算单位面积路面的 EUAC;(6)比较各种对策的 EUAC,选择寿命周期费用最小的对策为最佳对策。

1. 费用组成

总的来说,LCCA 中考虑的费用主要包括道路费用、道路用户费用、社会费用三方面内容。

(1)道路费用是指道路建设和保持其一定服务水平所需要的费用,主要包括道路初期修建费、年度日常养护费、大中修费、管理费、路面残值等。其中,初期修建费、年度日常养护费、大中修费包括了材料费、人工费、机械费、交通导改费,以及其他相关费用。残值是指在分析周期末公路设施的残余价值。目前残值的估算还没有普遍认可的方法。

(2)用户费是指道路使用者在道路寿命周期内所发生的费用,主要包括车辆运行费、行车延误费和其他费用。车辆运行费(Vehicle Operation Cost,简称 VOC)是道路使用费用中占比最高的部分,包括汽油的消耗、润滑油的消耗、轮胎的消耗、车辆养护的人工费和零件费以及车辆折旧费。通过正常路段的行车延误费主要与行程和车速有关,主要取决于公路设施的容量和需求量。

(3)社会费用是指整个社会所发生的相关费用,主要包括事故费、环境影响费(噪声、空气污染等)和其他费用。

上述三类费用,在进行 LCCA 分析时一般仅考虑道路费用。2003 年 FHWA 对美国各州公路局有关 LCCA 的调查显示,只有 10% 的公路局在 LCCA 中包含了用户费用,其余 90% 的公路局在 LCCA 中只考虑道路费用。究其原因,主要有以下几点。

(1)道路管理部门主要关心不同比较方案对其费用支出的影响。

(2)很难获得可靠的模型来正确地预估用户费用。

(3)对于路网而言,只要 PSI 大于 2.5,则用户费用和社会费用之和对所有的备选方案而言是相同的。

一个预防性养护措施应用所产生的费用项目同样包括道路费用、用户费用和社会费用三个方面。国外研究表明,当路面的 PSI 大于 2.5 时,对于各比较方案而言,用户费用和社会费用之和是相同的。所以在进行预防性养护措施的费用效益分析时可只考虑道路费用。在道路费用项目中,道路初期修建费对于各比较方案而言是相同的,不必计算。在养护周期内不存在路面残值的问题,不必考虑路面残值。实施预防性养护时的路面状况较好,不同养护措施施工的时间长度大致相当,可以认为用户延误费和增加的车辆运行费是相当的,因此可不考虑通过施工区域所增加的用户费用。此外,预防性养护应用于良好的路面状况,不会发生于中修和大修之间的养护时段,因此不会遇到大修工程,不会涉及大修费用,因而可只考虑中修费用。

综上所述,预防性养护费用效益分析最终考虑的费用项目实际上只有三项:预防性养护措施费、日常养护费和中修费。实际分析时,如果缺乏数据也可以只选择其中一项或几项,但必须包括预防性养护措施费。

2. EUAC 费用计算模型

在计算 EUAC 时,对任意一个预防性养护方案 j 而言,由于考虑的费用项目均发生在路面新建或新近一次大(中)修到下一次中修的时间段内,因此费用分析期选择$[0,X_{ej}]$。$EUAC_j$ 的计算模型见图 3-13。根据计算模型其计算过程可分以下两步进行。

(1)计算费用分析期内发生的各项养护费用的总现值,时间零点选择为路面新建或新近一次大(中)修的时间。

$$PW_j = \sum C_i(1+d)^{-t} \tag{3-18}$$

式中:PW_j——第 j 个预防性养护时间方案在其费用分析期内发生的各项养护费用的总现值;

C_i——未来 t 时间发生的某项养护费用;

d——利率(如利率为 4%,则 $d=0.04$);

t——未来养护发生的时间(年)。

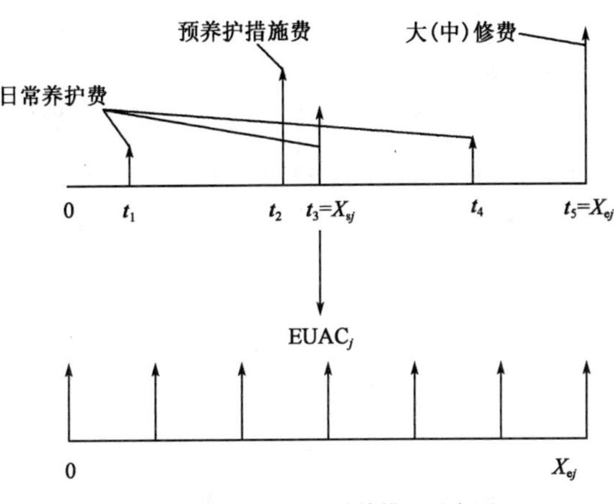

图 3-13　EUAC$_j$ 的计算模型示意图

(2)将各项养护费用的现值之和,即总现值转化成当量平均年度费用(EUAC)。

$$\mathrm{EUAC}_j = \mathrm{PW}_j\left[\frac{d(1+d)^{n_j}}{(1+d)^{n_j}-1}\right] \tag{3-19}$$

式中:EUAC$_j$——第 j 个预防性养护方案的当量平均年度费用;

n_j——第 j 个预防性养护方案费用分析期的长度,$n_j = X_{ej}$。

3.效益分析

(1)常规养护的效益

常规养护是指在路面状况良好时不对路面采用预防性养护而只进行日常养护,直到路面状况下降到不可接受的程度才进行养护的方法。常规养护的效益可用其路面性能曲线下的面积来表示。常规养护的效益面积是指在效益分析期内,由各效益分析指标的衰变曲线及其效益计算基线(下线)所包围的面积。

(2)预防性养护的效益

预防性养护的效益可用因采用预防性养护而相对于常规养护增加的路面性能曲线下的面积表示。预防性养护的效益面积是指在效益分析期内,常规养护下分析指标的衰变曲线、预防性养护下分析指标的衰变曲线和效益计算基线所包围的面积。

(3)预防性养护效益的标准化

预防性养护产生的效益主要表现为路面采取预防性养护后 PCI、RQI 和 SRI 的综合改善量。不同的养护方案对各路况指标(如 PCI、RQI 等)的改善效果是不同的，在进行方案比较时往往需要将各分析指标的预防性养护效益综合起来。然而，由于各分析指标所反映的只是路面性能的不同方面，不宜直接进行代数相加。由于预防性养护对路面性能的改善均是针对常规养护而言的，因此，可用预防性养护的效益面积占常规养护的效益面积的百分率来实现标准化。这个过程称为效益的标准化。标准化后的效益称为标准化效益。例如对于某个预防性养护方案 j 而言，PCI 的标准化效益 $SB_j(PCI)$ 可由式(3-20)进行计算。

$$SB_j(PCI) = \frac{A_j(PCI)}{A_0(PCI)} \tag{3-20}$$

式中：$A_j(PCI)$——PCI 的预防性养护效益面积；

$A_0(PCI)$——PCI 的常规养护效益面积。

(4)预防性养护效益指数

周期养护效益以各效益分析指标的标准化预防性效益，按其权重系数的加权值表征，即为预防性养护效益指数(Preventive Benefit Index，简称 PBI)。

$$PBI_j = \gamma_1 SB_j(PCI) + \gamma_2 SB_j(RQI) + \gamma_3 SB_j(SRI) \tag{3-21}$$

式中：PBI_j——任意一个方案 j 的预防性养护效益指数；

$SB_j(PCI)$——PCI 的标准化效益；

$SB_j(RQI)$——RQI 的标准化效益；

$SB_j(SRI)$——SRI 的标准化效益；

γ_1、γ_2 和 γ_3——分别为 PCI、RQI 和 SRI 的效益权重系数。

4. 效益费用比

按照以上方法算得任意一个养护方案的预防性养护效益指数 PBI_j 及其当量年度费用 $EUAC_j$ 后，可进一步求出其效益费用比(Benefit Cost Ratio，简称 BCR)，如式(3-22)所示。由费用效益法可知，效益费用比最大的养护方案为最佳养护方案。

$$BCR_j = \frac{PBI_j}{EUAC_j} \tag{3-22}$$

式中：BCR_j——第 j 个预防性养护方案的效益费用比；

PBI_j——第 j 个预防性养护方案的预防性养护效益指数；

$EUAC_j$——第 j 个预防性养护方案的当量年度费用。

第四章　微表处养护技术

微表处是采用专用机械设备将聚合物改性乳化沥青、粗细集料、填料、水和添加剂等按照设计配比拌和成稀浆混合料摊铺到原路面上,并很快开放交通的具有高抗滑和耐久性能的薄层。微表处开放交通时间依工程所处环境的不同而变化,通常在气温为24℃,湿度为50%(或更小)的状况下可以在1h内开放交通。按照矿料级配的不同,微表处可以分为II型和III型,分别以MS-2和MS-3表示。

微表处技术起源于1970年代末期的欧洲,之后迅速在欧美国家得到推广,目前是全球范围内主流的路面预防性养护技术。微表处技术是在稀浆封层技术的基础上经改良发展起来的路面薄层罩面技术。1970年代末期,德国高速公路沥青路面的车辙病害十分严重,当时的主要技术手段就是铣刨加铺罩面,但是该方法不可避免地损坏当时价格十分高昂的路面标志标线,而且施工速度慢。于是,德国公路科技人员想到用"填充车辙"代替"切削车辙"的设计思路(图4-1)。而热拌沥青混合料根本无法满足填充车辙的要求,为此他们开始尝试使用流动性好、填充能力强、施工速度极快的乳化沥青稀浆混合料,形成了基于改性乳化沥青稀浆混合料的车辙快速修复技术,即微表处车辙修复技术,随后也用于整幅罩面。20世纪80年代,美国开始引入微表处技术,并迅速成为微表处用量最大的国家。

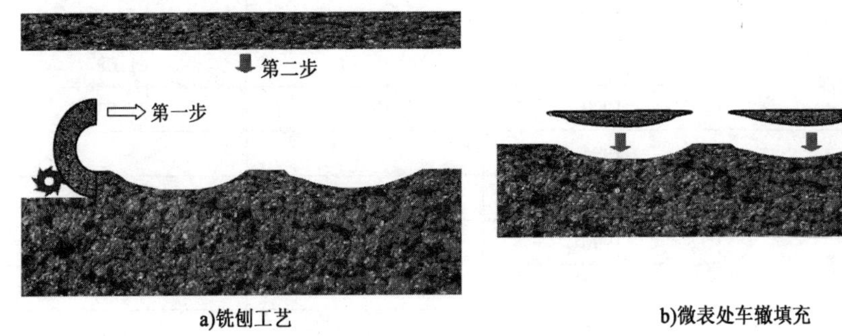

a)铣刨工艺　　b)微表处车辙填充

图4-1　传统铣刨工艺与微表处填充车辙工艺的对比

目前,微表处已经在欧美发达国家的高等级公路维修养护中得到了广泛应用。国际稀浆罩面协会(ISSA)1999 年统计的全球微表处应用量超过 183.73 万吨(不完全统计),如表 4-1 所示。

全球稀浆封层和微表处的工程应用情况(1999 年) 表 4-1

国家名称	年份(年)	稀浆封层(万吨)	微表处(万吨)
美国、加拿大	1996	82.50	69.15
	1999	101.24	92.00
西班牙	1996	5.70	13.50
	1999	5.40	14.00
英国	1996	1.20	3.50
	1999	1.07	3.13
法国	1996	—	13.75
	1999	—	25.00
澳大利亚	1996	6.00	2.50
	1999	7.00	3.00
日本	1996	0.003	0.012
	1999	—	0.3
世界各大洲(或地区)使用总计			
北美洲	1996	84.50	69.15
	1999	102.7	92.00
南美洲	1996	12.77	2.33
	1999	8.60	1.50
亚太	1996	30.10	2.51
	1999	1.68	4.25
欧洲	1996	19.99	61.08
	1999	19.45	77.83
中东	1996	—	—
	1999	11.00	2.00
非洲	1996	3.22	5.50
	1999	1.68	4.25
全球总计	1996	150.57	140.57
	1999	176.61	183.73

我国从2000年开始引进和消化吸收发达国家最新的稀浆混合料研究成果，开始在高速公路养护工程中使用微表处技术，并迅速推广。目前，全国每年微表处用量保持在3 000万m^2以上，据不完全统计，截至2009年年底我国仅高速公路微表处整幅罩面累计就超过1.5亿m^2，其使用效果得到我国公路界的普遍认可。微表处技术在我国的推广过程如下。

(1)2000年，原交通部公路科学研究所联合山西太旧高速公路管理公司、山东东营市公路局在山西太旧高速公路和山东东营潍高一级公路铺筑了微表处实体工程；四川内宜高速公路也于同年铺筑了微表处试验段。这是国内最早的微表处应用工程。

(2)2001年，原交通部和原国家经贸委分别立项对微表处养护技术开展研究，由原交通部公路科学研究所牵头组织项目实施。此后，东南大学、长安大学等国内多家单位也开展微表处技术研究和推广。

(3)2002年、2003年，江苏沪宁高速公路使用了较大面积的微表处，起到了很好的示范效应。

(4)2004年，微表处技术纳入当时正在修订的《公路沥青路面施工技术规范》(JTG F40—2004)。四川内宜高速公路、京沪高速公路天津段、山西太旧高速公路、沪杭高速公路上海段、沪嘉高速公路上海段、沪宁高速公路、成渝高速公路重庆段、沈哈高速公路辽宁铁岭段、京石高速公路河北段、石太高速公路河北段、沪杭甬高速公路浙江段、安徽合宁高速公路及合安高速公路等都进行了面积不等微表处罩面。据不完全统计，截至2004年年底，我国微表处罩面面积累积已达到2 000万m^2。

(5)2005年，原交通部颁布实施《微表处和稀浆封层技术指南》。之后微表处技术的优越性得到我国广大公路工作者的充分认可，其用量迅速攀升，并长期保持在3 000万m^2/年以上。

第一节　改性乳化沥青材料

改性乳化沥青是在机械搅拌或者剪切的作用下将热熔的沥青以细小微粒的状态分散到乳化剂水溶液中，并添加聚合物改性剂形成的在常温下呈液态的沥青乳状液。它是微表处的关键材料之一，其性能在一定程度上决定了微表处混合料的施工性能和路用性能。

一、沥青的乳化

将沥青分散到水相中形成水包油的乳状液，必然需要做功，所做的功(W)等

于沥青表面积的增大值(ΔA)乘以表面张力γ,即:

$$W = \Delta A \cdot \gamma \tag{4-1}$$

沥青在乳化生产过程中,往往是将物理能、机械能、化学能结合起来应用:乳化前将沥青加热成熔融状态(物理能),乳化过程中使用乳化剂(降低表面张力),使用乳化机进行研磨(机械能)等。

1. 乳化剂

在乳化沥青中,水是分散介质,沥青是分散相。众所周知,单纯将水和沥青混合是做不到的。为了使乳状液稳定,必须加入助剂以抑制两项分离,使它在热力学上稳定。这种助剂就是乳化剂。

在沥青与水组成的体系中加入乳化剂:

(1)可以显著降低沥青—水两项界面张力;(2)根据 Gibbs 吸附理论,乳化剂必然会在界面吸附,形成界面膜,足够的乳化剂浓度可以阻止沥青微粒的凝并;(3)离子型乳化剂可以使沥青微粒带上正或者负的电荷,使沥青微粒间产生静电排斥作用。没有乳化剂的存在,沥青无法在水相中稳定存在。因此,乳化剂具备了使沥青稳定存在于水相的能力,是沥青乳化的先决条件。乳化剂的主要作用如下。

(1)降低界面张力。乳化沥青中沥青是以很小的颗粒(微粒大小一般在 1~10μm)存在,比表面积增加很大,存在很大的相界面,体系的总表面能较高。这是乳化沥青成为热力学不稳定体系的原因,也是沥青微粒发生凝并的推动力。试验表明,水在 20℃时的表面张力为 73×10^{-5}N/cm,在 100℃时的表面张力为 58.6×10^{-5}N/cm,而沥青在 120℃时的表面张力为 26×10^{-5}N/cm 左右。沥青与水两者间表面张力相差是比较悬殊的。按照界面张力与两种单纯液体表面张力的关系($\gamma_i=\gamma_1-\gamma_2$),沥青与水的界面张力达到 32.6×10^{-5}N/cm。

表面活性剂(乳化剂)的分子结构是由易溶于沥青的亲油基团和易溶于水的亲水基团所组成。这两个基团具有把油水两相连接起来而不使其分离的特殊功能。在机械搅拌的作用下向沥青与水的混合液中加入乳化剂后,乳化剂的两个基团定向排列于沥青与水两相界面之间,能够显著降低水的表面张力。

(2)改善界面膜性质。界面张力的降低是乳状液稳定存在的有利因素,但不是决定因素。乳状液的稳定性决定因素是界面膜的强度和紧密程度。而足够数量乳化剂的存在恰恰起到了增强界面膜强度和紧密程度的目的。

为了保证乳化沥青的稳定存在,一般需要加入足够数量的乳化剂,保证有充足的乳化剂分子吸附在油—水界面上。如果乳化剂浓度较低,在界面上吸附的分子少,膜中分子排列松散,乳化沥青便不能稳定;当乳化剂浓度增加到能够在界面上形成紧密排列的界面膜,具有一定的强度,足以阻碍沥青颗粒的凝并,乳化沥青的稳定性就可以大大提高。

形成界面膜的乳化剂的结构与性质对界面膜的性质有十分重要的影响。一般情况下,混合物质形成的界面膜比单一物质的紧密,这也是我们经常将乳化剂复配使用的原因。同一类型乳化剂中,直链结构的膜比带有支链结构的紧密。

(3)使沥青微粒带电。离子型乳化剂在水中电离成离子或者离子胶束,使得亲水基团带上电荷。电离的乳化剂分子中的亲油基团牢固地吸附在沥青微粒表面,从而使沥青微粒带上电荷。电离的乳化剂分子在沥青与水两相界面上形成吸附层,水相中的反离子形成扩散层,即所谓的"双电层"。根据扩散双电层理论,微粒表面是带电的,微粒四周被离子氛包围。由于离子氛中反离子的屏蔽效应,微粒所带电荷的作用不可能超出扩散层离子氛的范围,因此,当两个微粒趋近而离子氛尚未接触时,微粒间并无排斥作用。当微粒相互接近到离子氛发生重叠时,处于重叠区中的离子浓度显然较大,破坏了原来电荷的对称性,引起离子氛中电荷重新分布。即离子从浓度较大的重叠区向未重叠区扩散,使带正电的微粒受到斥力而相互脱离。计算表明,这种斥力是微粒间距离的指数函数。正是由于沥青微粒表面双电层的存在,使得微粒之间存在着静电排斥作用,保证了乳液的稳定。

2. 沥青乳化设备

沥青乳化的方法有多种,例如自然扩散法、超声波法、机械分散法等。其中机械分散法具有效率高、速度快、产量大、调节容易等优点,因此成为工业生产中的主要乳化方法。

使用机械分散法制作乳化沥青,就是通过机械作用将沥青在热熔状态下以细微颗粒分散到乳化剂水溶液中的过程。这一过程需要机械力的作用,以实现对沥青相的破碎和分散。沥青乳化机可达到这一目的,它是沥青乳化设备的"心脏"。

沥青乳化机可以分为搅拌式乳化机、胶体磨类乳化机和均化器类乳化机等不同的类型。搅拌式乳化机是最简单的乳化机。它是将热熔的沥青慢慢地倒入盛有乳化剂水溶液的搅拌器内并不断搅拌,从而得到乳化沥青。这种方法生产率低,产品质量很难保证,是乳化沥青技术出现初期的一种生产方法,目前已经很少采用。真正大量使用的沥青机主要是胶体磨和均质机两种,其中胶体磨更是占到绝对的主导地位。

胶体磨是通过定子和转子之间的高速相对转动所产生的剪切力而起到研

磨、分散沥青的作用。按照整机结构的不同,胶体磨可以分为立式和卧式两类;按照磨体形状、液体流向等的不同,还可以分为齿形锥面胶体磨、平面同心槽式胶体磨、光滑锥面胶体磨等。胶体磨由于定子与转子之间的间隙可调,可以生产出不同粒径的乳化沥青。

二、乳化沥青的改性

1. 乳化沥青的改性工艺

乳化沥青的改性工艺可以分为三类:(1)制作出乳化沥青后掺加胶乳改性剂,即先乳化后改性;(2)将胶乳改性剂掺配到乳化剂水溶液中,然后与沥青一起进入胶体磨制作出改性乳化沥青;(3)将胶乳改性剂、乳化剂水溶液、沥青同时进入胶体磨制作改性乳化沥青。后两种方法可以统称为边乳化边改性法。

(1)先乳化后改性。这是一种相对简单的制作改性乳化沥青的方式。生产工序是将热沥青和乳化剂皂液一起通过胶体磨制成普通的乳化沥青,再通过机械搅拌将胶乳状的改性剂加入到乳化沥青中,制成改性的乳化沥青。生产工艺参见图4-2。

(2)边乳化边改性。这是常用的一种制作改性乳化沥青的方法。典型的生产工序是将改性剂掺配到乳化剂皂液中,然后将“改性的”皂液与沥青一起进入胶体磨,制成改性乳化沥青;或者不是将改性剂预先掺加到乳化剂皂液中,而是单独放到一个罐中,最终在泵送管道中与乳化剂、酸、水等混合后再与热沥青一起进入胶体磨。生产工艺参见图4-3。

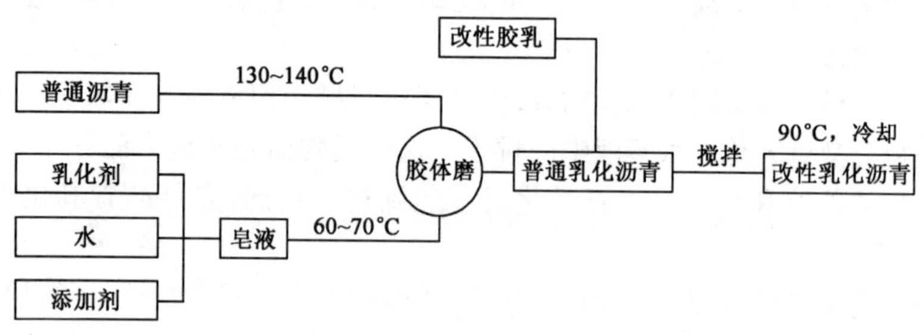

图4-2　先乳化后改性方法制作改性乳化沥青示意图

对于将胶乳改性剂掺加到皂液罐的方法,优点是与生产普通乳化沥青的工艺完全相同,不需要对生产设备做任何改动;缺点是用该方法生产改性乳化沥青时,改性剂的剂量受到一定限制,且要求改性剂胶乳能够耐受皂液的pH值。而将胶乳改性剂通过管道直接连接到胶体磨的方法可以克服上述缺点,但要求对普通乳化沥青设备进行必要的改进后方可用于改性乳化沥青的生产。

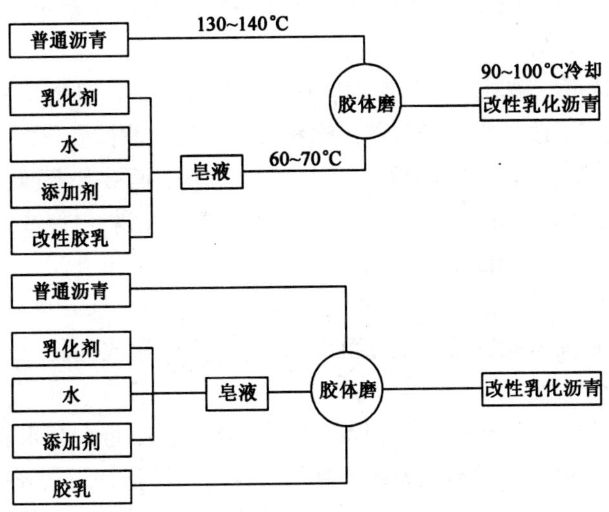

图 4-3 边乳化边改性方法制作改性乳化沥青示意图

(3)先改性后乳化的方法。该方法是将现成的改性沥青加热到一定温度，成为流淌状态后再与皂液一起进入胶体磨，制成乳化的改性沥青。生产工艺参见图 4-4。

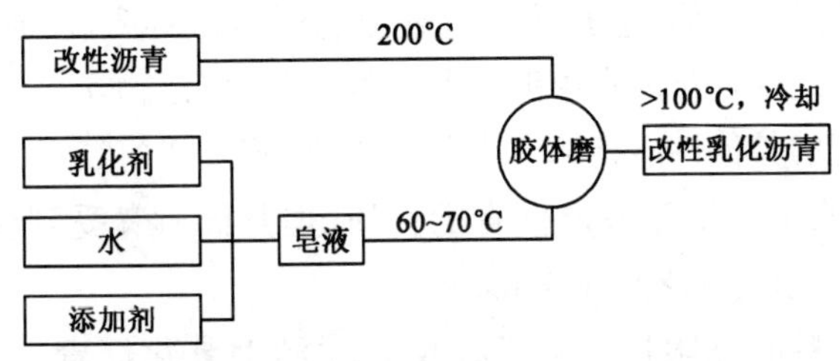

图 4-4 先改性后乳化方法制作改性乳化沥青示意图

此外，将基质沥青首先制作成改性沥青，然后再进行乳化，理论上也是制备改性沥青的方法之一。但是由于改性沥青的乳化难度大，工艺复杂(需要改性和乳化两个工艺过程)，生产出的改性乳化沥青也并没有表现出性能优势，反而经常出现技术问题，因此目前来看该法还不具实际应用价值。

三、改性乳化沥青技术要求

表征改性乳化沥青特征的性能指标主要包括破乳速度，离子电荷，筛上剩余量，黏度，蒸发残留物性质（残留分含量、溶解度、针入度、延度、软化点等），与粗集料的黏附性，与粗细集料拌和试验，水泥拌和试验的筛上剩余量，储存稳定性（存储1d或者5d）等。

（1）破乳速度。破乳速度是改性乳化沥青重要的使用性能指标之一。破乳速度的快慢决定了改性乳化沥青的用途和使用方法。改性乳化沥青破乳速度试验，是根据乳液试样与规定级配的矿料拌和后矿料表面被乳液薄膜裹覆的均匀情况，来判断乳液破乳的快慢，从而鉴别乳液是属于快裂、中裂或慢裂类型的一种试验（以前也称为拌和稳定度试验）。

（2）粒子电荷。粒子电荷反映的是乳化沥青微粒离子的电荷性质，即阳、阴离子的类型。目前从我国乃至全球范围来看，微表处用改性乳化沥青全部是阳离子型。

（3）筛上剩余量。筛上剩余量反映改性乳化沥青中是否有未乳化的沥青颗粒或结块。当乳化剂质量不过关或者乳化沥青生产设备有问题等均可能造成改性乳化沥青中出现乳化不完全的大颗粒或结块。这些结块会在施工过程中造成管道堵塞或与矿料拌和不均匀，从而影响施工进度和质量。

（4）黏度。对于改性乳化沥青的黏度指标，美国采用赛波特黏度，日本采用恩格拉黏度，我国则同时采用沥青标准黏度和恩格拉黏度。黏度是反映乳化沥青工作性的重要指标。

（5）蒸发残留物性质，包括残留分含量、溶解度、针入度、延度、软化点等。蒸发残留物含量反映乳化沥青中沥青所占的比例，残留物含量过高或者过低均可能对乳化沥青的其他性能指标产生负面影响；蒸发残留沥青的针入度、延度、软化点指标，本质上取决于基质沥青的性质，但是同时又受到乳化材料（乳化剂、添加剂、酸）和乳化工艺的显著影响。

（6）与粗集料的黏附性。该指标反映喷洒型乳化沥青与石料黏附性的好坏。

（7）与粗细集料拌和试验。该指标可反映拌和型乳化沥青与石料黏附性的好坏。

（8）水泥拌和试验的筛上剩余量。该指标在我国只针对非离子型乳化沥青，在国外也用作与水泥一起使用的乳化沥青的检测指标（如高速铁路上的水泥乳化沥青砂浆），但试验方法不尽相同。

（9）储存稳定性。稳定存储是乳化沥青的最基本要求。储存稳定性指标反映了乳化沥青在静置状态下的储存稳定性。

1. 美国 ASTM 标准

美国 ASTM 标准中将乳化沥青按照破乳速度的快慢分为 CRS、CSS、CMS、CQS 等类型,其中的 CQS 指的是快开放交通型的乳化沥青(但没有提及改性与否),可以用于微表处。具体技术标准如表 4-2 所示。

ASTM 快开放交通乳化沥青标准　　表 4-2

项　目		CQS-1h	
		最小	最大
25℃赛波特黏度(s)		20	100
24h 储存稳定性注		—	
电荷		+	
筛上剩余量(0.85mm)(%)			0.1
蒸发残留物含量(%)		57	
蒸发残留物性质	针入度(25℃,100g,5s)(0.1mm)	40	90
	25℃延度(cm)	40	—
	溶解度(%)	97.5	—

注:如果乳化沥青在工程实际中得到成功应用,此指标可不做要求。

美国国际稀浆罩面协会(ISSA)微表处技术指南针对微表处专用的改性乳化沥青,做了补充要求,如表 4-3 所示。

ISSA 对微表处用乳化沥青标准的补充要求　　表 4-3

项　目		标　准	方　法
蒸发残留物	含量(%)	不小于 62	AASHTO T59, ASTM D244
	软化点(℃)	不小于 57	AASHTO T53, ASTM D36
	针入度(25℃,100g,5s)(0.1mm)	40~90	AASHTO T49, ASTM 2397

注:试验温度低于 138℃,高温会引起聚合物分解。

2. 美国 AASHTO 标准

美国 AASHTO 提出的微表处用的快凝型聚合物改性阳离子乳化沥青技术标准如表 4-4 所示。

AASHTO 快凝型的聚合物改性阳离子乳化沥青的技术标准 表 4-4

项　　目		CRS-2P
50℃赛波特黏度(s)		100 ~ 400
储存稳定性(24h)(%)		<1
反乳化点(35mL,0.8%)(%)		>40
电荷		阳离子(+)
筛上剩余量(%)		<0.1
蒸发残留物含量(%)		>65
蒸发残留物性质	针入度(25℃,100g,5s)(0.1mm)	100 ~ 175
	4℃延度(cm)	>30
	25℃延度(cm)	>125
	4℃测力延度峰值比(f_2/f_1)	>0.3
	弹性恢复(%)	>50
	聚合物含量(%)	>2.5
	溶解度(%)	>97.5

注:基质沥青溶解度应大于 99%。

AASHTO 标准中,快凝型阳离子改性乳化沥青的蒸发残留物含量要求“>65%”,这要高于 ASTM 和 ISSA 标准中“>57%”和“>62%”的要求;蒸发残留物针入度指标为 100 ~ 175 之间,25℃延度指标要求大于 125cm,这说明要求的基质沥青标号比 ASTM 和 ISSA 中的要大一些。此外,AASHTO 标准中还提出了 4℃延度、4℃测力延度峰值比、弹性恢复指标等指标,而 ASTM 和 ISSA 标准中没有这些指标要求;AASHTO 标准中提出聚合物含量大于 2.5%,这要低于 ISSA 标准中“>3%”的要求。

3. 日本标准

日本的乳化沥青标准有国家标准 JIS 和协会标准 JEAAS 两种。其中,国家标准 JIS 对乳化沥青的分类较为简单;而协会标准 JEAAS 标准中有 PKR-T-1、PKR-T-2、PTR-S-1、PTR-S-2 四种橡胶改性乳液型号,它们分别用于温暖时期黏层油、寒冷时期黏层油、温暖时期表处和寒冷时期表处,同时列出了专门用于微表处的改性乳化沥青标准。日本 JEAAS 协会标准关于专门用于微表处的改性乳化沥青标准如表4-5所示。

日本JEAAS协会对微表处专用改性乳化沥青的技术要求　　表4-5

项　　目		MS-1
25℃恩格拉黏度		3～60
电荷		阳离子(+)
筛上剩余量(%)		0.3以下
蒸发残留物含量(%)		60以上
蒸发残留物性质	针入度(25℃,100g,5s)(0.1mm)	40以上
	15℃延度(cm)	30以上
	软化点(℃)	50以上
	韧性(N·m)	3.0以上
	黏韧性(N·m)	2.5以上
储存稳定性(24h)(%)		1以下

与美国标准对比,日本标准主要有以下不同:

(1)黏度指标采用恩格拉黏度,且黏度范围宽,下限要求值较低。按照28%的换算关系,日本黏度标准相当于赛波特黏度10.7～214.3s,而美国标准的赛波特黏度范围在20～100s之间。

(2)蒸发残留物含量规定大于60%,低于美国标准中">62%"或">65%"的要求。

(3)蒸发残留物软化点指标要求大于50℃,低于美国标准中">57℃"的要求。当然,这可能与两个国家蒸发残留物获取方法的不同也有关系。

(4)对蒸发残留物提出了15℃延度、韧性和黏韧性的要求,而美国标准没有这些指标。

(5)日本标准中的筛上剩余量指标是采用1.18mm筛,要求剩余量小于0.3%,而美国标准中采用0.85mm筛,要求筛上剩余量小于0.15,比日本标准要高。

4.我国微表处用改性乳化沥青技术要求

我国《公路沥青路面施工技术规范》(JTG F40—2004)中提出的微表处用改性乳化沥青技术要求见表4-6。

微表处用改性乳化沥青技术要求　　表4-6

试验项目		BCR
筛上剩余量(1.18mm筛)(%)		≤0.1
电荷		阳离子正电(+)
恩格拉黏度(25℃),E		3~30
沥青标准黏度 $C_{25,3}$[①](s)		12~60
蒸发残留物含量(%)		≥60
蒸发残留物性质	针入度(100g,25℃,5s)(0.1mm)	40~100
	软化点(℃)	≥53[②]
	延度(5℃)(cm)	≥20
	延度(15℃)(cm)	—
	溶解度(三氯乙烯)%	≥97.5
储存稳定性[③](%)	1d	≤1
	5d	≤5

注:①乳化沥青黏度以恩格拉黏度为准,条件不具备时也可采用沥青标准黏度。
②南方炎热地区、重载交通道路及用于填补车辙时,BCR蒸发残留物的软化点宜提高至不低于55℃。
③储存稳定性根据施工实际情况选择试验天数,通常采用5d,乳液生产后能在第二天使用完时也可选用1d。个别情况下,改性乳化沥青5d的储存稳定性难以满足要求,如果经搅拌后能够达到均匀一致并不影响正常使用,此时要求改性乳化沥青运至工地后应存放在附有搅拌装置的储存罐内,并进行搅拌,否则不准使用。

四、乳化沥青颗粒粒径的影响

乳状液的颗粒粒径大小与分布规律对乳状液的性质有着不同程度的影响。作为乳状液的乳化沥青,由于乳化剂的乳化能力不同,乳化设备的加工精度差异,同一配方乳化沥青的粒径大小和分布必然存在差异,乳化沥青的性能肯定会有所不同。为了定量分析这种差异是否会影响到乳化沥青的正常使用,作者对此进行了初步的试验研究。

首先,采用SEP 0.3R沥青乳化设备,实现乳化沥青制作过程的精确控制(包括沥青温度、皂液温度、乳化沥青温度、胶体磨间隙、固含量等),通过调整胶体磨转速得到仅粒径不同的乳化沥青对比样品,避免了其他影响因素对试验结果的干扰。采用马尔文激光粒度分析仪器测得粒径分布,然后对不同粒径乳化沥青的储存稳定性、恩格拉黏度、可拌和时间、黏聚力等性能指标进行对比检测。

试验用乳化沥青配比如表 4-7 所示。

试验用乳化沥青配比　　表 4-7

项　目	配　方 1	配　方 2
基质沥青	滨州 AH-70 号	盘锦 AH-70 号
乳化剂种类	某国外品牌 1,微表处用乳化剂	某国外品牌 2,微表处用乳化剂
乳化剂剂量(%)	1.6	1.5
设定固含量(%)	63	63

为了检测不同乳化沥青与集料的拌和性能和成型速度,选择使用张家口玄武岩和北京南口石灰岩掺配而成的稀浆封层 III 型级配矿料。级配如表 4-8 所示。

试验用矿料级配情况　　表 4-8

项　目	通过下列筛孔(mm)的百分率(%)							
	9.5	4.75	2.36	1.18	0.6	0.3	0.15	0.075
级配范围	100	70~90	45~70	28~50	19~34	12~25	7~18	5~15
实际级配	100	81.4	61.7	37.8	25.6	14.3	8.3	5.3

通过改变胶体磨转速得到不同粒径的乳化沥青样品。同一配方乳化沥青在制作过程中,各组分材料全部一致,皂液温度、沥青温度等所有工艺参数完全一致。从蒸发残留物含量的测定结果看出,同一配方、不同粒径的乳化沥青的蒸发残留物含量也非常接近,从而排除了除粒径以外的其他因素对乳化沥青性能的影响。测得的各乳化沥青样品的粒度分布情况如表 4-9 所示。部分乳化沥青颗粒粒度分布情况见图 4-5。

乳化沥青粒度测试结果　　表 4-9

项　目		蒸发残留物含量(%)	中值粒径 D(μm)	跨度	均匀性
配方 1	A	63.5	1.75	2.433	1.077
	B	63.1	2.76	3.048	1.172
	C	63.5	4.28	4.682	1.716
配方 2	A	62.8	2.06	4.854	1.565
	B	62.6	3.16	4.010	1.450
	C	62.6	3.49	6.669	2.867

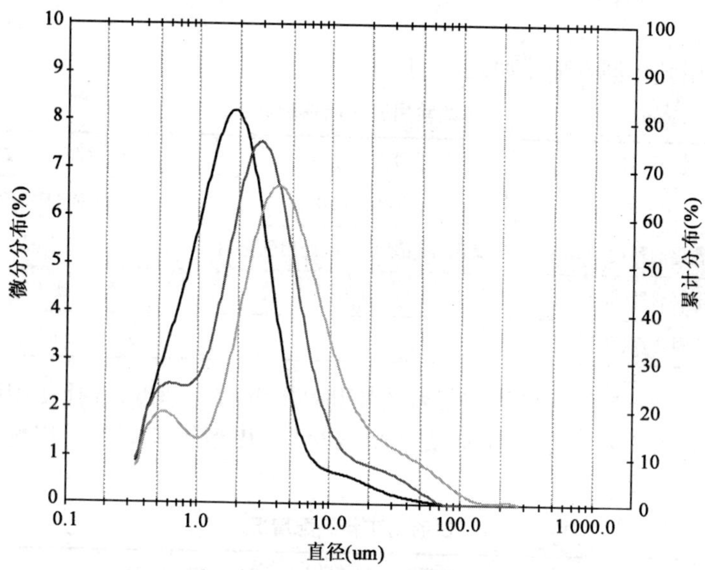

图 4-5　部分乳化沥青颗粒粒度分布情况

从粒度分析结果看出，对于配方 1，A 的中值粒径最小，B 次之，C 最大；粒度分布 A 最集中，B 次之，C 最分散。对于配方 2，A 的中值粒径最小，B 次之，C 最大；粒度分布 A 最集中，C 次之，B 最分散。

对不同粒度分布的乳化沥青样品进行恩格拉黏度、可拌和时间、黏聚力等性能指标的检测，结果如表 4-10 ~ 表 4-12 所示。

乳化沥青性能指标测试结果　　表 4-10

项　　目		5d 储存稳定性(%)	恩格拉黏度 E_{25}
配方 1	A	0.26	13.7
	B	0.40	8.1
	C	0.42	7.9
配方 2	A	2.29	10.8
	B	2.46	14.0
	C	4.44	9.0

稀浆混合料拌和时间测定结果 表 4-11

项 目	混合料配比(%)					拌和时间(s)		
	集料	乳化沥青	水泥	水	添加剂	A	B	C
配方 1	100	11.5	1.0	6	—	65	70	71
	100	11.5	1.0	8	—	98	125	150
	100	11.5	1.0	8.5	—	122	170	>180
配方 2	100	12.0	0.5	8.0	1.0	150	175	185
	100	12.0	0.5	8.0	1.0	131	148	173
	100	11.0	1.0	8.0	1.0	122	127	132

稀浆混合料黏聚力测定结果 表 4-12

项目	混合料配比(%)					黏聚力(N·m)(30min/60min)		
	集料	乳化沥青	水泥	水	添加剂	A	B	C
配方 1	100	12.0	0.5	7.0	—	18/19.5	20/21	22/22
配方 2	100	11.0	1.0	8.0	1.0	20/20	20/20	20/20

1. 储存稳定性

(1)无论是乳化沥青配方 1 还是配方 2,随着试样 A、B、C 中值粒径的逐渐增大,乳化沥青的储存稳定性逐渐变差。

(2)随着中值粒径的增大,乳化沥青配方 1 储存稳定性的变化幅度明显小于配方 2。由此说明不同的乳化沥青,其储存稳定性指标对颗粒粒径的敏感性是不同的。

(3)配方 2 中 B、C 的中值粒径小于配方 1 中的 C 试样,但是配方 2 中 B、C 的储存稳定性指标却不及配方 1 中的 C 试样。由此说明影响乳化沥青储存稳定性指标的因素很多,如果沥青不同、皂液不同,那么单纯比较粒径大小是没有意义的。

(4)考虑到试验所用设备、乳化剂材料都是世界上最先进的,乳化剂剂量也符合工程实际的通常用量,因此可以判断,当乳化沥青平均粒径 D 超过 5μm 后,5d 储存稳定性指标可能较难满足规范要求。

2. 恩格拉黏度

(1)随着乳化沥青中值粒径的增大,乳化沥青恩格拉黏度一般会逐渐降低。

(2)粒径分布范围的宽窄也对恩格拉黏度产生显著影响。例如,配方 2 中的 B 与 A 相比,尽管 A 的中值粒径小,但是恩格拉黏度却显著小于 B,主要是由于 B 的粒径分布跨度更加集中而引起的。

3. 可拌和时间

随着乳化沥青中值粒径的增大，乳化沥青的可拌和时间逐渐延长。分析认为，随着乳化沥青粒径的增大，沥青颗粒的比表面积减小，消耗的乳化剂剂量降低，使得乳化沥青的水相中存在更多游离的乳化剂。在与矿料拌和时，游离的乳化剂首先吸附到矿料表面，中和石料表面的负电荷，从而起到延长可拌和时间的作用。

因此，从拌和型乳化沥青的使用角度而言，乳化沥青的平均粒径应有一适宜的范围，并非越细越好。

4. 黏聚力

从上述试验结果看，乳化沥青粒径在 2 ~ 5μm 之间变化对乳化沥青稀浆混合料的黏聚力指标影响不明显；当乳化沥青粒径过细时，其对稀浆混合料的成型速度可能存在不利影响。因此，从拌和型乳化沥青的成型速度角度而言，乳化沥青的平均粒径也并非越细越好。

5. 初步结论

根据上述试验结果，得出如下的初步研究结论。

（1）相同配方的乳化沥青，其粒度分布对储存稳定性、恩格拉黏度指标、可拌和时间等指标有显著的影响；但是不同配方的乳化沥青，单纯对比粒度分布是没有太多意义的。

（2）乳化沥青的中值粒径在 2 ~ 5μm 之间变化时，对稀浆混合料的成型速度影响不大。

第二节　矿料级配与集料技术要求

矿料占微表处混合料质量的 90% 以上，其级配、质量等都会显著影响微表处的使用性能，也是目前影响我国微表处工程质量的最主要因素之一。

一、微表处矿料级配范围

良好的矿料级配是微表处混合料性能的重要保证。目前来看，全球范围内微表处矿料级配类型主要包括 I 型、II 型、III 型、IV 型（型号越高，级配越粗），其中 II 型、III 型最为普遍。对于每一种类型的级配，大多数国家或机构的级配范围是基本相同的。

我国《微表处和稀浆封层技术指南》参照国际稀浆封层协会（ISSA）的微表处

技术指南，提出了如表4-13所示的矿料级配范围。它包括II型、III型两种级配。日本乳化沥青协会（JEAAS）微表处技术指南的微表处用矿料级配范围如表4-14所示，包括I型和II型两种级配。德国微表处级配范围如表4-15所示。西班牙微表处级配范围如表4-16所示。美国部分州微表处用矿料级配范围见表4-17。

我国及ISSA规定的微表处用矿料级配范围　　表4-13

筛孔尺寸（mm）	II型通过率（%）	III型通过率（%）	允许波动范围（%）
9.5	100	100	—
4.75	90~100	70~90	±5
2.36	65~90	45~70	±5
1.18	45~70	28~50	±5
0.6	30~50	19~34	±5
0.33	18~30	12~25	±4
0.15	10~21	7~18	±3
0.075	5~15	5~15	±2

JEAAS微表处用矿料级配范围　　表4-14

通过率		I型通过率（%）	II型通过率（%）
矿料公称最大粒径（mm）		2.5	5
筛孔尺寸（mm）	9.5	—	100
	4.75	100	90~100
	2.36	90~100	60~90
	0.6	40~65	30~50
	0.33	25~42	18~30
	0.15	15~30	10~21
	0.075	10~20	5~15

德国微表处用矿料级配范围（%）　　表4-15

级配类型		0/11	0/8	0/5	0/3
筛孔尺寸（mm）	<0.09	6~12	6~12	6~14	6~16
	>2	45~75	45~65	40~65	20~50
	>5	—	≥15	≤10	≤10
	>8	≥15	≤10	—	—
	>11	≤10	—	—	—

西班牙微表处用矿料级配范围 表4-16

筛孔尺寸（mm）	I型通过率(%)	II型通过率(%)	III型通过率(%)
12.5	—	—	100
10	—	100	85~100
6.3	100	80~100	70~90
5	85~100	70~90	60~85
2.5	65~90	45~70	40~60
1.25	45~70	28~50	28~45
0.63	30~50	18~33	18~33
0.32	18~35	12~25	11~25
0.16	10~25	7~17	6~15
0.075	7~15	5~10	4~8

美国部分州微表处用矿料级配范围(%) 表4-17

筛孔尺寸（mm）	俄亥俄州	得克萨斯州	田纳西州	弗吉尼亚州(C型)
12.7	—	100	—	—
9.5	100	99~100	100	100
4.75	85~100	86~94	64~100	70~95
2.36	50~80	45~65	40~75	45~70
1.18	40~65	25~46	25~60	32~54
0.6	25~45	15~35	16~39	23~38
0.33	13~25	10~25	8~29	16~29
0.15	—	7~18	5~20	9~20
0.075	5~15	5~15	2~14	5~15

上述微表处矿料级配全部是连续型密级配。除此之外，法国还有一种类似于SMA的断级配并掺加纤维的微表处。断级配使微表处路面具有更好的宏观构造深度。纤维则可以增强混合料的耐久性，而且减轻混合料施工过程的离析现象。这种微表处主要有0/6和0/10两种断级配，其典型级配曲线如图4-6所示。0/6型级配常用城市道路和人口密集地段，而0/10型则主要用于大交通量和重交通路段。

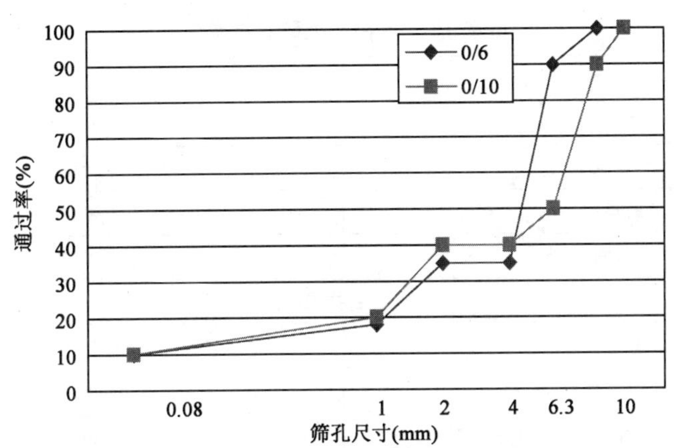

图 4-6 法国典型的断级配微表处的级配曲线

二、微表处用集料技术要求

对于微表处用粗集料而言，由于其在微表处层内"顶天立地"，直接接受车辆荷载的作用，因此其最重要的性质就是耐磨耗（洛杉矶磨耗损失指标）、形状规则（扁平状含量）、抗滑（磨光值）。对于微表处用细集料而言，最重要的是要洁净（砂当量指标），不能影响沥青与集料的有效黏结和裹覆。

ISSA 微表处技术指南中对微表处用集料提出了砂当量、坚固性和磨耗损失三项指标；日本乳化沥青协会（JEAAS）微表处技术指南中对微表处用集料提出了表干密度、吸水率、磨耗损失和坚固性四项指标，当需要特别考虑有害物质含量时又提出了黏土含量、软石含量、针片状含量三项指标。具体情况如表 4-18 和表 4-19 所示。我国《微表处和稀浆封层技术指南》提出的微表处用集料技术要求见表 4-20。

ISSA 稀浆封层用和微表处用集料技术要求的对比 表 4-18

检测内容 \ 适用范围	A143（微表处）	备注
砂当量	不小于 65%	针对合成级配矿料中 4.75mm 以下部分
坚固性	用 Na_2SO_4，不大于 15% 用 $MgSO_4$，不大于 25%	
磨耗损失	不大于 30%	

日本 JEAAS 微表处碎石技术要求 表4-19

检测内容	标准
表干相对密度	不小于2.45
吸水率(%)	不大于3.0
磨耗损失(%)	不大于30
坚固性(%)	不大于12
微表处碎石技术附加要求	
黏土含量(%)	0.25(最大)
软弱颗粒(%)	5.0(最大)
针片状含量(%)	10.0(最大)

我国微表处用集料技术要求 表4-20

项目			标准	试验方法	备注
粗集料	石料压碎值(%)	不大于	26	T 0316—2000	
	洛杉矶磨耗损失(%)	不大于	28	T 0317—2000	
	石料磨光值(BPN)	不小于	42	T 0321—1994	
	坚固性(%)	不大于	12	T 0314—2000	
细集料	坚固性(%)	不大于	12	T 0340—1994	大于0.3mm部分
合成矿料	砂当量(%)	不小于	65	T 0334—1994	合成矿料中小于4.75mm部分

第三节 微表处混合料设计

一、施工性能设计指标

微表处混合料是冷拌冷铺的混合料,在摊铺和成型过程中存在着复杂的物理、化学变化。与热拌沥青混合料相比,它更易受到外界条件(如温度、湿度、风力、日照等)和各组分材料品种、性质的影响。微表处混合料的设计首先应该能够满足施工性能的要求,以保证混合料顺利摊铺。

微表处混合料施工性能包括:(1)施工可操作性。混合料在摊铺到路面之前应该不会破乳固化,且具有良好的稀浆状态,并有良好的环境条件适应性。施工可操作性一般通过混合料的拌和试验来确定。(2)成型速度。微表处在摊铺到路面后应能够迅速固化成型，具备充足的初期强度。该指标通过初凝时间试验和黏聚力试验确定。

1. 可拌和时间

微表处混合料可拌和时间通过如下方法测试。在拌和锅内放入一定量的矿料（通常为100g）、填料，拌匀，再将水、添加剂等倒入锅中拌匀，然后倒入一定量的改性乳化沥青搅拌并记时。在改性乳化沥青倒入后的最初5～10s内用力快速拌和，然后用拌和匙沿容器壁顺时针均匀拌和，一般为每分钟60～70转，注意观察混合料的拌和状态。当稀浆混合料变稠，手感到有力时，表明混合料开始有破乳的迹象，记录此刻的时间，称为可拌和时间。继续拌和，当混合料完全抱团，无法拌和时，记录此刻的时间，称为不可施工时间。重新调整混合料的配比，重复进行上述试验步骤，并记录试验时的气温和湿度。

为了更加客观地评价微表处稀浆混合料可拌和时间，弥补手工拌和受人为因素影响的不足，交通运输部公路科学研究所与河南高远公路养护技术有限公司合作开发了稀浆混合料拌和试验仪（图4-7）。该仪器由控制器和主机组成，控制器可以实现对主机转速、扭矩及时间进行控制和监视，并可以实现与计算机通信；通过主机实现对稀浆混合料的拌和。其工作原理是模拟手工搅拌，通过稀浆混合料搅拌过程中搅拌扭矩的变化，确定可拌和时间。

a)

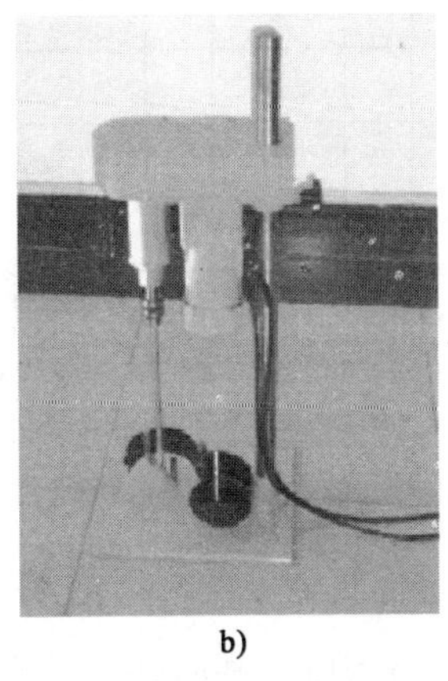
b)

c)

图4-7　拌和试验仪

拌和试验机的主要技术参数如下：

（1）采样间隔：1s

（2）搅拌速度：稳速精度小于或等于2%，调速范围30～400转/min；

（3）扭矩传感器：精度0.5N·cm，测量范围0～100N·cm；

(4)计算机显示时间—扭矩曲线,并导出数据档。

(5)搅拌容器:不锈钢杯,ϕ115mm×110mm,内径 ϕ110mm;

(6)搅拌叶片形状如图 4-7b)所示,叶片每侧与容器内壁间隙为 15mm。

试验方法是:将石料、水泥、水首先在容器中搅拌均匀,添加乳化沥青,然后迅速开启拌和试验仪。在开始试验的 5～8s 内,搅拌速度控制在 120～200 转/min 之间,确保能够迅速将乳化沥青与矿料拌制成稀浆状态;然后调整搅拌速度至 60 转/min,直至试验结束。

采用上述拌和试验方法,针对不同的微表处混合料进行机械拌和,可以得到如图 4-8 所示的典型曲线。试验初期扭矩从高位迅速下降,然后维持在一定的水平;随着搅拌时间的延长,扭矩逐渐上升;扭矩到达峰值后逐渐减小,说明混合料已经破乳并在强制机械作用下形成"假稀浆"。试验曲线峰值对应的时间可以作为可拌和时间。

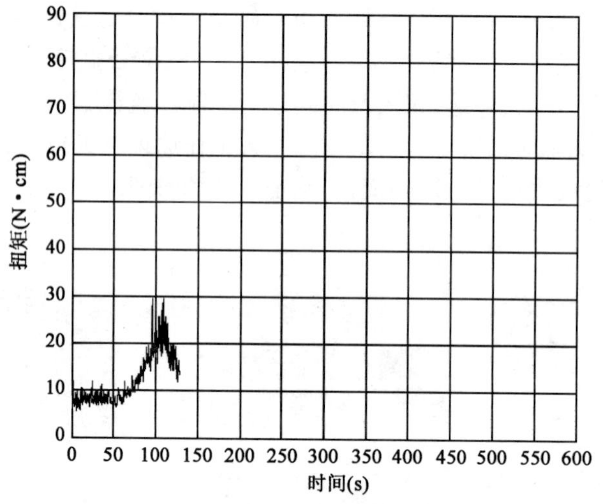

图 4-8　拌和试验典型的扭矩—拌和时间曲线

2. 稠度

微表处混合料除了要有足够的可拌和时间,还需要有良好的施工状态,即有合适的稠度和良好的稠度可调节性。混合料的稠度值太大,即混合料过稀,会造成稀浆混合料"跑浆",影响纵向接缝的直线状态,同时会造成细料上浮,形成表面富油,摊铺厚度也很难保证;如果混合料的稠度值太小,即混合料过稠,会造成混合料摊铺困难,表面不美观,与原路面黏结不够牢固等问题的出现。混合料的稠度在摊铺过程中是不断变化的,我们希望混合料在摊铺过程中始终保持在合适的稠度范围内(2～3cm)。

3. 初凝时间

初凝时间试验是取刚拌匀的微表处混合料立即摊在油毛毡上铺平并开始计时。把试件放在室温下,隔 3 min ,用一张滤纸或餐巾纸轻轻地压混合料表面,如果在纸上没有见到褐色的斑点,就认为稀浆已经初凝。如果有褐色斑点出现就再隔 3 min 重复测试。如 15min 后仍未初凝,就每隔 10 min 测试,直至达到初凝为止。记录初凝时间和试验时的气温和湿度。

初凝时间试验中滤纸表面不再看到褐色斑点,表明沥青微粒已经与水相分离并黏结到了石料表面。只有经过了这一过程,混合料才可能进一步固化成型,形成初期强度。

4. 黏聚力

黏聚力试验方法如下。称取 200g 集料放入拌锅拌匀,然后加入适量的水拌匀,再加入定量的改性乳化沥青拌和均匀,时间不超过 1min。将环形试模放在油毛毡上,将达到要求配比的稀浆混合料拌匀后立即倒入试模并刮平,将脱模后的试样在 25℃ ±6℃的环境中养生并记时。30 min 后,将试件置于黏聚力试验仪的气动橡胶压头下面,当仪器压力表达到 200 kPa 时,保持此压力,将测扭矩板手测力表归零并套住气缸杆上端,在 0.7～1.0 s 内平稳、水平地扭转 90～120°,并读取扭矩仪读数。升起橡胶压头,并擦干净底部待下次测试。60min 时,重复上述步骤。

二、路用性能设计指标

微表处作为厚度仅 10mm 的薄层,其混合料的路用性能主要包括如下方面。

(1)乳化沥青能够将石料牢固黏结,石料不会在行车作用下松散脱落,通过湿轮磨耗指标、配伍性等级指标表征。

(2)微表处不会出现因泛油而造成表面抗滑功能丧失,通过负荷轮黏附砂量指标表征。

(3)微表处用于车辙填充时,混合料应有较好的抗车辙性能,通过轮辙变形试验确定。

1. 湿轮磨耗损失(WTAT)

湿轮磨耗试验方法如下。按照确定的混合料各组分的比例(集料过4.75mm 筛后的剩余部分)制作成厚度 6.4mm、内径为 280mm 的湿轮磨耗试样,烘干至恒量并冷却至室温后称取质量 m_1,然后将试样放在 25℃ ±3℃的水中养生 1h 或

6d 后取出，在湿轮磨耗试验仪上磨 5min，然后将试样取出、冲洗、烘干后称取质量 m_2。试样磨耗前后的质量差与磨耗面积的比值称为磨耗值。

湿轮磨耗试验的目的如下。

(1)用于控制混合料的最小沥青用量。混合料中沥青用量越少，试样的 WTAT 值就越大，当超过了规定的最大 WTAT 值时的沥青用量就是容许的最小沥青用量。

(2)用于评价混合料中各组分的配伍性。微表处混合料各组分之间存在复杂的化学反应，如果配伍性不好，即便各组分材料质量优良，也无法得到高性能的混合料。此时混合料的湿轮磨耗值往往无法满足要求，仅仅靠增大沥青用量也无法减小湿轮磨耗值。

(3)评价混合料抗水损害能力。

2. 负荷车轮黏附砂量(SA)

负荷车轮黏附砂试验是按照确定的混合料配方制作 1.27cm × 5.1cm × 38cm 的试样，脱模并烘干至恒量，冷却至室温后在负荷车轮试验仪上碾压 1 000 次后称取质量 m_1，然后在砂框中撒砂(80℃)后再碾压 100 次后称取质量 m_2。计算单位面积的黏附砂量 $(m_2 - m_1)/A$。

负荷车轮黏附砂试验的目的，是为了确定混合料的最大沥青用量。沥青用量越大，试样黏附的砂量也就越多，当黏附砂量达到要求的最大值时的沥青用量就是混合料的容许最大沥青用量。

3. 轮辙变形试验

单层微表处作为一种厚度仅 10mm 左右的薄层结构，本身并不产生车辙，微表处路面出现的车辙肯定由原路面引起的，因此不存在抵抗车辙的问题。但是当微表处混合料用于车辙填充时，由于微表处层的厚度增大(一般在 20 ~ 40mm 之间)，微表处混合料级配较细，沥青用量较高，有可能在行车作用下产生车辙变形。因此，对用作车辙填充的微表处混合料提出车辙变形试验的要求是必要的。

轮辙变形试验是采用负荷轮试验仪，在 57kg 负重的情况下碾压试样 1 000 次，量测轮辙深度、试样的侧向位移，用来评价混合料抵抗车辙的能力。

4. 配伍性分级指标(旋转瓶试验)

配伍性分级试验方法如下。取 200g 集料、2g 水泥或其他外加剂、适量的水，沥青用量 8.125% ±1%，拌和均匀后在空气中养生至少 1h，然后移入 60℃ 烘箱中烘至恒量，通过试模套制成标准试样(套制压力 1 000kg，由专门的制模仪器完成)，试样脱模后晾至室温并称取质量。将试样放在25℃ ±3℃的水中养生6d后取出，用滤纸将试样表面擦干并称取质量，该质量定义为“吸水质量”。将试样放入盛有750ml ±25ml蒸馏水的磨耗管中，开启磨耗仪，以每小时1200转的速度转3h ±3min后取出试样，将试样表面擦干称取质量，该质量定义为“磨耗质量”。将磨耗后的试样置于吊篮上放至沸水中煮30min。取出试样，将试样表面擦干并称取最大一块试样的质量。将该质量占“吸水质量”的比例定义为“完整率”。将试样在空气中干燥24h，估计试样表面沥青膜裹覆面积占试样总表面积的比例，该比例定义为“裹覆率”。然后根据表4-21进行混合料配伍性分级。

微表处混合料的配伍性分级　　表4-21

配伍性等级	等级值	磨耗质量(g)	裹覆率(%)	完整率(%)
A	4	0 ~ 0.7	90 ~ 100	90 ~ 100
B	3	0.7 ~ 1.0	75 ~ 90	75 ~ 90
C	2	1.0 ~ 1.3	50 ~ 75	50 ~ 75
D	1	1.3 ~ 2.0	10 ~ 50	10 ~ 50
0	0	2.0 +	0	0

三、微表处混合料配合比设计步骤

通常情况下，可以采用如下步骤进行微表处混合料配合比设计。

1. 原材料的选择

(1)改性乳化沥青配方的选择：①根据气候条件、应用场合、使用要求、材料供应等情况选择基质沥青品牌与标号、乳化剂种类以及改性剂的种类与剂量；②根据所选乳化剂的使用说明，在通常用量范围内选定2 ~4个乳化剂用量，分别制作改性乳化沥青小样，用于混合料设计。

(2)矿料的选择。为了确保微表处质量，矿料的选择应遵循以下原则：①为了提供经久耐磨的抗滑表面，微表处用集料特别是粗集料部分必须是硬质石料；②砂当量指标是微表处矿料质量的最重要指标之一，应尽量选择砂当量高的集料；③在当地缺少成功经验的情况下，矿料级配宜接近级配范围中值。其中4.75mm通过率显著影响微表处的表观效果和抗滑性能，0.075mm筛孔通过率显著影响稀浆混合料的成浆状态和沥青与石料的裹覆，因此4.75mm、0.075mm为筛孔通过率是最重要的参数。

2. 微表处混合料配比初试

微表处混合料配比初试按照下列步骤进行。

(1)选取级配合格的矿料并测定其含水率。

(2)称取若干份一定质量的级配矿料(一般为干矿料质量为100g),选择其中一个乳化沥青配比,按照经验,在通常的油石比范围内,以0.5%的沥青用量间隔变化改性乳化沥青用量,不断调整添加剂种类与用量、用水量后,进行拌和试验。III型级配的油石比一般在6.0%~8.0%之间,II型级配的油石比一般在7.0%~9.0%之间。

(3)如果尝试多种添加剂种类与剂量以及用水量后,混合料的可拌和时间仍不能满足要求时,可选择另外的改性乳化沥青配比或者调整矿料组成后重新进行试验;仍然无法满足要求的,应重新选择原材料后再做设计。

(4)对可拌和时间满足要求的试样,待成型后观察试样油石比大小及沥青与石料的裹覆情况。当发现初试的油石比均偏大或偏小时,可在规定的沥青用量范围内重新选择油石比初试范围后重新进行拌和试验。

(5)选择可拌和时间满足要求、油石比适宜的混合料配方进行黏聚力试验。

(6)按照上述步骤对待测的其他改性乳化沥青配比或混合料配方进行试验。

(7)通过对不同混合料配比的可拌和时间、拌和状态、成型效果、油石比大小、黏聚力指标等的综合对比,确定出3~5个认为合理的混合料配比,进行下一步试验。

微表处混合料配比初试过程中的常见问题及处理方法如表4-22所示。

配比初试过程中的常见问题及处理方法 表4-22

问　　题	常用的处理方法
拌和时间不足	增大外加水量; 添加硫酸铝、乳化剂水溶液等破乳延缓剂; 选择乳化剂剂量较大的改性乳化沥青; 制作乳化沥青时的皂液pH值适当增高
成浆状态不佳(过稀)	减少用水量; 选择乳化剂剂量较小的改性乳化沥青; 添加水泥、消石灰或矿粉; 调整矿料级配,增大细料含量,减少粗集料含量
成型速度过慢	添加水泥、消石灰等; 选择乳化剂剂量较小的改性乳化沥青; 减少破乳延缓剂的用量

3. 微表处混合料路用性能试验

(1)按照上述确定的3～5个混合料配比制作湿轮磨耗试样和负荷车轮试样。

(2)进行湿轮磨耗试验和负荷轮载试验。磨耗量、黏附砂量应符合要求。

(3)微表处混合料用于车辙填充时,应进行轮辙变形试验。

(4)如果试样的黏附砂量指标大于规定值,说明设计的油石比过大,可适当降低沥青用量后重新进行上述试验;如果试样湿轮磨耗指标不能满足要求,说明设计的油石比过小,可适当增大沥青用量后重新进行上述试验;如果油石比接近上限时仍然不能满足湿轮磨耗指标要求,说明混合料的配伍性不好,应重新设计混合料配比。

4. 混合料最佳沥青用量确定

湿轮磨耗指标接近要求值时的乳化沥青用量为允许的最小乳化沥青用量P_{min},黏附砂量指标接近要求值时的乳化沥青用量为允许的最大乳化沥青用量P_{max}。在P_{min}和P_{max}的范围内充分考虑微表处的应用场合、气候条件、交通量等因素,并借鉴当地的成功经验,合理选择最佳乳化沥青用量。

(1)原路面情况。如果原路面有泛油,特别是对于采用以前高标号沥青的情况,微表处材料层可以采用较小的油石比;如果原路面贫油,或者原路面沥青老化较严重时,可以考虑采用稍大的油石比;当原路面表面层空隙率大或渗水严重时,宜采用稍大的油石比。

(2)交通量的大小。交通量大时,微表处应采用较小的油石比;交通量较小时,微表处可以采用相对较大的油石比。ISSA稀浆封层设计指南中规定,对于普通的稀浆封层,日均交通量(ADT)在0～500(轻交通)时,黏附砂量的界限值为$70g/ft^2$;在250～1 500(中交通)时,黏附砂量的界限值为$60g/ft^2$;在1 500～3 000(重交通)时,黏附砂量的界限值为$50g/ft^2$(1ft＝0.304 8m)。可见,随着交通量的增加,稀浆封层油石比上限值是不断降低的。尽管微表处混合料设计中黏附砂量的要求值为$50g/ft^2$,但在设计时,如果微表处用于重载、大交通量公路时,宜采用较小的油石比。

四、微表处混合料设计关键技术环节

从材料和混合料设计的角度来讲,确保微表处工程质量的关键技术环节主要包括以下五个方面。

1. 一个工程,一套设计

微表处是一种相对"脆弱"的混合料系统,外界环境因素和混合料组成的变化往往会引起混合料施工性能的显著变化，进而影响混合料路用性能和使用寿命。因此，没有“包打天下”的万能配比，必须根据工程实际使用的材料情况、施工环境条件等进行有针对性的混合料配合比设计。在某地、某个工程使用很好的混合料配合比，在另外一个地方、另外一个工程很可能无法使用。例如，华东地区某微表处工程单位，由于有丰富的慢裂慢凝稀浆封层工程经验，在刚刚接触微表处施工时对微表处混合料的“娇贵脾气”认识不够，没有进行有针对性的配合比设计，造成工程失败。

2. 矿料砂当量指标“宁高勿低”

建筑材料质量差或不稳定是影响我国公路工程质量的最突出问题之一。集料占微表处混合料质量的90%以上，其性能显著影响微表处混合料性能。其中，集料砂当量指标对混合料性能的影响尤为显著，是微表处用集料的关键技术指标。(1)集料砂当量显著影响混合料的施工性能(可拌和时间)，使混合料的可拌和时间明显缩短，成型时间延长。(2)集料砂当量对微表处混合料的耐磨耗性能影响巨大。研究表明，砂当量越低，相应的1h湿轮磨耗值就越大，耐磨耗能力也就越差；砂当量低的集料将使改性剂无法发挥改性效果。(3)集料砂当量显著影响混合料的抗车辙能力。为了达到同样的抗车辙性能，砂当量高的集料所需的沥青用量小于砂当量低的情况。(4)集料砂当量显著影响混合料的抗裂能力。集料砂当量越低，混合料的抗裂能力越差。砂当量低时即便是采用较大的改性剂剂量，其抗裂能力也可能不及砂当量高时较小的改性剂剂量的情况。

在我国微表处研究推广初期，由于没有认识到集料砂当量指标的重要性，工程中出现了大量因为集料砂当量指标低或者是显著变化造成的微表处工程施工困难的案例。在条件允许的情况下，微表处工程应尽可能选择砂当量指标高的细集料。

3. 要严格控制矿料级配关键筛孔通过率

以目前国内使用最多的微表处III型级配为例，矿料级配中的关键筛孔主要包括9.5mm、4.75mm、0.075mm。9.5mm是微表处的最大粒径，如果微表处矿料级配中有超过9.5mm的颗粒，将会对微表处外观造成负面影响，因此必须严格控制超粒径颗粒的出现。4.75mm是影响微表处混合料外观的最关键筛孔，不仅4.75mm通过率的高低会对混合料性能产生显著影响，而且4.75~9.5mm部分的颗粒大小也会产生显著影响。如果级配中4.75~9.5mm部分的颗粒粒径偏大，即该粒径范围内靠近9.5mm的颗粒居多，则形成实际意义上的断级配。这种级配往往会造成微表处表观不均匀、大料容易飞散等问题。0.075mm通过率对于增强乳化沥青与粗集料间的黏结具有重要作用，0.075mm 通过率多低，往往会会导致粗集料颗粒易于脱离。

4. 要优选胶乳改性剂

改性乳化沥青中改性剂的剂量虽然很小（一般为 3% ~5%），但在很大程度上决定了改性乳化沥青性能，是改性乳化沥青区别于普通乳化沥青的最主要特点之一。

乳化沥青最常用的改性剂是 SBR 胶乳。由于乳化沥青和 SBR 胶乳同为乳状液，因此其离子类型应该相同；而且 SBR 胶乳中的固胶含量应尽可能高，避免由于添加 SBR 胶乳而向乳化沥青中引入过多的其他乳化剂。一般来说，微表处用的 SBR 胶乳产品，应该是阳离子型 SBR 胶乳，总固体物含量应在 60% 以上。大量的低固胶含量的阴离子型 SBR 胶乳产品，主要用于造纸和地毯领域，并不适用于乳化沥青和微表处改性。这是因为：(1) 阴离子的胶乳加入到阳离子乳化沥青中，会显著改变乳化沥青的性质，甚至会导致乳化沥青的破乳，影响沥青微粒与石料的黏结。(2) 阴离子胶乳与同样带负电荷的集料的黏结十分缓慢，无法在集料与沥青之间起到黏结作用，无法对稀浆混合料的性能起到改善作用。

图 4-9 是使用不同的 SBR 胶乳改性剂，制作微表处混合料试样进行湿轮磨耗试验的结果。添加 4%（固胶占纯沥青的质量百分比）的阳 - 1 型 SBR 胶乳（阳离子型，固胶含量 65%）可以使 1h 的 WTAT 损失从 115.8 g/m^2 减小到 83.2 g/m^2，使 6d 的 WTAT 损失从 419.0 g/m^2 减小到 313.7 g/m^2，分别比不改性时改善了 28% 和 25%，改性效果明显；而添加 4%（固胶占纯沥青的质量百分比）的阴 - 1 型 SBR 胶乳（阴离子型，固胶含量 47%）改性时的 1h WTAT 损失为 443.3 g/m^2，6d WTAT 损失为 554.4g/m^2，比不改性时的 WTAT 损失还大，不仅没有改性效果，还削弱了混合料的耐磨耗性能。

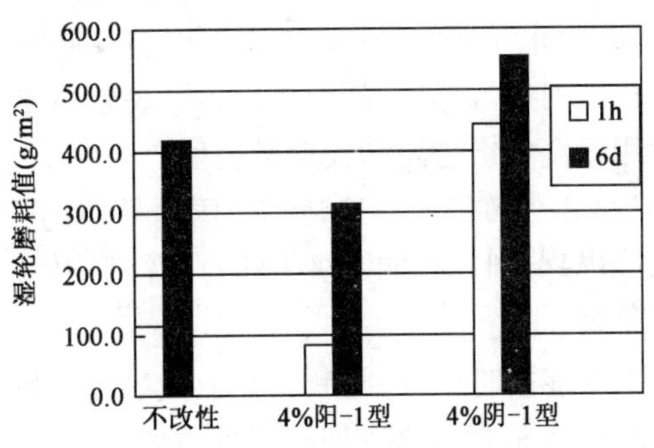

图 4-9　不同 SBR 胶乳改性剂改性效果的对比

5. 油石比要适量,外加水要少

油石比对微表处混合料性能的影响十分显著。油石比过大,会造成泛油;油石比过小,则会影响沥青与石料的黏结及微表处与原路面的黏结。因此,微表处混合料的油石比必须适量。通常情况下,III 型微表处混合料的油石比一般在 6.0% ~7.5% 之间,II 型微表处混合料的油石比会比 III 型略高一些。

水是微表处稀浆混合料必不可少的组成部分。为了保证混合料混合料性能,应尽量减少外加水量。外加水量过大,会影响沥青与石料的裹覆及摊铺厚度、外观质量。通常情况下,微表处混合料的外加水量应控制在 8% 以内。如果需要添加大量的外加水才能够保证混合料的施工,说明混合料设计存在缺陷。

第四节　微表处施工

一、施工设备

1. 微表处摊铺机的分类

微表处的主要施工机械是微表处摊铺机。根据微表处施工工艺的要求,微表处摊铺机必须具备给料、拌和、摊铺和计量控制等功能。它能将集料、填料、水、乳化沥青及添加剂按一定比例输送到拌和器内,经快速搅拌形成流动状态的微表处稀浆混合料,通过摊铺槽均匀平坦地摊铺在路面上。按照作业方式,微表处摊铺机可以分为以下两类。

(1)连续式作业微表处摊铺机。该类摊铺机的进料方式与沥青混凝土摊铺机类似,机身的前部为受料斗,摊铺机施工的同时可以推着装集料的自卸货车一起前进,边施工边接收料车卸下的集料。与此同时,各种液体原料经过输送泵从运液罐车送入摊铺机的对应罐体中,从而实现了微表处的连续施工,摊铺效率大大提高。其特别适用于高等级公路和大型微表处工程。

(2)间断式作业微表处摊铺机。这是当今国内外使用最多的一种机型。施工前,将集料、水、乳液等分别装入摊铺机上的对应料仓中,一车材料摊铺完后到料场重新添加所需材料。

由于装料和摊铺不能同时进行,间断式作业微表处摊铺机装满一车材料只能摊铺 0.3 ~0.4 车道 · km,然后必须回到料场添加集料(一般集料最先用完)。一般情况下,一天的施工时间中真正用在摊铺作业上的时间十分有限,造成施工效率偏低、横向施工缝多等问题的出现。为了克服间歇式施工设备的这一缺点，国内有的施工企业研制了如图4-10所示材料转运设备，从而减少了摊铺机往返前后场的时间，大大提高了间歇式摊铺机的施工效率。

图4-10 微表处材料转运车

2. 摊铺机构造与工作原理

微表处摊铺机可以分为两大部分：行驶部分和作业部分。行驶部分的功能是使摊铺机能够按设定速度行驶，完成转场和作业中的行驶任务，并在其上布置全套的作业设备；作业部分是完成施工过程中的物料存储、混合料拌和、摊铺等任务。由行驶部分和作业部分构成的微表处摊铺机大致由底盘系统、作业动力系统、给料系统、拌和系统、摊铺系统和控制操作系统等组成。

1）底盘系统

底盘的作用是承载、行走并且提供一些其他的功能。微表处摊铺机一般采用货车底盘。货车底盘应该满足以下两个要求：(1)底盘的承载能力应符合设计要求；(2)底盘有较宽的行驶速度范围。微表处施工时要求摊铺机能够以1.5～3.0km/h（发动机1 000转/min）的速度稳定行驶；当摊铺完毕后，要求摊铺机能够以较快的速度在施工现场与料场间往返，以节省时间。

2）作业动力系统

微表处摊铺机一般都有独立的作业动力系统，作业部分在摊铺施工时可以启动，在转场时可以关闭。作业动力系统主要由油箱、发动机、主离合器、主减速器和通向各工作系统的传动装置等组成。

工作发动机要求能够给整机系统提供足够大的动力储备。目前世界上主流的微表处机的工作发动机功率最大在110kW以上。工作发动机燃油管与底盘燃油箱相连，同底盘发动机共享一个燃油箱。其主要组成部分为发动机、底座及减震装置、飞轮连接及动力输出装置、启动电机和发电机。

动力传动系统的作用，是将发动机输送的动力通过机械或液力的方式传递到各个工作装置。目前，我国使用的进口微表处摊铺机的动力传动系统都是液压传动形式。液压传动形式将发动机的动力通过油泵—起动机形式输出，分别来驱动搅拌器、皮带输送机以及其他工作装置。液压系统多数采用多回路组合简单的齿轮泵—阀—起动机系统，个别也由采用恒压祠服变量系统；两种系统各有优缺点，前者维修简单方便，但管路复杂；后者管路简单，但故障率较高故障排出较复杂。其主要组成部分为液压泵、各类控制阀、连接管路、液压油及油箱、液压油冷却器、工作机构的起动机和执行油缸、进出油滤器等。

3）供料系统

微表处混合料一般由矿料、改性乳化沥青、水、填料、液体添加剂等组成，因此，微表处摊铺机上必须有对应的给料装置。不同类型的封层机其给料系统会有较大差异，以间断式微表处摊铺机为例介绍如下。

（1）矿料给料装置

矿料给料装置包括集料仓、料门、皮带输送机及驱动装置等，主要具有存储矿料、为搅拌器输送矿料和调节矿料的输送量的功能。

集料仓用来存储级配集料，要求容积足够大，能满足施工过程的需要，并且料仓侧壁要有一定的倾斜度（如 42°～45°），以保证料仓中的集料能够顺利下落到输送机皮带上；料门调节装置用来调节出料量；为了防止集料的悬空，装有振动破拱装置。其主要组成部分为料仓、破拱装置、料门调节装置。

皮带输送机用于集料的输送，主要组成部分为机架及连接装置、上下托棍、驱动滚筒、改向滚筒、张紧装置、环形皮带、减速机等。皮带机后部的张紧装置用于调节皮带机正常张紧度和修正皮带跑偏量。

（2）乳液供给装置

乳化沥青供给系统主要组成部分为乳化沥青箱、过滤器、乳化沥青泵及加热回路、计量装置、三通阀、标定管路、自加载循环管路、搅拌箱进油管路，主要功能是存储乳液、向搅拌器输送乳液、实现乳液的自循环和对乳液箱进行装料。乳化沥青泵一般采用高黏度低速齿轮定量容积泵，以减少齿轮咬合时对乳化沥青剪切破乳；技术先进的则采用变量泵，可适应各种工艺配比调节。为了防止沥青泵内沥青硬化，较多稀浆封层机增加了热水循环系统来加热软化泵内沥青，以减少起动阻力；当然也有采用特殊泵便无需热水加热，例如 WEIRO 公司的 MAP-8000e 型乳化沥青泵。

不同厂家的产品，乳液箱的进料和送料方式也各不相同，如 AKZO-NOBEL 公司的 HD-10 微表处摊铺机的顶部有一个四方形的开口，乳化沥青可以直接由此加入到乳液罐中，摊铺时则由齿轮泵将乳化沥青从储罐泵送到拌和器内；而 BREINING 公司摊铺机的乳液罐是密闭的，只能通过泵从专用的开口泵入乳化沥青，摊铺时，设备通过气压将储罐中的乳化沥青排出。其通过转动三通阀指向，可以实现储罐中改性乳化沥青的自循环。

（3）供水装置

水系统也是稀浆封层机不可缺少的部分。水的用途主要有调节浆的稀稠度、路面喷水、高低压清洗。进入搅拌箱的水要能控制其流量,清洗用水要能调节其压力。该系统可以做成一个回路,也可以把高压用水和低压用水分成两路来实现。

供水装置主要组成部分为水箱、过滤器、水泵、手动阀门、控制阀门、计量装置、搅拌箱进水管路、地面喷水装置和管路、低压水清洗装置和管路、乳化沥青管道及搅拌箱清洗管路、高压水泵及清洗装置、自加载管路等。

水泵有两个作用:①抽出水箱中的水,供向主水管路;②通过水泵抽吸,可以向水箱加水。供水管路一般都是通过三通阀构成循环管路的,当作业发动机起动,水泵运转,水通过主管路为搅拌器供水;而没有作业时,水通过水泵、三通阀等返回水箱。摊铺机上还设置有用于湿润路面的喷水管。喷水管一般在摊铺机底部并布置有多个喷嘴。另外,随车还带有手持式单头喷水枪,用来补洒未被喷水管洒到的地方和冲洗摊铺槽。

(4)填料供给装置

其主要由填料箱、螺旋送料器、填料疏松器及传动链轮等组成。

填料箱用来存储填料。螺旋送料器布置在填料箱底部,其作用是向搅拌器输送填料。填料出料口则根据车型不同,有的是从填料箱一端出料,有的则是在填料箱中部出料。填料疏松器布置在箱中部,用来疏松填料箱内部的填料。填料箱的动力一般是采用液压起动机经机械变速来驱动螺旋送料器和填料疏松器的。填料的计量则是采用转速表来测定螺旋送料器的转速,经标定可以得出填料的转带排量曲线和数值。

(5)添加剂给料装置

添加剂给料装置目前有两种结构形式,一是采用泵输送添加剂,二是采用压缩空气输送添加剂。

采用泵输送添加剂的装置主要由添加剂箱、添加剂泵、转子流量计、阀门及管路组成。添加剂泵一般由液压起动机驱动,用电磁换向阀来控制起动机。转子流量计的作用是显示添加剂的流量,以便对添加剂的流量进行精细监控。添加剂通过管路直接送入搅拌器中。

采用压缩空气输送添加剂的装置主要由添加剂罐、减压阀、安全阀、转子流量计阀门及管路组成。添加剂罐应密封、耐压、耐腐蚀,利用汽车的压缩空气通过开关向罐内加压,添加剂经出料口、流量计和管路被送入搅拌器中。减压阀和安全阀的作用都是为了保持罐内有稳定的气压,使添加剂的流量稳定。

给料系统是微表处摊铺机最重要的部分。其工作稳定性和计量精确性是衡量一台微表处摊铺机性能优劣的主要指标之一，也是以上几种材料能否按配比要求制取合格的稀浆混合料的关键所在。

4）拌和系统

拌和系统必须具有在短时间内将集料、填料、添加剂、水及乳液彻底、均匀地搅拌成理想的稀浆混合料的功能。

搅拌装置保证了稀浆混合料的充分混合，要求该系统搅拌轴要有足够高的转速，能在很短的时间内拌和混合料并且把混合料送入摊铺系统中（4～6s）。搅拌叶片要求为耐磨金属材料制成。普通稀浆封层摊铺机上一般采用单轴螺旋式搅拌器，而微表处摊铺机上一般是双轴桨叶式搅拌器，以实现对稀浆混合料的强力搅拌。该装置是稀浆混合料施工设备发展过程中变化比较明显的一个地方：最早的搅拌箱是单轴螺旋叶片式，拌和能力差，拌和效率低，只能做慢裂慢凝的稀浆封层；后来发展为双轴搅拌形式，在此基础上出现了双炮筒式双轴搅拌叶片式搅拌箱，拌和能力高，效率也高，满足了微表处混合料拌和的要求。

双轴桨叶式搅拌器由搅拌筒、搅拌轴、桨叶、传动齿轮、均料斗等组成。当集料、填料、水、添加剂和乳液从进料口进入搅拌器后，搅拌器的双轴由里向外做相反方向转动，带动桨叶旋转，在桨叶的作用下，物料快速掺合。桨叶沿轴向安装成一定角度，使集料沿轴向和横向快速桨动拌和，到达出料口时已被搅拌成均匀的混合料并从出料口排出。

5）摊铺系统

摊铺箱是微表处摊铺机摊铺出优质微表处的一个非常重要的装置，所有原料经整机精确配比拌和成浆后，稀浆混合料最终由摊铺箱完成摊铺。微表处摊铺箱为双轴搅拌形式，通常要求搅拌轴转速高，有二次拌和能力和输送混合料的功能。

摊铺系统是一个独立的作业系统，一般用牵引链条或牵引杆与主车相连，转场时需与主车脱离。它的作用是将稀浆均匀的混合料摊铺到路面上并按要求控制稀浆摊铺的宽度和厚度。

微表处的摊铺箱有两组或四组搅拌器，还有专门用于修补车辙的 V 形摊铺槽和可以在斜面进行摊铺的斜坡摊铺槽。

摊铺槽一般由左右两个框架组成，中间由销轴铰接，可以随路拱自行调节。左右摊铺槽都装有搅拌器，由液压起动机通过链传动驱动同步旋转。螺旋搅拌器起到二次拌和和布料的作用。封浆刮板以及滑靴调节器保证了摊铺槽向前移动时，稀浆混合料从压向地面的刮平胶板与地面之间形成的间隙流出。滑靴高度调节器一般布置 3 个，通过手轮和螺旋机构可以控制微表处的厚度。

滑靴的另一个作用是支承摊铺箱的质量，因此，滑靴底面应由硬质耐磨材料制成。

微表处摊铺箱有多种类型，按照变宽的方式分类，可以分为机械有级伸缩变宽和液压无级伸缩变宽两种。这两者各有优缺点。前者纵边成型好、不漏浆、宽度变化范围大(2 500 ~4 500mm)，但变宽操作复杂、运输不方便。后者操作手在施工中可以很容易地依据路面变化进行调整摊铺宽度，伸缩中继续保持搅拌功能，宽度调整由在摊铺箱两边行走的施工人员控制。这种快速简易宽度调节也使摊铺箱在运输中更加容易、安全，但两侧漏浆、纵边成型不好。微表处摊铺箱按照布料螺旋可分为连续、空心、间断叶片三种形式。最后一种适应欧洲产短搅拌锅(1.1 ~1.2m)需要再搅拌的间断螺旋叶片，不足是由于速度高容易引起破乳导致施工失败。前两种可以用于各种稀浆封层和微表处的施工，适应美国产长搅拌锅(1.3 ~1.4m)无需再搅拌的连续螺旋叶片；特点是速度低不易引起破乳，比较适合微表处工艺。

6)操作控制系统

微表处摊铺机机一般应实现集中控制操作，即操作人员站在操作台上可以轻易地接触到所有控制器，这样操作人员会把注意力集中到微表处质量上而不是只放在开动机器上。

控制操作系统由电控和液压控制两部分组成。电控部分包括发动机的电起动、启动作业系统的各种开关、电磁阀、指示灯及计量部分的计数器、压力表、转速显示仪表等。

二、施工准备

微表处施工前的主要技术准备工作如下。

(1)摊铺机的标定。微表处摊铺机采用的是体积计量方式，而微表处混合料设计得出的是各组分材料的质量比例，因此需要对摊铺机进行标定，建立质量与体积间的关系(图 4-11)。

摊铺机的标定工作至关重要，直接关系到施工配合比的准确程度。我国《微表处和稀浆封层技术指南》中规定在以下情况下必须进行摊铺机标定：新设备第一次使用时，设备每年第一次使用时，新工程开工前，原材料改变和配比发生较大变化时。

(2)原路面准备。原路面上的松散材料、泥块、杂草、油污和其他杂物，会影响微表处与原路面的黏结，造成脱皮。为保证微表处层与原路面的良好黏结，微表处施工前应对原路面进行清洁处理。处理方法可以根据原路面情况，选择使用人工或机械清扫、路面冲洗、鼓风机吹风等方式。用水清洗时应待路面干燥后再进行微表处。

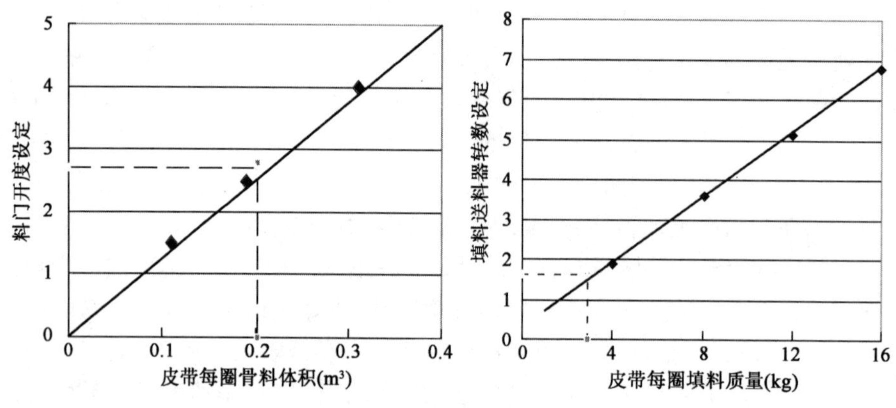

图4-11　摊铺机标定曲线

此外,施工时应采用适当方法将路面上的检查井、阀门箱、跌水式进水口及其他公用设施遮住,免受微表处材料的污染。桥梁伸缩缝一般可不做处理。

(3)放样画线。为了保证微表处沿路线方向摊铺,有时候需要根据路幅宽度、摊铺槽宽度,在保证摊铺次数为整数的条件下沿摊铺方向画出控制线。不过目前国内的大多数施工企业一般不做放样画线,而是直接以车道线、路缘石等为参照,摊铺方向可以保证。

(4)交通管制。施工过程的交通管制十分重要,一方面是为了保证施工人员和机具安全,另一方面也可以防止车辆驶入未成型的微表处层,影响路表美观。

三、微表处摊铺作业

微表处摊铺作业工序如下。

(1)根据施工路段的路幅宽度,调整摊铺槽宽度,应尽量减少纵向接缝数量,在可能的情况下宜使纵向接缝位于车道线附近。

(2)将符合要求的各种材料装入摊铺车内。

(3)将装好料的摊铺车开至施工起点,对准控制线,放下摊铺槽,调整摊铺槽使其周边与原路面贴紧。

(4)按生产配合比和现场矿料含水率情况,依次或同时按配比输出矿料、填料、水、添加剂和乳液,进行拌和。

(5)拌好的混合料流入摊铺槽并分布于摊铺槽达到适量时,开动摊铺车匀速前进；在需要时同时打开摊铺车下边的喷水管，喷水湿润路面。

(6)摊铺速度以保持混合料摊铺量与搅拌量基本一致为佳。微表处施工时保持摊铺槽中混合料的体积为摊铺槽容积的1/3～1/2，稀浆封层施工时保持摊铺槽中混合料的体积为摊铺槽容积的1/2～2/3。

(7)稀浆混合料摊铺后的局部缺陷，应及时使用橡胶耙等工具进行人工找平(图4-12)。找平的重点是：个别超粒径粗集料产生的纵向刮痕，横、纵向接缝等。

(8)当摊铺车内任何一种材料快用完时，应立即关闭所有输送材料的控制开关，让搅拌器中的混合料搅拌完，并送入摊铺槽。摊铺完后，摊铺车停止前进，提起摊铺槽，将摊铺车移出摊铺点，用水清洗摊铺槽。施工中不得随意抛掷废弃物。

(9)采用双层摊铺或者微表处车辙填充后再做微表处罩面时，首先摊铺的一层应至少在行车作用下成型24h，确认已经成型后方可再进行第二层摊铺。

(10)微表处车辙填充时，应调整摊铺厚度，使填充层横断面的中部隆起2～3mm，形成冠状，以考虑行车压密作用。

(11)当改性乳化沥青蒸发残留物含量和矿料含水率发生变化时，必须调整摊铺车的设定，确认材料配比符合设计配比后才可继续施工。

(12)初期养护：

①稀浆混合料铺筑后，在初期养护期内，禁止一切车辆和行人通行。

②稀浆封层和微表处一般不需要压路机碾压。在硬路肩、停车场等缺少行车碾压的地方，或者为了满足某些特殊需要，可使用6～10t轮胎压路机对已破乳并初步成型的稀浆混合料进行碾压。

图4-12　摊铺后局部缺陷的手工找平

③混合料能够满足开放交通的要求后应尽快开放交通。

四、常见施工问题及处理方法

1.混合料可操作时间太短

当施工过程中出现稀浆混合料摊铺时间不足，施工困难时，一般可以采用以下方法解决。

(1)掺加缓破剂,如从摊铺机的添加剂罐中掺加 $Al_2(SO_4)_3$、乳化剂水溶液等缓破剂。但必须注意的是,添加的缓破剂种类和剂量必须根据室内试验结论确定,而不能照搬其他工程的所谓“经验”。对于不同的混合料体系,各种添加剂的作用是不同的,对于某个混合料起缓破作用的添加剂,对另一种混合料可能不起作用或者起反作用。

(2)改变填料品种或剂量。根据室内试验结果,适当调节添加剂的剂量,以达到延缓破乳的目的。另外,一般情况下,消石灰的缓破作用要强于水泥。

(3)喷洒预湿水。当路面温度过高时,往往会造成混合料的摊铺困难,这时可以将摊铺机上的预湿水开关打开,使稀浆混合料摊铺到路面前的短时间内将路表温度降低。

(4)避开每天的高温时间,选择在早上和下午气温相对较低的环境下施工。

(5)通过加快摊铺速度或者减少混合料输出量的办法减少混合料在摊铺槽中的体积比率,避免摊铺槽中搅拌器无法搅拌到的混合料很快破乳并影响整个摊铺槽中混合料的稳定。我国的施工单位经常采用这种办法,有时候摊铺槽中的稀浆混合料只占到摊铺槽体积的1/5左右,摊铺槽中的前排布料器空转,后排布料器刚刚能够搅到材料。但是这种办法也存在一个弊端,就是摊铺出的微表处厚度一般不能保证。

(6)在生产下一批改性乳化沥青时适当调整乳化沥青配比,如增大乳化剂剂量、降低皂液 pH 值等。

当施工过程出现施工时间不足时,不允许采用以下的办法。

(1)将慢裂慢凝乳化沥青与微表处乳化沥青在施工现场直接混合后使用。对于这种办法,慢裂慢凝的乳化沥青若掺加量少了,根本起不到缓破作用;稍微加多一点,就会造成混合料成型速度显著变缓,迟迟形成不了强度。这是因为两种乳化沥青微粒表面的乳化剂分子是不同的,两种乳化沥青混合后也仍然是“两张皮”。乳化沥青与集料拌和时,微表处乳化沥青首先与集料作用后破乳,而慢裂慢凝乳化沥青则仍然处于乳液状态,造成混合料强度增长缓慢;如果混合料体系中用水量偏大,在温度、日照作用下,这些未破乳的乳化沥青会在毛细管作用下聚集到微表处表面,待水分蒸发后形成一层油膜,导致“假泛油”。

(2)采用与乳化沥青乳化剂不同类型的乳化剂作为外加剂(常被采用的是慢裂慢凝的乳化剂)。这样的乳化剂分子会吸附到集料表面,显著降低集料与微表处乳化沥青的作用速度,造成成型缓慢。

(3)采用未经试验验证的外加剂。任何一种外加剂,其能够起到的破乳调节作用随混合料体系的不同而不同,对于某个混合料体系是缓破剂,对另一种混合料体系可能是促破剂;而且外加剂在调节破乳速度的同时,也会显著影响集料与沥青的裹覆。因此,未经试验验证的外加剂在施工过程中不应使用。

2. 表面划痕

稀浆混合料表面出现划痕是由以下几种情况造成的。

(1)集料中有超粒径颗粒,卡在摊铺槽后缘,在摊铺槽的拖动下形成长的划痕(图 4-13)。

图 4-13　超粒径颗粒在微表处表面形成的划痕

(2)摊铺槽中有一部分材料(特别是在搅拌器拌和不到的地方)破乳结团,形成的混合料块掉入稀浆混合料中,并在摊铺槽的拖动下形成长的划痕。

(3)摊铺槽后缘的橡胶刮板不清洁,如留有破乳结硬的混合料等,使得刮出的微表处表面有深度较浅的多条划痕。

(4)摊铺厚度过小或者粗集料粒径偏大,使得粗集料在通过刮板时不畅,被橡胶刮板拖动一小段距离后才被挤出,在路表形成很多短的划痕(图 4-14)。

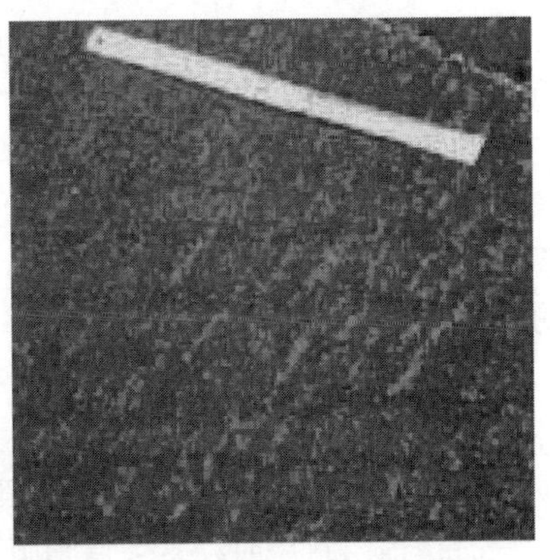

图 4-14　摊铺厚度过小形成的划痕

为了避免此类问题的出现,首先应将集料堆放在干净的经过硬化的地面上,施工前集料中的超粒径部分必须筛除干净,装料时也要注意防止大颗粒混入摊铺机料斗中;此外,每车摊铺完毕,施工人员应将摊铺槽内壁冲洗干净,并用铁铲将橡胶刮板上残留的混合料刮除;施工过程中,如果发现挂在摊铺槽内壁上的结团材料要掉入摊铺槽中时，应有施工人员及时清除或用工具将其捣碎。

3. 混合料离析

混合料离析造成表观不均匀，受如下诸多因素的影响。

（1）稀浆混合料要有好的成浆状态。如果成浆状态不好，稀浆混合料在摊铺槽螺旋布料器输送过程中，粗集料容易下沉，造成“中间粗、两边细”的情况出现。

（2）原路面的车辙深度不能太大。否则，由于车辙深的地方混合料厚度大，造成粗集料下沉，表观偏细；而车辙浅的部位，摊铺厚度小，表观较粗。这种情况是施工过程中最常见的问题之一。

（3）摊铺槽厚度调节不合理。摊铺槽的左、中、右分别有一个厚度调节螺旋。施工过程中，施工人员必须根据路面状况和摊铺效果对摊铺高度进行及时调整。

（4）操作手的熟练程度不够。摊铺过程中，要求操作手不断变化拌和器出料口的出料方向和螺旋布料器的旋转方向，使稀浆混合料在摊铺槽中分布均匀。如果一直保持布料器旋转方向不变，料多的一边稀浆稠度变大，摊铺到路面上表观相对粗糙，厚度相对较大；而料少的一边则表观偏细，厚度相对较小。

4. 摊铺厚度不够

III 型微表处的摊铺厚度平均为 8 ~ 12mm，但有时候会出现摊铺厚度不足的问题，一般这是由于以下原因造成的。

（1）摊铺槽的厚度调节不合适。摊铺槽的摊铺厚度是可调的，当摊铺厚度不足时，首先应该考虑调节摊铺厚度。但应该注意的是，这种调节只是一种微调，当调节螺旋旋转到最大后摊铺厚度仍然无法满足时，只能从其他方面再想办法。

（2）稀浆混合料稠度太稀。如果混合料设计上存在缺陷，或者施工过程中用水量过大，造成混合料稠度过稀，那么即便是调节摊铺槽的摊铺厚度也起不到明显作用。这是我国微表处和稀浆封层施工过程中常见的问题。在摊铺微表处和快凝型稀浆封层时经常会遇到施工时间不足的情况，为了确保施工时间，有的操作手违规加大用水量，造成了稀浆状态过稀，摊铺厚度偏小。另外，由于我国微表处和稀浆封层施工的造价计算方式一般是以施工面积为依据的，个别施工单位主观上也希望摊铺厚度小一些。

5. 泛油

微表处和稀浆封层最主要的作用之一便是改善路表功能，如果表面泛油的话,就很难再达到这一目的了。微表处和稀浆封层混合料施工完成后即表现出泛油,往往有以下几个原因。

(1)摊铺时的实际用油量大于设计量,造成混合料泛油。这可能是因为摊铺机标定不够准确;也可能是集料过于潮湿,而用油量计算时没有考虑集料的湿胀性质,造成干集料输出速率相对降低的原因。

(2)施工过程中的用水量太大。水量太大,会造成稀浆混合料中的细料和乳化沥青上浮,在混合料表面形成一层油膜,造成"泛油"的假象,而下面的集料可能只裹覆了很少的沥青。

因此,出现这种情况,首先应该检查摊铺机的标定,检查各材料计量器读数,然后就是尽量减少用水量。

6. 纵向和横向接缝不美观

微表处和稀浆封层存在纵向和横向接缝,如果处理得当的话,一般不会明显影响美观,特别是在通车一段时间以后,接缝一般就不容易看出来了,但是如果处理不好的话会显著影响美观。常见的问题如下。

(1)纵向边界不直。这往往是由于施工过程中微表处和稀浆封层混合料的稠度过稀、跑浆严重造成的。摊铺机摊铺速度太快,也会导致摊铺槽中缺料而形成纵向边界的严重缺陷。

(2)两幅的纵向搭接过高。相临两幅一般都有 8cm 以内的纵向搭接,因此搭接部分必然要高出周围部分。为了尽量使纵向接缝处与周围平滑连接,施工时可由专门人员站在摊铺机上,用铁锹等工具将搭接部分抹平、抹薄;同时可以适当调低摊铺槽搭接一侧的高度,使搭接处混合料的摊铺厚度变小。

微表处和稀浆封层的摊铺宽度在 2.7 ~ 4m 之间,因此,路面全幅摊铺时不可避免地要出现相临两幅的搭接现象;每一辆摊铺机的集料仓容积为 $8m^3$ 左右,如果以 3m 宽度摊铺,一车料最多只够摊铺 300 ~ 400m(视摊铺厚度略有不同),因此,横向接缝也是不可避免的(处理得当一般不影响美观)。

(3)摊铺相临两幅时,滑靴对刚刚摊铺完的一幅会造成划痕。当微表处用于高速公路的养护工程时,由于受到交通管制的限制,很有可能需要在刚刚摊铺完成的一幅旁边接着摊铺另外一幅。为了实现两幅的搭接,摊铺过程中滑靴必然要在尚未完全成型的一幅上滑动,可能出现前一幅摊铺的材料被刮起的情况。施工期间应尽可能避免在刚刚摊铺完成的一侧接着摊铺另外一幅;当无法避免时,可采用以下的解决办法:使用摊铺槽的内滑靴。由于摊铺时内滑靴仍然在原路面上滑动,自然不会影响到已经摊铺的混合料。

五、微表处施工质量控制

我国《微表处和稀浆封层技术指南》(简称《指南》)中规定,微表处施工中应对稀浆混合料进行如表4-23所示的抽样检测。

微表处施工过程检验要求 表4-23

项　目	要　求	检验频率	检验方法
稠度	适中	1次/100m	经验法
油石比	施工配合比的油石比±0.2%	1次/d	三控检验法
矿料级配	满足施工配合比的矿料级配要求[注]	1次/d	摊铺过程中从矿料输送带末端接出集料进行筛分
外观	表面平整、均匀,无离析,无划痕	全线连续	目测
摊铺厚度	-10%	5个断面/km	钢尺测量或其他有效手段,每幅中间及两侧各1点,取平均值作为检测结果
浸水1h湿轮磨耗	不大于540g/m²(微表处)	1次/7d	《指南》附录A.4

注:矿料级配满足施工配合比的矿料级配要求,是指矿料级配不超出相应级配类型要求的各筛孔通过率的上下限,且以施工配合比的矿料级配为基准。实际级配中各筛孔通过率不超过规定的允许波动范围。

1. 稠度

合适的稀浆稠度是保证微表处工程质量的关键因素之一。稠度指标过大(稀浆混合料偏稀),会造成跑浆、摊铺厚度不够、泛油等不良后果;稠度指标过小(稀浆混合料偏稠),容易造成微表处混合料提前破乳,影响微表处层与原路面的黏结。

由于微表处稀浆混合料属于快凝型混合料,一般可以采用如下的经验法进行稠度检验。

(1)在刚刚摊铺出的稀浆混合料上用直径10mm左右的细棍划出一道划痕,如果划痕马上就被两边的材料淹没,说明混合料的稠度偏稀,应适当降低用水量;如果划痕两边的材料呈松散状态,说明混合料过稠甚至已经破乳;如果划痕能够保持3~5s后才被周围材料覆盖,周围的材料仍然有一定的流淌性,说明混合料的稠度合适。

(2)迎着太阳照射方向观察刚刚摊铺出的材料层,如果表面有大面积亮光的反光带,说明混合料用水量偏大,稠度偏稀;如果刚刚摊铺出的材料层干涩,没有反光,说明混合料偏稠;如果刚刚摊铺出的材料层对日光呈现漫反射,说明稠度适宜。

2. 油石比

微表处混合料需要有适宜的油石比。油石比偏大,会造成泛油;油石比偏小,会对耐久性产生负面影响。我国《指南》中规定采用以下"三控检验法"对微表处和稀浆封层混合料进行油石比检验。

(1)每天摊铺前检查摊铺车料门开度和各个泵的设定是否与设计配比相符,认真记录每车的集料、填料用量和(改性)乳化沥青用量,计算油石比,每日一次总量检验。

(2)摊铺过程中取样进行混合料抽提试验,检测油石比大小是否与设计油石比相符。

(3)每 50 000m^2 左右统计一次施工用集料、填料和(改性)乳化沥青的实际总用量,计算摊铺混合料的平均油石比。

其中,油石比检验以第(1)项为准,第(2)项、第(3)项作为校核。

3. 摊铺厚度

从技术角度讲,在适宜的厚度范围内,微表处摊铺厚度对于微表处而言不是关键指标,而且也是很难准确测量的指标。但是由于目前国内都是以摊铺厚度和面积作为工程款支付依据,因此《指南》中仍然提出了厚度指标的要求。

第五章　微表处的养护效果与实施时机

本章主要以华北某地区2005年以来实施的30余个微表处养护工程为研究对象,结合其他地区微表处养护技术实践,对微表处养护的效果、实施的时机等进行分析论证。

第一节　微表处的主要养护功效

自2000年我国开始使用微表处技术以来,微表处用量不断扩大,2006年之后每年用量稳定在3 000万 m^2 以上,成为国内高等级公路沥青路面的主流养护技术之一。通过这十多年的应用,国内公路界已经普遍认可了该技术作为高等级公路沥青路面预防性养护主流技术的定位,对微表处技术的优点也有了清晰的认识:

(1)卓越的封水效果,可以防治路面水损害;

(2)卓越的抗滑性能,可以提高路面行车安全性;

(3)快速施工,快速开放交通,减少施工对正常交通的影响;

(4)环保、节能。

一、防治路面水损害

水损害是目前我国高速公路沥青路面的主要早期病害形式之一。半刚性基层沥青路面出现水损害的原因是多方面的,防治的方法也多种多样,但从根本上来讲就是想方设法做好"封水、排水"。

微表处密不透水,有非常好的路面封水效果。

(1)西南地区某高速公路,2001年尚未进行微表处养护的K62 +850 ~ K68 +200右幅路段,雨季前病害面积为4 314m^2,雨季后剧增至8 216m^2,几乎增加1倍;而经过微表处养护的K76 +500 ~ K95 +500右幅路段,雨季过后没有产生新的病害,验证了微表处具有防止路面水下渗、防止水损害发生的功能。

该高速公路在未实施微表处的2000年,养护部门共挖补坑槽2万余平方米。从 2001 年开始，该高速公路沥青路面的唧浆、局部网裂及坑槽等病害不断加重并有迅速蔓延的趋势。2001 年和 2002 年的坑槽挖补量分别增至 5.9 万 m^2 和 13.3 万 m^2，养护部门不堪重负。为了防止路面病害进一步恶化，2001 年和 2002 年在进行挖补的同时，养护部门对全长 106km 的高速公路全部的行车道、2/3的超车道进行微表处罩面。正是由于前两年的大面积微表处罩面，2003 年的路面坑槽挖补量降至 3.3 万 m^2，有效遏制了路面水损害的发展（图 5-1）。按照 2002 年的坑槽发展趋势，如果不进行微表处的话，2003 年的坑槽挖补量预计为 35.9 万 m^2。也就是说，微表处罩面减少了 22.6 万 m^2 的坑槽挖补量，共节省坑槽挖补费用 3 616 万元（坑槽挖补造价按 160 元/m^2 计）。

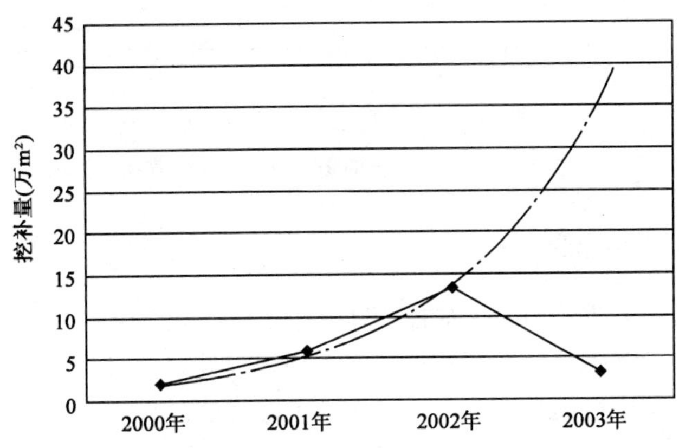

图 5-1　西南地区某高速公路 2000～2003 年沥青路面挖补量统计

(2)以东南地区某高速公路局部路段（全长 18km）为例，该路段 1996 年通车后，由于雨水偏多、交通量特别大等原因，沥青路面不断出现唧浆、网裂、坑槽等水损坏病害。2000 年，全段挖补坑槽 360 处，挖补面积约 820m^2，维修费用约 26 万元；2001 年，全段挖补坑槽 1 085 处，挖补面积约 2 240m^2（为 2000 年挖补量的 2.7 倍），维修费用约 60 万元（为 2000 年的 2.3 倍）；2002 年，水损害病害进一步恶化，到 2002 年 10 月份进行微表处罩面前，共挖补坑槽 1.2 万 m^2（为 2001 年的 5.4 倍），维修费用约 260 万元（为 2002 年的 4.3 倍）。如果路面水损坏病害继续以这样的指数增长速度发展下去，2003 年的挖补量将达到 4.1 万 m^2（图 5-2），直接维修费用将接近 900 万元；而且，面对每天 5 万辆左右的日均交通量，如此大规模的路面挖补将造成严重的交通堵塞，社会影响巨大。为此，2002 年 9～10 月，该路段在进行路面挖补的同时进行了微表处罩面。微表处罩面在通车 6 个月后（2003 年 3 月）通过路面调查没有发现路面水损害现象，至 2003 年 9 月路面仅出现了 3 处唧浆和2处坑槽，几乎杜绝了路面水损害的发生。

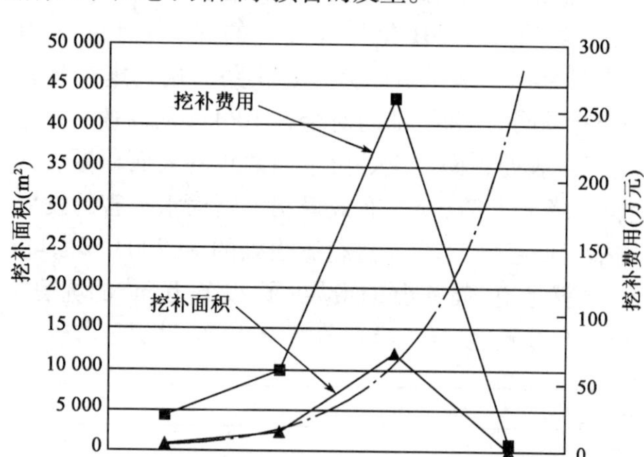

图5-2 东南地区某高速公路2000～2003年沥青路面挖补量统计

二、提高路面抗滑性能

微表处的厚度仅为10mm左右，集料中的最大粒径颗粒在微表处层内"顶天立地"，没有经过压路机碾压的粗集料突出到微表处表面，使得微表处层具有很大的构造深度和摩擦系数；同时，由于使用了改性的乳化沥青，使得沥青与集料间的黏结牢固，粗集料不会在行车作用下飞散，从而保证了微表处的抗滑性能不会随使用期的延长而迅速衰减。

微表处为行车提供了耐磨的抗滑表层，并改善了路面平整度和路表美观，从而可以大大降低交通事故的发生概率。这不仅可以避免由此造成的巨大经济损失，更重要的是减少了交通事故造成的人员伤亡，具有巨大的社会效益。

(1)东南地区某高速公路长度约18km的局部路段，在没有进行微表处罩面前，2002年上半年共发生了36起因雨天侧滑造成的交通事故；而铺筑了微表处以后，2003年上半年仅发生了7起交通事故，事故发生率仅为2002年同期的19.4%。

(2)对西南地区某高速公路微表处工程跟踪观测发现，微表处在通车半年后，构造深度为0.81mm，摆值为56BPN，远大于原路面0.54mm的构造深度和46BPN的摆值，显著改善了路面的抗滑性能。微表处通车3年后，构造深度为0.80mm，与3年前基本相同；摆值为50BPN，比3年前降低了10.7%。这说明微表处能够在相当长的时间内维持很好的抗滑性能(表5-1)。特别是水泥混凝土桥面上的微表处，其卓越的抗滑性能显著降低了交通事故的发生，其中尤以某弯桥最具代表性。在微表处前的2个月时间里(正值雨季),该桥上共发生了22起车辆侧滑酿成的交通事故;而自2001年9月份微表处罩面至2003年12月,仅发生了1起交通事故。

西南地区某高速公路微表处使用效果跟踪检测结果　　表5-1

检测时间	摆值 FB_{20}		构造深度(mm)		渗水系数(mL/min)	
	均值	标准差	均值	标准差	均值	标准差
通车半年后	56	1.10	0.81	0.07	0.04	—
通车1年后	52	2.18	0.81	0.05	0	—
通车2年后	51	1.02	0.81	0.10	0	—
通车3年后	50	2.25	0.80	0.09	0	—

(3)对西南地区另外一条高速公路微表处工程完工进行的检测结果如表5-2所示。从表中可以看出,微表处在通车两个月后,构造深度均值1.10mm,摆值均值55BPN,显著改善了路面的抗滑性能;微表处层完全不渗水且与原路面黏结牢固,达到了预期的适用效果。其长期路用性能还需进一步跟踪观测。

西南地区另一高速公路微表处使用效果跟踪检测结果　　表5-2

检 测 项 目		微表处罩面		原水泥混凝土路面
		顺桩方向	逆桩方向	
摆值 FB_{20}	平均值	55.1	54.6	—
	标准差	2.47	1.03	—
构造深度(mm)	平均值	1.1	1.1	0.36
	标准差	0.04	0.04	0.02
渗水系数(mL/min)	平均值	0	0	—
	标准差	0	0	—
外观描述		微表处表面平整,无松散脱落,原路面接缝隐约可见		—

(4)西北某国道微表处工程完工3个月和1年后的跟踪观测结果如表5-3所示。从表中可以看出,2002年11月份(完工3个月后)的路面摆值为54BPN,构造深度为1.10mm;2003年7月(完工1年后)的路面摆值平均为52BPN,构造深度为0.88mm,与2002年11月的检测结果十分接近,说明微表处抗滑性能衰减较缓慢。微表处的渗水系数为0,完全不渗水。

西北地区某国道微表处路用性能跟踪检测结果　　表 5-3

项目 检测时间与路段	摩擦系数(BPN)		构造深度(mm)		渗水系数(mL/min)
	均值	标准差	均值	标准差	
2002 年 11 月	54	3.1	1.10	0.09	0
2003 年 7 月	52	1.4	0.83	0.14	0

(5)华东某高速公路纵贯山岭多丘区,隧道众多,隧洞水泥混凝土路面在通车数年后出现磨光等病害,雨天行车轮胎将洞外路表水带入隧道,在隧道中的路面上极易结露、甚至积水,致使行驶车辆打滑,严重影响高速公路的正常营运,并危及行车安全。为提高隧道道面抗滑性能,养护部门对该高速公路 20 个隧道(其中最长隧道 480m,最短隧道 80m)进行微表处罩面,取得很好的抗滑效果(表 5-4)。

华东某高速公路隧道道面摩擦系数检测(BPN)　　表 5-4

测点	原水泥混凝土路面	通车半年后微表处路面	通车一年后微表处路面
1	42	70	62
2	45	73	64
3	41	72	61
4	45	70	61
5	42	68	60
6	46	72	61
7	40	65	58
8	43	71	62
9	46	69	60
10	41	67	59

据统计,该高速公路交通事故由微表处罩面前的 2003 年 1 ~ 9 月份月平均 24 起下降至罩面后 12 月份的 4 起。春运期间,在车流量同比上一年大幅上升的情况下,交通事故发生率明显下降,由上一年的 36 起、死亡 2 人、受伤 13 人、直接经济损失 114.1 万元,下降至今年的 8 起、无人员死亡、受伤 3 人、直接经济损失 15.29 万元;封闭交通次数由上一年的 48 次减至 4 次,封闭交通时间由上一年的 156h 减至 12h,按封闭交通时间计算,减少经济损失 163 万元。

三、节省能源

微表处是一种冷拌冷铺的混合料,与采用热沥青的混合料相比,可以大大降低能源的消耗。表5-5为法国对不同类型罩面施工能量消耗的对比。从表中可以看出,微表处罩面的能量消耗仅为2×10^6cal/m²,比采用热拌沥青混合料平均节省能源81.8%。我国作为一个能源短缺的大国,节省能源不仅具有经济意义,更具有显著的社会意义。

法国不同罩面施工的能量消耗的对比 表5-5

罩面类型	热拌沥青混合料			乳化沥青混合料	
	4cm沥青混凝土	超薄罩面	4cm排水路面	开级配乳化沥青混合料	微表处
能量消耗(10^6cal/m²)	15	7	11	5	2

四、微表处与传统养护方法的比较优势

就工程造价而言,目前我国微表处的直接工程费用一般为18元/m²左右,比铣刨掉原路面后加铺4cm热拌沥青混凝土罩面的方法节省工程费用50%以上,大大降低了高速公路沥青路面的养护费用。

就养护效果而言,微表处的抗滑性能、封水效果要优于普通的热拌沥青混凝土。当然,微表处没有补强作用,而4cm的热拌沥青混凝土罩面可以在一定程度上提高路面结构强度。目前,我国沥青路面的病害主要是水损害,微表处良好的封水效果恰恰可以防止这一问题的出现。因此微表处尽管本身没有补强作用,但却比单纯增强沥青面层的结构强度更有意义。

就使用寿命而言,无论是微表处还是4cm的热拌沥青混凝土罩面,其使用寿命均在很大程度上取决于原路面的状况。对于目前我国很多高速公路的病害,“铣刨后加铺的4cm沥青面层”并不能解决根本问题,其使用寿命也并不一定比“1cm微表处”长。

此外,微表处罩面对原路面起到了保护作用,延缓因路面沥青材料老化而造成的路面开裂,延长了路面的使用寿命,延缓了路面的大中修时间,从而可以节省路面养护和维修费用,因此具有更高的“性价比”。

第二节 华北某地区干线公路网微表处养护效果

一、2005~2007年实施微表处预防性养护情况

华北某地区于2005~2007年在区域内的12条国省干线公路上实施了预防

性养护，所有预防性养护路段均采用1cm微表处(单层或双层摊铺)作为预防性养护技术手段。作者选取其中9条公路作为分析对象(其余4条实施预防性养护的公路，因缺少2008年、2009年路面状况数据，未纳入本次样本分析)，对实施微表处前后5～6年间的路面状况进行对比分析。9条公路近6年来的路面损坏状况指数PCI和国际平整度指数IRI的统计数据见表5-6。由统计数据可以得到每条公路预防性养护路段路况变化趋势，如图5-3所示。

各预防性养护项目路面技术状况变化情况　　表5-6

<table>
<tr><th colspan="2">年份
样本</th><th>2004年</th><th>2005年</th><th>2006年</th><th>2007年</th><th>2008年</th><th>2009年</th><th colspan="2">2010年</th></tr>
<tr><td rowspan="3">公路一</td><td>PCI</td><td>81</td><td>67</td><td>100</td><td>100</td><td>79</td><td>87</td><td colspan="2">—</td></tr>
<tr><td>IRI(m/km)</td><td>0</td><td>2.5</td><td>2.4</td><td>2.5</td><td>3.1</td><td>2.7</td><td colspan="2">—</td></tr>
<tr><td>预养护情况</td><td>—</td><td>—</td><td>微表处</td><td>—</td><td>—</td><td>微表处</td><td colspan="2">—</td></tr>
<tr><td rowspan="3">公路二</td><td>PCI</td><td>—</td><td>89</td><td>100</td><td>93</td><td>90</td><td>78</td><td colspan="2">86</td></tr>
<tr><td>IRI(m/km)</td><td>—</td><td>1.6</td><td>1.6</td><td>1.6</td><td>1.4</td><td>1.5</td><td colspan="2">1.6</td></tr>
<tr><td>预养护情况</td><td>—</td><td>—</td><td>微表处</td><td>—</td><td>—</td><td>—</td><td colspan="2">—</td></tr>
<tr><td rowspan="3">公路三</td><td>PCI</td><td>72</td><td>74</td><td>99</td><td>93</td><td>86</td><td>93</td><td>88</td><td>77</td></tr>
<tr><td>IRI(m/km)</td><td>2.6</td><td>2.2</td><td>3.2</td><td>—</td><td>3.6</td><td>3.4</td><td>3.4</td><td>3.2</td></tr>
<tr><td>预养护情况</td><td>—</td><td>—</td><td>微表处</td><td>—</td><td>—</td><td colspan="2">部分微表处</td><td>—</td></tr>
<tr><td rowspan="3">公路四</td><td>PCI</td><td>98</td><td>64</td><td>100</td><td>83</td><td>75</td><td>89</td><td colspan="2">—</td></tr>
<tr><td>IRI(m/km)</td><td>5.8</td><td>3.9</td><td>3.2</td><td>3.2</td><td>3.2</td><td>3.3</td><td colspan="2">—</td></tr>
<tr><td>预养护情况</td><td>—</td><td>—</td><td>微表处</td><td>—</td><td>—</td><td>—</td><td colspan="2">—</td></tr>
<tr><td rowspan="3">公路五</td><td>PCI</td><td>98</td><td>81</td><td>100</td><td>88</td><td>87</td><td>75</td><td colspan="2">68.7</td></tr>
<tr><td>IRI(m/km)</td><td>1.5</td><td>1.4</td><td>3</td><td>—</td><td>1.5</td><td>2.2</td><td colspan="2">1.9</td></tr>
<tr><td>预养护情况</td><td>—</td><td>—</td><td>微表处</td><td>—</td><td>—</td><td>—</td><td colspan="2">—</td></tr>
<tr><td rowspan="3">公路六</td><td>PCI</td><td>100</td><td>94</td><td>93</td><td>93</td><td>94</td><td>83</td><td colspan="2">—</td></tr>
<tr><td>IRI(m/km)</td><td>0</td><td>0</td><td>2.6</td><td>—</td><td>2.3</td><td>2.4</td><td colspan="2">—</td></tr>
<tr><td>预养护情况</td><td>—</td><td>—</td><td>微表处</td><td>—</td><td>—</td><td>—</td><td colspan="2">—</td></tr>
<tr><td rowspan="3">公路七</td><td>PCI</td><td>100</td><td>94</td><td>93</td><td>93</td><td>94</td><td>83</td><td colspan="2">—</td></tr>
<tr><td>IRI(m/km)</td><td>0</td><td>0</td><td>2.6</td><td>—</td><td>2.3</td><td>2.4</td><td colspan="2">—</td></tr>
<tr><td>预养护情况</td><td>—</td><td>—</td><td>微表处</td><td>—</td><td>—</td><td>—</td><td colspan="2">—</td></tr>
<tr><td rowspan="3">公路八</td><td>PCI</td><td>95</td><td>96</td><td>89</td><td>85</td><td>87</td><td>78</td><td colspan="2">—</td></tr>
<tr><td>IRI(m/km)</td><td>2.3</td><td>3.2</td><td>3.3</td><td>—</td><td>2.5</td><td>2.5</td><td colspan="2">—</td></tr>
<tr><td>预养护情况</td><td>—</td><td>—</td><td>—</td><td>微表处</td><td>—</td><td>—</td><td colspan="2">—</td></tr>
</table>

续上表

样本 \ 年份		2004 年	2005 年	2006 年	2007 年	2008 年	2009 年	2010 年
公路九	PCI	89	100	90	90	85	91	—
	IRI(m/km)	2.7	3.1	1.9	—	1.9	1.8	—
	预养护情况	—	—	—	微表处	—	—	—

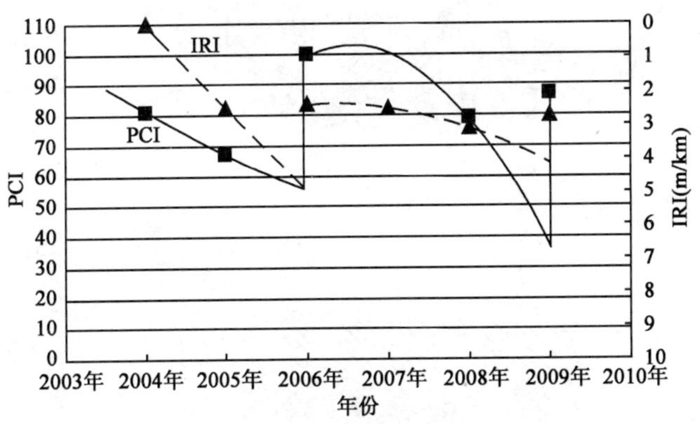

图 5-3　公路一预防性养护路段路况变化趋势图

从以上的数据中可以看出：

(1)采用微表处进行预防性养护，可以显著提高路面 PCI 指标，在一定程度上改善了路面 IRI 指标。

(2)微表处路用性能受原路面状况的影响显著。原路面状况越好，微表处使用寿命越长。从上述工程项目看，微表处使用寿命(PCI 重新衰减至 80 所需的时间)在 2 ~ 3 年。

二、2009 年实施微表处预防性养护情况

2009 年，该地区又对所辖公路实施了较大规模的路面预防性养护，实施路段 24 个，实施面积 $2.3865 \times 10^6 m^2$，实施里程 205.0km，总投资(不含征地拆迁)达到 1.37 亿元。预防性养护技术措施仍然为厚度 1cm 的微表处。

将 2009 年实施预防性养护的 24 个路段的 2008 ~ 2010 年路面状况指标汇总至表 5-7。各路段预防性养护前后(2008 ~ 2010 年)路况优良率的对比见图 5-4。

从图 5-4、表 5-7 中的数据可以看出，2009 年实施预防性养护的 24 个路段：

(1)PCI优良率(里程数)从2008年的63%提高至2009年的100%。2008年PCI优良率和优的比例分别为63%和26%,而2009年PCI指标100%为优。预防性养护措施实施一年后(2010年),PCI优良率仍然保持在92%,其中PCI指标为优的比例为57%,仍显著高于2008年。

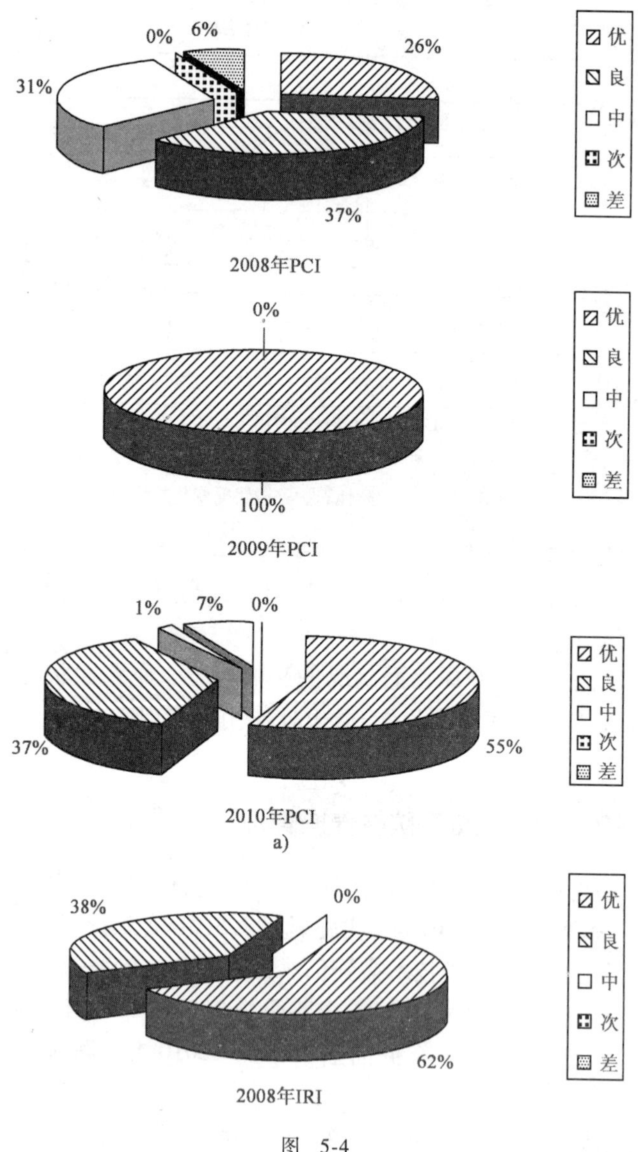

图 5-4

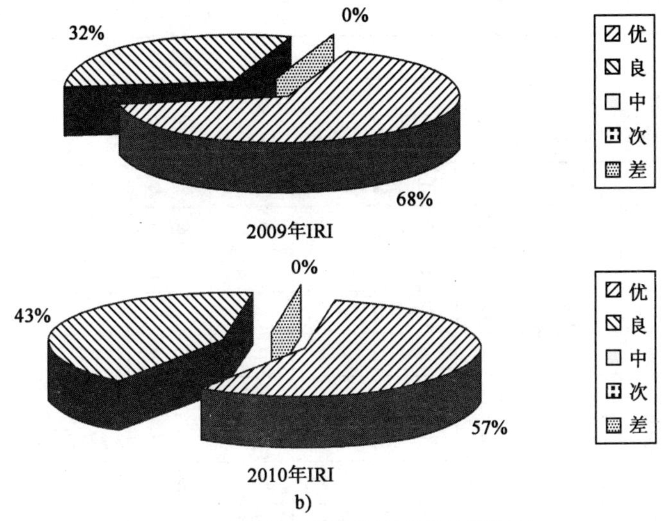

图 5-4　路面预防性养护效果图(按里程数计)

(2)PCI 均值从 2008 年的 79.8 提高至 2009 年的 96.9,提高了 17.1,提高幅度为 21%。预防性养护措施实施一年后(2010 年),PCI 均值为 86.3,仍显著高于 2008 年预防性养护前的水平,说明预防性养护遏制了路面状况退化速度。从图中还可以发现,原路面 PCI 越低,养护后 PCI 改善幅度越大,但是养护措施的使用寿命可能会较短。

(3)2008 ~ 2010 年 IRI 优良率(里程数)保持在 100%。2009 年、2010 年 IRI 均值基本与 2008 年的 2.5m/km 持平。

(4)24 个路段的路面抗滑性能指标 MTD 均值从 2008 年的 0.49mm 提高至 2009 年的 0.56mm,提高幅度 14%,说明通过微表处预防性养护,路面的抗滑性能得到了较大幅度的提高,有利于行车安全。

(5)4 条一级公路的 RDI 指标均值从 2008 年的 82.7 提高至 2009 年的 85.8,说明原路面车辙病害得到了一定程度的修复。

2008 ~ 2010 年实施预防性养护路段的路面技术状况情况表　　表 5-7

项目编号	2008 年				2009 年(实施预养护)				2010 年	
	IRI (m/km)	MTD (mm)	PCI	RDI	IRI (m/km)	MTD (mm)	PCI	RDI	IRI (m/km)	PCI
1	2.7	0.7	76.8	—	2.5	0.4	96.1	—	3.1	67.5
2	2.5	0.5	74.3	—	2.4	0.6	96.9	—	—	—
3	1.0	0.5	93.2	—	1.2	0.4	97.1	—	1.8	74.8

续上表

项目编号	2008 年				2009 年(实施预养护)				2010 年	
	IRI (m/km)	MTD (mm)	PCI	RDI	IRI (m/km)	MTD (mm)	PCI	RDI	IRI (m/km)	PCI
4	1.1	0.4	94.4	89.3	2.0	0.5	92.0	91.3	1.3	88.8
5	0.9	0.3	88.9	89.2	1.7	0.5	99.4	84.0	1.9	92.1
6	1.7	0.7	90.5	87.1	1.9	0.6	92.2	83.8	—	—
7	3.5	0.6	36.6	—	—	—	—	—	2.9	89.9
8	2.7	0.4	77.1	—	3.1	0.4	92.3	—	—	—
9	4.4	0.5	38.5	—	3.6	0.5	98.0	—	3.4	82.2
10	1.3	0.2	98.4	65.3	0.9	0.2	96.9	84.1	—	—
11	2.6	0.4	71.3	—	1.8	0.3	99.5	—	1.6	90.8
12	2.9	0.5	88.0	—	3.1	0.6	97.1	—	3.0	91.0
13	3.5	0.6	81.2	—	3.4	0.6	96.9	—	—	—
14	1.9	0.3	81.8	—	2.3	0.7	98.3	—	2.3	86.7
15	1.4	0.3	94.7	—	2.0	0.6	95.6	—	—	—
16	3.0	0.4	75.3	—	2.9	0.6	95.2	—	3.34	81.1
17	1.8	0.3	70.5	—	1.5	—	98.7	—	1.45	80.0
18	3.2	0.5	72.4		2.7	0.6	96.7	—	2.15	95.1
19	2.7	0.6	84.1	—	3.1	0.6	98.9	—	—	—
20	3.2	0.7	82.4	—	2.9	0.9	98.5	—	—	—
21	3.5	0.7	90.8	—	3.6	1.0	98.3	—	3.18	97.4
22	2.6	0.7	87.5	—	3.1	0.9	97.7	—	2.52	90.2
23	3.2	0.5	81.1	—	3.2	0.3	98.0	—	—	—
24	2.1	0.6	85.6	—	2.2	0.6	98.7	—	—	—
平均	2.5	0.49	79.8	82.7	2.5	0.6	96.9	85.8	2.4	86.3

三、初步结论

通过对上述微表处预防性养护实践积累的数据,可以得出以下初步结论:

(1)微表处预防性养护显著改善了路面技术状况 PCI 指标。预防性养护实施后,路面 PCI 指标均能达到 90 以上。

(2)微表处预防性养护有效遏制了公路路面状况的恶化,延缓了路面状况衰减速度。2005～2007 年的预防性养护经验表明，预防性养护使路面技术状况维持在“优”和“良”平均达 2.5 年左右。

（3）2009 年的预防性养护使 MTD 指标均值提高了 14%，说明路面的抗滑性能得到了较大幅度改善，有利于行车安全。

（4）2009 年的预防性养护使 4 条一级公路的 RDI 指标均值从 2008 年的 82.7提高至 2009 年的 85.8，说明原路面车辙病害得到了一定程度的修复。

（5）原路面 PCI 越低，实施微表处后的 PCI 改善幅度越大，但是养护措施的使用寿命也随之降低。在原路面 PCI 指标超过 90 的情况下，预防性养护后 PCI 指标改善幅度较小，有时变化不显著。

（6）在原路面平整度较差（IRI > 3m/km）的情况下，微表处预防性养护可以较显著改善 IRI 指标；在原路面平整度较好（IRI < 3m/km）的情况下，预防性养护实施前后 IRI 指标变化不显著；施工质量不佳时可能对 IRI 指标略有负面效应。

第三节　微表处预防性养护时机

路面预防性养护的效果，在很大程度上取决于原路面技术状况的好坏，因此需要选择科学、适宜的预防性养护时机。微表处作为一种厚度仅 10mm 左右的薄层表处，其路用效果和使用寿命受到原路面技术状况的显著影响，如果应用时机滞后，会导致微表处路面迅速破坏；如果时机过于提前，同样会造成不必要的浪费。

一、预防性养护时机的下限

通俗地讲，预防性养护就是将养护工作提前。如果预防性养护实施滞后，错过了最佳的养护时机，预防性养护的使用寿命会大大缩短，预性养护的投入产出比就会受到影响，路面的全寿命周期养护费用就会增大，因此需要确定出预防性养护时机的下限。

作者依据上节提及的华北某地区 2005～2007 年实施微表处预防性养护的 12 条公路和 2009 年实施预防性养护的 24 条公路实测数据，通过分析实施微表处预防性养护前原路面 PCI 指标与预防性养护使用寿命的关系，以及原路面 PCI 与预防性养护后 PCI 改善幅度的关系，论证适宜的路面预防性养护时机。

选择上节所述的 2005～2007 年间的 8 条实施预防性养护路段，绘制实施预防性养护前 1 年原路面 PCI 指标与预防性养护使用寿命的关系图，如图 5-5 所示。从图中可以看出：

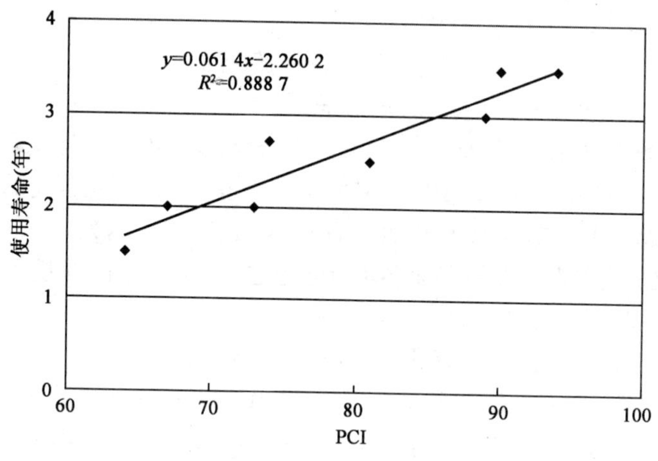

图 5-5　PCI 指标与预防性养护使用寿命的关系

（1）微表处预防性养护措施的使用寿命与 PCI 线性回归的相关系数 R^2 为 0.888 7，说明两者之间有很好的线性相关关系。即预防性养护使用寿命的长短，在很大程度上取决于原路面技术状况。

（2）原路面 PCI 指标衰减至 85 的路段，若及时进行预防性养护，预防性养护期望寿命可达 3 年；原路面 PCI 衰减至 80，预防性养护使用寿命为 2.5 年，属于使用寿命下限；原路面 PCI 衰减至 70 的路段，预防性养护使用寿命仅为 2 年，是不适宜的，而应进行矫正性养护或者是翻修。

因此，微表处预防性养护时机的下限应为 PCI 大于或等于 80。

二、微表处预防性养护时机的上限

预防性养护也并非越早越好。将 2005～2007 年间预防性养护措施实施后 PCI 的提高幅度与原路面 PCI 指标绘制成图 5-6，从中可以看出：

（1）PCI 的提高幅度与原路面 PCI 指标线性回归的相关系数 R^2 为 0.922 3，说明两者之间有很好的线性相关关系。

（2）按照回归曲线，如果原路面 PCI 指标为 92，则实施预防性养护对 PCI 指标的改善幅度为 0。

将 2009 年预防性养护措施实施后 PCI 的提高幅度与原路面 2008 年的 PCI 指标绘制成图 5-7，从中可以看出：

（1）PCI 的提高幅度与原路面 PCI 指标线性回归的相关系数 R^2 为 0.951 6，同样说明两者之间有很好的线性相关关系。

(2)按照回归曲线,如果原路面 PCI 指标为 95,则实施预防性养护对 PCI 指标的改善幅度为 0。

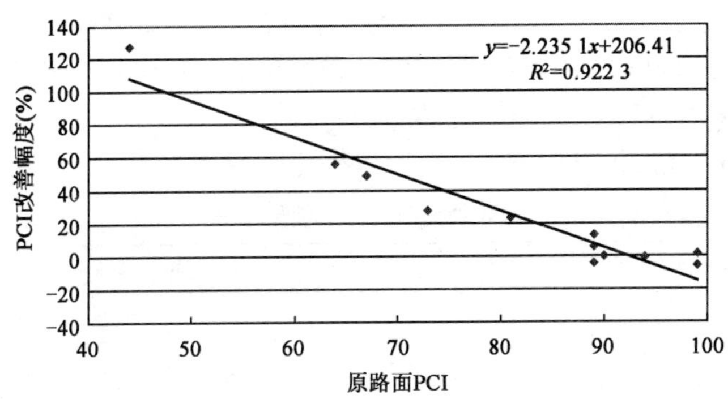

图 5-6　2005 ~ 2007 年间预防性养护对 PCI 的改善幅度与原路面 PCI 的关系

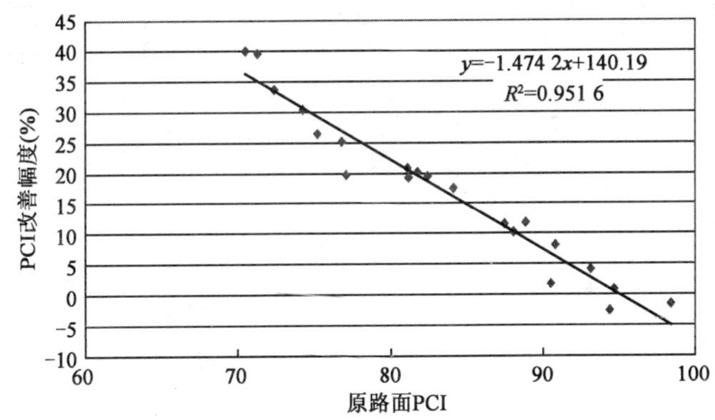

图 5-7　2009 年预防性养护对 PCI 的改善幅度与原路面 PCI 的关系

通过上述分析可以得出,微表处预防性养护时机的上限 PCI 为 90。

当然,预防性养护时机的上下限是一个非常复杂的技术问题,不仅取决于原路面技术状况,还受到交通量大小、施工工艺水平、原路面病害成因、气候条件等诸多方面的影响。以上研究得出的微表处预防性养护时机的上限和下限,只是依据华北某地区国省干线公路 30 余个微表处预防性养护项目提出的,其适用性还有待进一步验证。

北京市交通委员会路政局开展的"北京市公路路面预防性养护技术对策研究"提出了实施微表处预防性养护后路面 PCI 值下降到 80 分所需的时间同原路面 PCI 值、交通量之间的关系见式(5-1)。根据该式,预防性养护后路面 PCI 衰减至 80 所需的时间为 3 ~ 5 年,见表 5-8。

$$t_{80} = -0.472\mathrm{TL} + 0.0601\mathrm{PCI}_t \tag{5-1}$$

式中：t_{80}——微表处后路面 PCI 值下降到 80 所需的时间；

TL——交通量等级，AADT（年平均日交通量）为 0 ~ 5 000 时，取为 1；AADT 为 5 000 ~ 10 000 时，取为 2；AADT 为 10 000 ~ 20 000 时，取为 3；AADT 大于 20 000 时，取为 4；

PCI_t——原路面的 PCI 值。

微表处预防性养护使用寿命 表 5-8

原路面 PCI	微表处预防性养护寿命（年）
100	4.8
95	4.5
90	4.2
85	3.9
80	3.6

第六章　雾封层与还原剂封层技术

第一节　技术概要

一、概念

雾封层技术是将乳化沥青或改性乳化沥青以雾状喷洒在沥青路面上，封闭路面空隙，修复路面老化，改善路面外观的一种沥青路面养护技术。还原剂封层是将还原剂喷洒或涂刷在路面上，并渗透进路面表层一定深度，起到封闭路面空隙，修复路面老化，改善路面外观的一种沥青路面养护技术。

二、材料与设备

雾封层所用材料通常为快裂型乳化沥青或者改性乳化沥青，其性能应满足《公路沥青路面施工技术规范》(JTG F40—2004)的相应要求。

还原剂封层所用的还原剂，通常是采用以沥青或者煤焦油为基础的特种材料，目前还没有相应的技术标准。例如美国某品牌沥青路面还原剂，分为煤焦油浓缩还原剂和沥青基浓缩还原剂两种类型。煤焦油浓缩还原剂由陶土和乳化煤焦油混合而成，沥青基浓缩还原剂由陶土和乳化沥青混合而成。这两种还原剂中都另外添加了特殊表面活性剂以形成超强的黏结能力和耐久性，可补充由于氧化及化学产品的侵蚀而损失掉的沥青，对沥青路面起到封面和防水的作用，保护和美化沥青路面，在施工时添加适当的集料可以形成防滑表层。

雾封层和还原剂封层主要采用专用的喷洒车进行喷洒(图6-1)。还原剂封层也可以采用小型喷洒机具(图6-2)或者人工涂刷方式进行施工。喷洒施工现场如图6-3所示。

三、主要功能

雾封层和还原剂封层主要可以起到以下的预防性养护效果：

(1)封闭路面空隙和细微裂缝，“阻止”路表水的下渗，防止路面水损害的发生。

图 6-1　车载式高压喷洒设备

图 6-2　手持式喷洒设备

图 6-3　喷洒施工

(2)改善路面外观。

(3)在路面表面形成保护层,延缓或者修复老化沥青,延长路面使用寿命。

国外资料中的还原剂封层效果如图 6-4 所示。目前,雾封层和还原剂封层技术已经在我国得到了一定程度的使用,取得了较好的路用效果(图 6-5)。

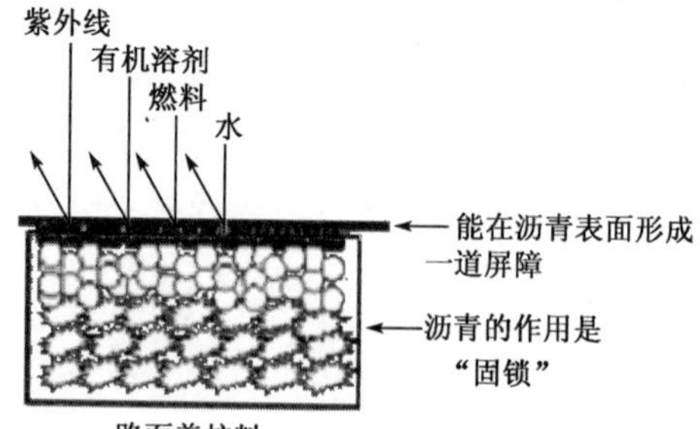

路面养护料:

• 在沥青表面能抵御来自各方面的侵蚀。
• 不像普通沥青路面那样容易受到损坏。

图 6-4　国外资料中的还原剂封层效果示意图

a)北京首都国际机场　b)某军用机场

c)厦门市政道路　d)鹤岗市政道路

e)京哈高速北京丁各庄桥　f)黑龙江鹤大公路

g)青银高速河北段　h)京开高速北京段

图6-5　国内部分雾封层和还原剂封层应用实例

第二节　材料与施工工艺

一、还原剂材料应具备的路用性能

为满足还原剂封层的功能需求，还原剂封层材料应该具备以下基本性能。

(1)还原功能(或者称为“再生”功能)。沥青路面由于长期与空气接触，在环境因素如受热、氧气、阳光和水的作用下，沥青会发生一系列的挥发、氧化、聚合，使沥青内部结构不断变化，性质也发生变化，导致沥青路用性能劣化，成为路面开裂、坑槽、剥落等路面病害的重要诱因。还原剂封层的一个重要作用就是“再生”，因此，还原剂必须具有还原功能，可以将老化沥青的性能进行一定程度的恢复。

(2)渗透性能。沥青路面的老化主要是沥青材料的老化，而沥青材料的老化主要出现在沥青表层；随着深度的增加，沥青老化程度迅速减缓。研究表明，在行车道路面上，由于行车的压密作用，一般仅在0.5～1cm深度内产生严重的老化现象；而在1cm以下则老化要缓慢得多，其针入度与原沥青相比，虽有所减小，但这主要是在混合料拌和时因加热所引起的老化。作者曾经比较了某高速公路沥青路面表面和深层回收沥青的针入度、软化点和针入度指数的差异，经过7年使用期，表层沥青的针入度为25(0.1mm)，深层沥青的针入度为45(0.1mm)，深层的PI值仅稍有变化，而表层的PI值已经增加到4以上。因此，还原剂材料应具有一定在渗透功能，可以渗透到路面表面以下一定深度。

(3)抗老化性能。还原剂材料直接洒布在路面表面，直接承受紫外线、日照、氧气等的作用，需要具有良好的抗老化性能，否则会迅速老化而失去保护沥青路面的作用。

(4)抗滑性能。还原剂封层是路表功能层，还原剂材料直接与车轮接触，其抗滑性能直接关系到行车安全，因此必须具有良好的抗滑性能，不能造成路面抗滑指标的显著衰减。

(5)施工可操作性。还原剂材料必须具有良好的施工性能，黏度适中，不离析、不分层，易于喷洒。

二、还原功能的室内试验评价

还原剂材料的还原功能可以通过老化沥青添加还原剂材料前后的性能指标

变化进行评价。作者通过室内试验,定量评价了还原剂材料对沥青指标的改善作用。

1. 不同配比的还原剂实现不同还原效果

选取两种沥青,分别通过“沥青薄膜加热试验”将其老化,然后再分别加入不同配比的某品牌还原剂,测试老化后的沥青指标和掺加还原剂后蒸发残留物的相关指标。试验结果见表6-1、图6-6、图6-7。

国产沥青基还原剂试验结果　　表6-1

试验内容＼试样编号		基质沥青	163℃薄膜老化10h后的沥青	10%还原剂配比调整A	10%还原剂配比调整B	30%还原剂配比调整B
沥青1	针入度(0.1mm)	82	39	55	40	42
	10℃延度(cm)	80	6	20	8	8
	软化点(℃)	50	61	57	61	60
沥青2	针入度(0.1mm)	—	35	52	38	38
	10℃延度(cm)	—	7	22	8	10
	软化点(℃)	—	62	56	61	59
沥青3	针入度(0.1mm)	—	32	50	34	37
	10℃延度(cm)	—	7	21	8	8
	软化点(℃)	—	62	57	61	61

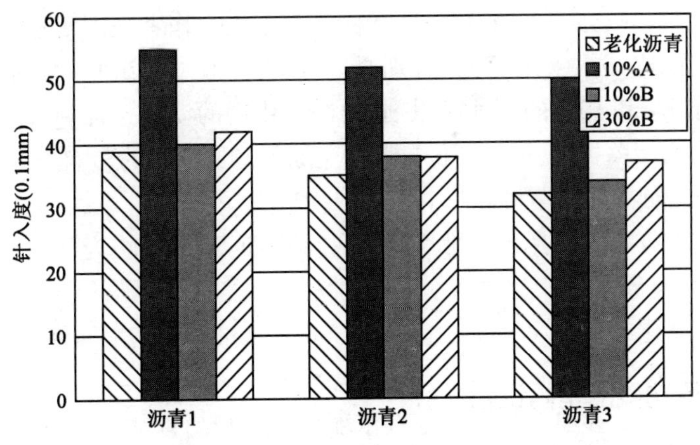

图6-6　不同配比还原剂对不同老化沥青针入度指标的还原效果

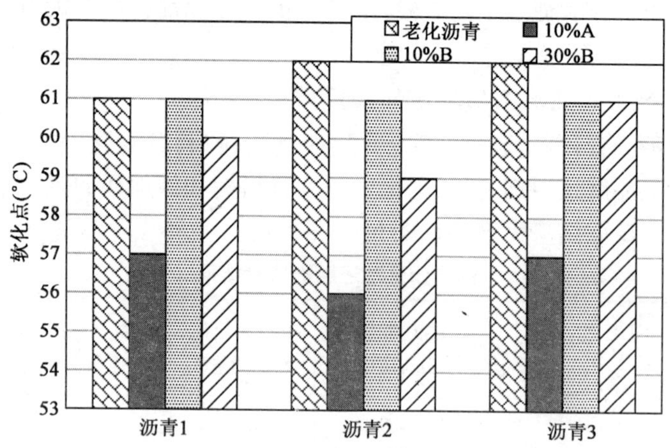

图 6-7 不同配比还原剂对不同老化沥青软化点指标的还原效果

从试验结果可以看出,通过配比调整,可以使还原剂达到我们所期望的效果。配比 A 的国产还原剂,只要以 10% 的比例掺加到老化沥青中,就可以比较显著地对老化沥青起到再生作用;如果继续增大掺配比例(施工中对应于提高洒布率),则可以显著软化老化沥青。而对于配比 B 的还原剂,10% 的掺配比例几乎对沥青指标起不到改变作用,即使掺配比例占到沥青质量的 30%,沥青指标仍然变化不大,这样的配比适用于原路面沥青基本没有老化的路面使用。

2. 工程还原剂产品的还原效果评价

由于预防性养护往往是在路面寿命周期的初期使用,此时原路面沥青老化并不严重,使用的还原剂一般对沥青指标改变不大。作者使用工程上应用较多的某还原剂配比,选取两种沥青,分别通过"沥青薄膜加热试验"将其老化,然后再分别添加 5% 和 10% 的两种还原剂,测试老化后的沥青指标和掺加还原剂后蒸发残留物的相关指标,进而评价这两种还原剂对原沥青的影响。

(1)原样沥青及试样制备

试验用原样沥青采用国内常用的两种国产沥青,标号均为 90 号:一种编号为 B,另一种编号为 Q;其老化后分别编号为 B-A、Q-A。

B 沥青老化后掺加 5% 的煤焦油浓缩还原剂和沥青基浓缩还原剂,编号分别为 B-5-Tar、B-5-Asphalt。

B 沥青老化后掺加 10% 的煤焦油浓缩还原剂和沥青基浓缩还原剂,编号分别为 B-10-Tar、B-10-Asphalt。

Q 沥青老化后掺加 5% 的煤焦油浓缩还原剂和沥青基浓缩还原剂，编号分别为 Q-5-Tar、Q-5-Asphalt。

Q 沥青老化后掺加 10% 的煤焦油浓缩还原剂和沥青基浓缩还原剂，编号分别为 Q-10-Tar、Q-10-Asphalt。

老化沥青试样采用原《公路工程沥青及沥青混合料试验规程》(JTJ 052—2000)中的“沥青薄膜加热试验”(T 0609—1993)规定制备，并采用 2 个周期的加热老化(即 163℃、10h)。据有关文献，163℃、5h 的沥青薄膜加热试验相当于路面使用初期的沥青状况，而 163℃、10h 薄膜加热试验相当于路面使用 5 年后的沥青状况。

(2)试验结果

试验内容有针入度(T 0604—2000)、延度(T 0605—2000)和软化点(T 0606—2000)。煤焦油浓缩还原剂试验结果见表 6-2。沥青基浓缩还原剂试验结果见表 6-3。

煤焦油浓缩还原剂添加到沥青前后的试验结果　　表 6-2

试样编号 / 试验内容	沥青 B				沥青 Q			
	基质 B	老化后 B-A	B-5-Tar	B-10-Tar	基质 Q	老化后 Q-A	Q-5-Tar	Q-10-Tar
针入度(0.1mm)	94.2	35.0	40.7	41.0	84.9	36.8	41.0	41.8
10℃延度(cm)	>100	1.0	5.8	6.1	97.2	5.3	5.7	5.7
软化点(℃)	47.2	56.3	56.2	55.5	49.6	58.0	57.6	57.4

沥青基浓缩还原剂添加到沥青前后的试验结果　　表 6-3

试样编号 / 试验内容	沥青 B				沥青 Q			
	基质 B	老化后 B-A	B-5-Asphalt	B-10-Asphalt	基质 Q	老化后 Q-A	Q-5-Asphalt	Q-10-Asphalt
针入度(0.1mm)	94.2	35.0	35.1	35.4	84.9	36.8	37.3	38.2
10℃延度(cm)	>100	1.0	4.9	5.6	97.2	5.3	5.5	5.3
软化点(℃)	47.2	56.3	56	56.4	49.6	58.0	58.3	58.7

从煤焦油浓缩还原剂试验结果(表 6-2、图 6-8、图 6-9)可以看出：

①对于针入度，在两种老化沥青后分别加入 5% 和 10% 掺量的煤焦油浓缩还原剂，针入度稍有提高但幅度不大。

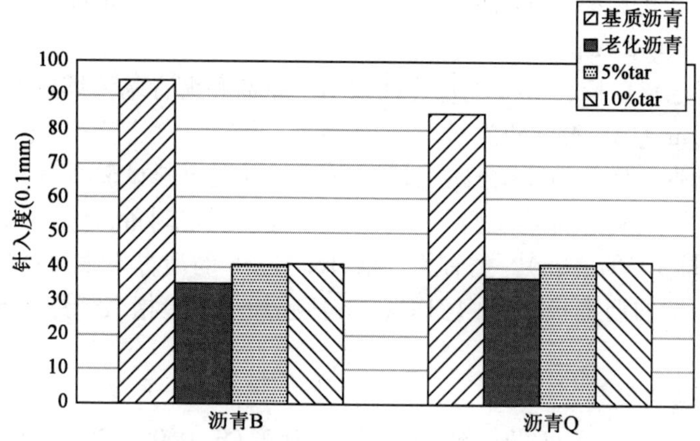

图 6-8 煤焦油基还原剂对老化沥青针入度的影响

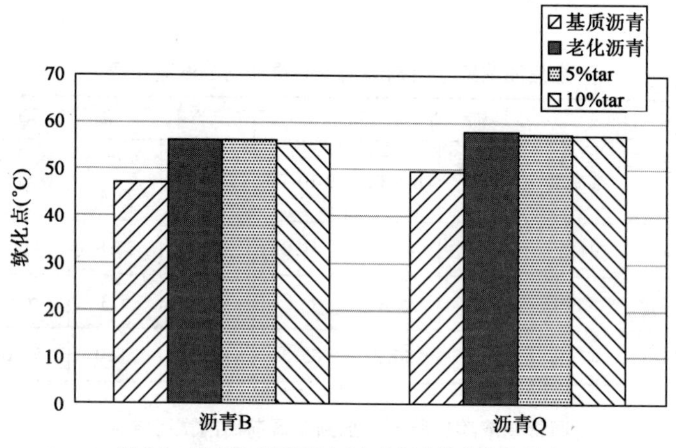

图 6-9 煤焦油基还原剂对老化沥青软化点的影响

②对于延度，在老化后的沥青中加入煤焦油浓缩还原剂后低温延度有所改善，尤其是沥青 B 掺加 5% 后其延度由 1.0cm 增加到 5.8cm。

③对于软化点，在两种沥青老化后分别掺加 5% 和 10% 的煤焦油浓缩还原剂，使软化点略微降低但差别不大。

从沥青基浓缩还原剂试验结果（表 6-3、图 6-10、图 6-11）可以看出：

①对于针入度，总体上这两种沥青老化后分别加入 5% 和 10% 剂量的沥青基浓缩还原剂，针入度变化不大。

②对于延度，沥青 B 老化后加入沥青基浓缩还原剂其延度指标有所改善，掺加 5% 和 10% 后的沥青延度由老化后的 1.0cm 分别增加到 4.9cm 和 5.6cm；而对沥青 Q 老化后的延度指标变化不明显。

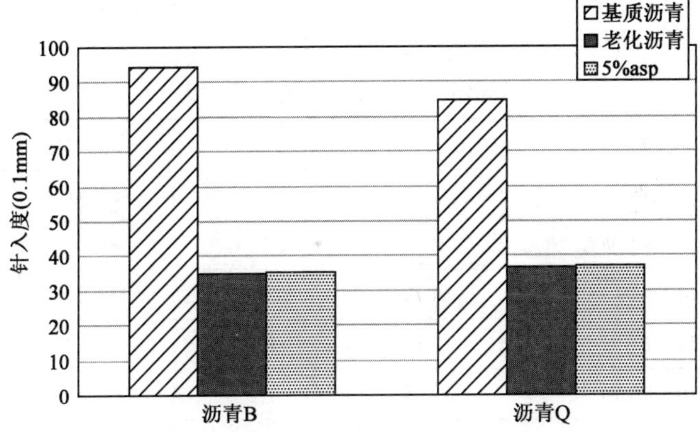

图6-10　沥青基还原剂对老化沥青针入度的影响

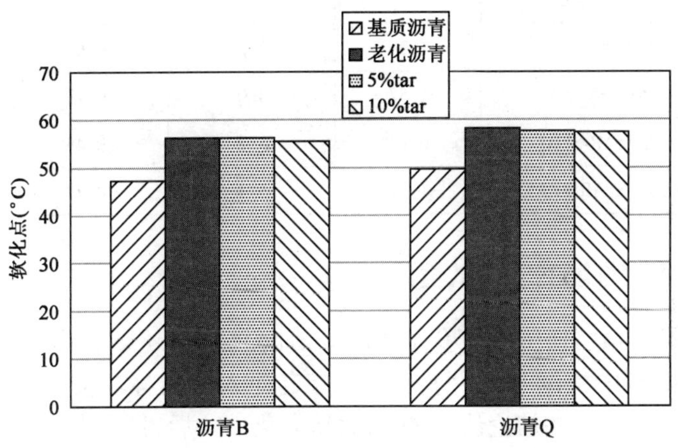

图6-11　沥青基还原剂对老化沥青软化点的影响

③对于软化点,这两种沥青老化后分别掺加5%和10%的沥青基浓缩还原剂后,软化点变化不明显。

综合而言,不同沥青中加入少量煤焦油浓缩还原剂和沥青基浓缩还原剂后,沥青指标有所改善,对老化后的沥青有一定的软化作用,但不明显,说明这样的还原剂更适用于老化并不是特别严重的路面。对于已经严重老化的路面,只要适当调整还原剂配比,便可以满足适用要求。

此外,王玉顺、朱敏清使用不同的还原剂向经过旋转薄膜烘箱(RTFOT)老化的沥青中添加不同剂量、不同品牌的还原剂,检测还原剂添加前后沥青指标,通过残留针入度比、软化点增量、残留延度比、残留黏度比等指标进行还原能力评价(试验结果见表6-4),研究认为可以采用沥青针入度比评价还原剂的还原效果,当加入还原剂后的老化沥青针入度比超出基质沥青老化试验的针入度比20%以上时,可以认为该还原剂满足使用要求。

不同还原剂还原效果的指标对比　　表6-4

材　料	残留针入度比	软化点增量(℃)	残留延度比	残留黏度比
RTFOT后的老化沥青	0.68	5.4	<0.47	1.51
老化沥青+5%再生沥青	1.38	-0.3	≈1.00	1.04
老化沥青+10%再生沥青	2.22	-4.6	≈1.00	1.16
老化沥青+5% ERA-C	0.84	4.5	<0.58	1.38
老化沥青+10% ERA-C	0.85	5.0	<0.45	1.37
老化沥青+5% TL-2000	1.32	2.0	<0.39	1.42
老化沥青+10% TL-2000	1.57	1.2	<0.56	1.47
老化沥青+5%魁道CAP	1.29	3.0	<0.63	1.39
老化沥青+10%魁道CAP	1.57	4.0	<0.73	1.29
老化沥青+5% STAR-SEAL	0.84	5.2	<0.45	1.44
老化沥青+10% STAR-SEAL	1.01	5.4	<0.39	1.46

三、抗老化性能的室内试验评价

王玉顺、朱敏清使用AH-70基质沥青,加入不同的还原剂后检测指标,然后放入60℃烘箱中持续加热,每隔10d测定针入度指标的变化,试验结果见表6-5。该研究得出的结论认为,60℃烘箱老化10d后,只有未添加还原剂的基质沥青出现老化迹象;随着老化时间的延长,各个检测样品均出现老化,但是添加还原剂的样品的老化速度要比未添加还原剂的慢。

不同品牌还原剂延缓沥青老化试验结果(0.1mm)　　表6-5

测试时间(d)	基质沥青	基质沥青+5% TL-2000	基质沥青+5%魁道CAP	基质沥青+5%再生沥青	基质沥青+5% ERA-C	基质沥青+5% STAR-SEAL
0	66.7	63.3	64.3	70.3	55.3	56.3
10	50.3	66.3	78.3	77.7	65.7	64.3
20	49.3	53.7	51.3	52.7	52.9	51.7
30	42.7	45.3	43.7	44.0	45.0	43.3
40	26.7	32.0	29.3	29.0	29.3	28.7

华南理工大学苏卫国、蔡锡荣通过对HAP雾封层材料的渗透机理、成膜机理,以及防紫外线和柴油性能进行了研究,验证了其路用性能。他们的研究表明,通过向雾封层材料中添加如纳米级的绢云母或二氧化钛等紫外线屏蔽剂,可以减少紫外线的透射,使紫外线尽量被反射、吸收或散射掉,从而延缓沥青老化。不同的纳米材料用量及不同的防护层厚度对紫外线屏蔽作用效果有明显不同。在试验室中检测紫外线通过防护层前后在试验箱的吸收和屏蔽率的结果如表6-6所示。试验表明,添加了纳米材料后雾封层对紫外线的吸收屏蔽效果大为提高,添加量以1.5%为宜,施工厚度对紫外线吸收有所帮助但影响不大。

紫外线吸收和屏蔽试验结果　　表6-6

序号	纳米级绢云母添加率(%)	涂层厚度(mm)		
		0.1	0.2	0.3
1	0	41	45	45
1	0.5	65	65	71
2	0.75	71	77	79
3	1	85	90	88
4	1.25	92	93	93
5	1.5	94	97	97
6	1.75	93	95	95
7	2	96	91	95
8	2.25	95	96	98
平均值(不含1号)		86.375	88	89.5

四、施工工艺

在施工雾封层和还原剂封层前,工程人员应对待处治路面技术状况进行评估(包括路面PCI,石料剥落情况、泛油严重程度等病害情况),对路面表面对沥青材料的吸收能力进行评估,确认待处治路段是否适合进行雾封层或还原剂封层。

雾封层和还原剂封层施工一般可按照以下工艺进行。

1.材料选择

采用雾封层时,应选择合适类型的乳化沥青,确定适宜的洒布稀释比例,按照技术标准规范的要求对乳化沥青进行抽样检测,并确认乳化沥青稀释稳定性。施工时,应确认乳化沥青温度在适宜的范围内。

采用还原剂封层时,应对还原剂材料进行检验,确认满足设计档要求,同时应对还原剂对沥青的还原能力进行评估,确定适宜的洒布率。如果需要撒布细集料,细集料的规格应满足规范要求。

2. 洒布设备检查与标定

沥青洒布车应处于良好工作状态,喷洒管高度适宜,喷嘴与洒油喷洒管成15°~30°夹角,喷嘴无堵塞,洒布压力正常,确认洒布时同一点有2个或者3个喷油嘴喷洒沥青,并对洒布率进行标定。

3. 确定洒布率

乳化沥青或还原剂洒布率一般可以采用如下方法确定:将1L稀释乳化沥青或还原剂均匀的倾倒在1m^{2}的路面上,如果乳化沥青或还原剂没有完全被表面吸收,那么应减少乳化沥青或还原剂的用量,在另外1m^{2}的路面上继续试验;重复这个步骤,直到找到合适的洒布量。如果路表看上去能够吸收更多的乳化沥青或还原剂,那么应增加乳化沥青用量,重复试验直到找到合适的洒布量。

通常情况下,交通量小的路面、空隙率大及贫油的路面,乳化沥青或还原剂用量要适当增加;交通量大的路面,应减少乳化沥青或还原剂用量;光滑、空隙率小、富油的路面上应避免进行雾封层和还原剂封层(有抗滑处理措施的除外)。

4. 原路面处理

施工前应对需要处理的病害完成处治,并对路面进行清洁,要求路面清洁、干燥。

5. 喷洒施工

采用喷洒设备匀速进行喷洒施工,确保洒布均匀、外观整齐划一。洒布的起点和终点位置应预铺油毛毡,保证边缘整齐。为避免材料污染车道线,可在施工前对车道线进行遮蔽;如果出现条纹状洒布或者材料泄漏时,应立刻停止施工进行检查。

喷洒施工应在符合路表温度和气温要求(一般气温应在15℃以上)的条件下进行;大风天气会对喷洒作业带来困难,在可能有降水的情况下不得施工。

6. 开放交通

雾封层和还原剂封层在施工后应封闭交通进行养生,待干燥后方可开放交通。

五、施工过程质量控制与常见施工问题处理

雾封层和还原剂封层施工过程质量控制的关键就是洒布率的控制。乳化沥青或还原剂洒布率可以采用如下方法进行检测和控制：将一个事先称重的平地托盘放在路面上，让沥青洒布车喷洒着驶过托盘，然后记录托盘以及乳化沥青或还原剂的总质量，喷洒施工前后托盘的质量差除以托盘面积即为洒布率。

雾封层和还原剂封层施工中常见问题及原因如下：

(1)洒布时材料出现泼溅。可能原因是乳化沥青固含量太低，喷洒横杆设置错误，喷洒压力过大。

(2)乳化沥青或还原剂洒布不均匀，出现条纹状洒布。可能原因是材料温度过低，材料黏度过大，喷嘴的角度不一致，喷洒位置太高或者太低，喷洒压力太大，喷嘴堵塞。

(3)泛油。可能原因是乳化沥青洒布量过大。

第三节　路用性能评价

还原剂封层的主要作用是在沥青路面表层形成保护膜，弥合路表细微裂缝，阻止路表水下渗，减少路面水损害，同时又不能在路表面形成厚的“油皮”，影响行车安全。

为此，对于雾封层和还原剂封层，可以通过以下三个指标进行路用性能评价：

(1)渗水系数，评价其弥合和封堵路面细微裂缝及空隙的效果；

(2)宏观构造深度，评价其是否会形成“油皮”，影响行车安全；

(3)摩擦系数，评价还原剂本身的抗滑性能。

这三项指标中，最容易出现问题的是宏观构造深度和摩擦系数两项反映抗滑性能的指标。

为了检验雾封层或还原剂封层的效果，作者对 3 个工程案例在实施还原剂封层前后的路面性能指标进行对比检测。施工前后对比如图 6-12 所示。

图 6-12　喷洒还原剂封层的对比

一、案例一

该工程为北方某市政道路养护工程，喷洒还原剂封层前以及喷洒施工 3 周后对该路段路面进行了有关指标的现场测试。测试内容包括摩擦系数、构造深度和渗水系数。检测结果如表 6-7、表 6-8 所示。

喷涂煤焦油浓缩封面料前后的路面测试结果 表 6-7

测 试 内 容	涂 刷 前	涂 刷 后
摩擦系数(BPN)	64.3	63.7
构造深度(mm)	0.65	0.67
渗水系数(mL/min)	0	0

根据测试数据，在喷涂煤焦油浓缩封面料的前后，该沥青路面的摩擦系数和构造深度差别不大，喷涂前后的测试数据基本一致，即该封面料对抗滑性能影响不大。另外关于渗水系数，由于涂刷前后渗水系数都为零，所以仅仅从数据上无法说明该封面料的阻水效果。

喷涂沥青基浓缩封面料前后的路面测试结果 表 6-8

测 试 内 容	涂 刷 前	涂 刷 后
摩擦系数(BPN)	55.5	57.0
构造深度(mm)	0.79	0.76
渗水系数(mL/min)	0	0

在喷涂沥青基浓缩封面料的前后，该沥青路面的摩擦系数和构造深度测试数据也十分接近，即该封面料对抗滑性能影响不明显；对于渗水系数，由于涂刷前后渗水系数都为零，所以仅仅从数据上也无法说明该封面料的阻水效果。

汇总测试数据可得出以下结论：

(1)喷洒还原剂封层后，路面外观明显改善；

(2)即便是在不同时撒布集料的情况下，还原剂封层后路面的摩擦吸收、宏观构造深度等抗滑性能指标也不会下降；

(3)该试验工程目前已经使用两年多时间，至今效果良好。

但是由于试验工程原路面不渗水，还原剂封层的阻水效果没有得到检验。

二、案例二

该工程是华北某高速公路沥青混凝土桥面铺装的养护。养护工程的主要目的是提高沥青混凝土桥面铺装的阻水效果，减少桥面病害，降低水分对桥梁结构的损害。

工程使用高压喷洒设备喷洒含石英砂的 MasterSeal 还原剂封层，喷涂面积 880m^2。检测内容包括宏观构造深度、渗水系数。测点选择了 2 处，均位于超车道轮迹带处。检测时间为喷洒施工前、喷洒 2h 后，以及工后 2 个月。检测结果见表 6-9。

路面检测结果 表 6-9

测试内容		喷洒前	喷洒后 2h	喷洒后 2 个月
构造深度 TD(mm)	测点 1	0.8	0.9	0.7
	测点 2	0.9	1.0	0.7
渗水系数 C_w(mL/min)	测点 1	38	0，不渗水	0，不渗水
	测点 2	21	0,不渗水	0,不渗水

根据上述测试结果，可以得出如下结论：

(1)喷涂 MasterSeal 沥青还原剂后，路面构造深度数据先增后降，但是变化幅度不大，说明该措施不会明显影响路面构造深度；

(2)喷涂 MasterSeal 沥青还原剂后，渗水系数指标明显降低，说明该封面料可以对路面空隙起到封闭作用，阻水效果较好。

三、案例三

本养护工程是华北的另外一条高速公路，工程使用高压喷洒设备喷洒含石英砂的 MasterSeal。检测内容包括摩擦系数、宏观构造深度、渗水系数。测点位于超车道轮迹带处。检测时间为喷洒施工前、喷洒 2h 后，以及工后 2 个月。检测结果见表 6-10。

路面检测结果 表 6-10

测试内容		喷洒前	喷洒后 2 个月
渗水系数 C_w(mL/min)	测点 1	17	0，不渗水
	测点 2	8	0,不渗水
	测点 3	7	0,不渗水

根据上述测试结果，可以得出如下结论：喷涂 MasterSeal 沥青还原剂后，渗水系数指标明显降低，说明该封面料可以对路面空隙起到封闭作用，阻水效果较好。

第四节　工程案例

一、原路面状况、病害成因与养护决策

华北地区某高速公路，是国家“五纵七横”国道主干线的重要路段，全长182km，2005年底建成通车。自通车以来，该高速公路交通量逐年递增，2007年日均交通量已接近3万辆，为该省经济社会发展发挥了积极作用。

该高速公路采用半刚性基层沥青路面，沥青面层厚度16cm，为4cm的AC13上面层+6cmAC20中面层+6cmAC25下面层，基层为18cm水泥稳定碎石和18cm二灰稳定碎石。2007年底的路面检测结果如下。

(1)公路技术状况指数MQI为99.12，公路总体技术状况等级为“优”，说明公路处于寿命周期的初期。

(2)沥青路面的路面损害状况指数PCI为100，说明原路面尚无面积较大的损坏。

(3)路面行驶质量指数RQI为97，国际平整度指数IRI一方向为1.06m/km，另一方向为1.14m/km，说明原路面平整，行车舒适性好。

(4)路面结构强度指数PSSI为100，实测弯沉一方向为4.1mm，另一方向为4.2mm，远小于24mm的设计弯沉，钻芯取样发现原路面基层完好，说明原路面结构强度充足，足以承受交通荷载的作用。

上述检测数据表明，该高速公路沥青路面总体技术状况为“优”，结构强度总体充足，无明显病害。但是，经过近3年的使用，路面已经开始出现轻微的裂缝(图6-13)和个别的坑槽(图6-14)、划痕等轻微病害，在填方较高桥头出现了200m左右的轻微车辙。

经分析认为，该高速公路的技术状况比较适合开展路面预防性养护，选择适宜的预防性养护技术进行及时养护，以维持路面服务水平、延缓路面病害发生及发展。

分析认为，尽管都是预防性养护措施，但是它们的适用时机有所不同，按照养护时机的先后排序依次是：

(1)还原剂封层、雾封层，适用于原路面基本没有明显病害的情况；

(2)微表处、稀浆封层、超薄罩面，适用于原路面有轻微病害的情况；

(3)就地热再生，适用于原路面存在浅层病害，或者是原路面病害需要进行

罩面时原路面的预处理。

根据目前该高速公路的实际路况，分析认为还原剂封层是最适宜的预防性养护手段。

图 6-13　原路面的裂缝

图 6-14　原路面的坑槽

二、工程实施

1. 施工技术要求

为了保持还原剂封层工程质量，沥青路面还原剂封层的施工需要满足以下技术要求。

(1) 原路面的准备

还原剂封层在喷洒前，要求对原路面进行清扫，使路表清洁，无杂物、尘土，无积水。原路面油污需要用油污清洗剂进行处理，清除原路面的污油、油斑。原路面坑槽要事先用适当的热或冷沥青混合料予以修复，裂缝要用裂缝填料修补。

(2) 施工方法

行车道采用两层还原剂封层，用压力喷洒设备喷洒沥青道路还原剂。压力喷洒设备要能够喷洒含有石英砂的还原剂，并具有连续搅拌能力以保持施工过程中还原剂均匀一致。还原剂施工时路面及大气温度不得低于 10℃，并且在施工后 24h 之内温度不得低于 10℃。

2. 试验段施工

试验段实施面积为 7 000m²，分别采用进口还原剂与国产改进型还原剂，以对比使用效果。2008 年 7 月试验段使用车载式喷洒设备完成还原剂封层施工（图 6-15），对比效果见图 6-16。

图 6-15　还原剂封层喷洒施工

图 6-16　喷洒还原剂封层与未喷洒路面的对比

三、路面检测

在喷洒还原剂封层施工前、施工后、工后 1 个月分别对喷洒进口产品和喷洒国产改进型产品沥青路面的摩擦系数、宏观构造深度、渗水系数三项技术指标进行检测。摩擦系数、宏观构造深度测点 9 个，其中 6 个测点位于行车道，3 个测点位于超车道；摩擦系数测点 4 个，其中 2 个位于行车道，2 个位于超车道；渗水系数测点 6 个，其中行车道 3 个，超车道 3 个。

路面进行还原剂封层前后，对路面的摩擦系数、宏观构造深度、渗水系数对比检测结果如表 6-11 ~ 表 6-15 所示。

进口材料的路面摆值检测数据(BPN)　　表 6-11

测点位置	工　前					温度修正后均值
行车道	50	50	48	50	46	54.8
	44	44	46	46	44	50.8
	44	44	46	44	44	50.4
	42	42	42	44	42	48.4
	44	44	46	44	42	50.0
	42	42	44	42	44	48.8
超车道	54	52	54	52	52	58.8
	52	54	54	54	54	59.6
	54	54	54	52	52	59.2

续上表

测点位置	工　　后					温度修正后均值
行车道	68	70	68	70	68	77.8
	66	66	68	68	70	76.6
	70	68	70	68	68	77.8
	66	64	64	64	66	73.8
	64	64	66	66	66	74.2
	64	64	64	64	64	73
超车道	70	72	72	72	72	80.6
	72	74	72	72	72	81.4
	70	74	72	74	74	81.8
测点位置	工后1个月					温度修正后均值
行车道	50	50	51	51	51	54.6
	50	50	50	50	50	54
	49	49	50	50	49	53.4
	51	51	51	51	51	55
	52	51	52	52	52	55.8
	52	50	50	51	50	54.6
超车道	61	59	59	60	60	63.8
	61	60	61	61	60	64.6
	58	58	59	59	58	62.4

国产材料的路面摆值检测数据(BPN)　　表6-12

测点位置	工　　前					温度修正后均值
行车道	42	42	42	42	42	48.0
	42	42	44	42	42	48.4
	44	42	42	42	44	48.8
	42	42	42	42	44	48.4
	44	42	44	42	44	49.2
	42	42	42	42	42	48.0
超车道	54	54	54	54	56	60.4
	54	56	56	54	54	60.8
	56	56	56	56	56	62.0

续上表

测点位置	工　　后					温度修正后均值
行车道	64	64	66	64	66	73.8
	64	64	64	64	64	73
	64	62	64	64	64	72.6
	66	64	66	64	64	73.8
	66	64	66	64	64	73.8
	64	64	66	64	64	73.4
超车道	74	72	76	74	74	83
	72	74	74	74	74	82.6
	72	70	70	72	70	79.8
测点位置	工后1个月					温度修正后均值
行车道	49	50	50	50	50	53.8
	51	51	51	50	51	54.8
	50	50	50	50	50	54
	50	51	52	52	52	55.4
	52	52	51	52	51	55.6
	52	51	51	51	52	55.4
超车道	60	61	61	61	61	64.8
	59	59	59	58	58	62.6
	61	62	61	60	60	64.8

进口材料的路面宏观构造深度检测数据 表6-13

测点位置	工　　前			工　　后			工后1个月		
	D(cm)		TD(mm)	D(cm)		TD(mm)	D(cm)		TD(mm)
行车道	28.5	28.5	0.4	22.0	22.0	0.7	25.0	25.0	0.5
	28.0	29.0	0.4	22.5	22.5	0.6	25.0	25.0	0.5
	28.0	26.0	0.4	22.0	23.0	0.6	25.5	25.5	0.5
	27.0	26.0	0.5	21.0	23.0	0.7	23.0	23.0	0.6
	29.0	28.0	0.4	20.0	22.0	0.7	22.5	23.5	0.6
	27.0	28.0	0.4	22.0	22.0	0.7	24.5	25.5	0.5
超车道	23.0	25.0	0.6	21.5	21.5	0.7	22.0	23.0	0.6
	23.0	25.0	0.6	22.0	21.0	0.7	22.0	23.0	0.6
	24.5	24.5	0.5	21.5	21.5	0.7	23.0	22.0	0.6

国产材料的路面宏观构造深度检测数据 表 6-14

测点位置	工　前			工　后			工后 1 个月		
	D(cm)		TD(mm)	D(cm)		TD(mm)	D(cm)		TD(mm)
行车道	27.5	27.5	0.4	24.5	25.5	0.5	26.0	25.0	0.49
	30.0	28.0	0.4	24.0	24.0	0.6	26.0	26.0	0.47
	29.0	31.0	0.4	27.0	27.0	0.4	26.0	26.0	0.47
	27.0	29.0	0.4	26.0	27.0	0.5	24.0	24.0	0.55
	26.0	28.0	0.4	27.0	27.0	0.4	26.0	25.0	0.49
	27.0	29.0	0.4	26.0	24.0	0.5	26.0	25.0	0.49
超车道	24.0	25.0	0.5	24.0	23.0	0.6	22.0	23.0	0.6
	24.0	23.0	0.6	22.0	23.0	0.6	23.0	24.0	0.6
	24.5	24.5	0.5	24.0	22.0	0.6	24.0	24.0	0.6

还原剂封层检测结果汇总 表 6-15

还原剂类型	测试项目	位置	涂刷前	涂刷后	涂刷后 1 个月
进口	摩擦系数(BPN)	行车道	51	76	55
		超车道	59	81	64
	宏观构造深度(mm)	行车道	0.41	0.66	0.54
		超车道	0.55	0.69	0.63
	渗水系数(mL/min)	行车道	3.3	0	0
		超车道	3.3	0	0
国产	摩擦系数(BPN)	行车道	49	73	55
		超车道	61	82	64
	宏观构造深度(mm)	行车道	0.40	0.52	0.52
		超车道	0.55	0.60	0.59
	渗水系数(mL/min)	行车道	3.3	0	0
		超车道	1.7	0	0

对表 6-11 ~ 表 6-15 的检测数据分析如下。

1. 摩擦系数指标

对于进口产品，行车道在喷洒还原剂封层前，路面摩擦系数为 51BPN，喷洒后为 76BPN，提高 49%；喷洒 1 个月后，行车道路面摩擦系数为 55BPN，仍然比原路面高8%。超车道在喷洒还原剂封层前,路面摩擦系数为59BPN,喷洒后为81BPN,提高37%;喷洒1个月后,行车道路面摩擦系数为64BPN,仍然比原路面高8%。

对于国产改进型产品,行车道在喷洒还原剂封层前,路面摩擦系数为49BPN,喷洒后为73BPN,提高49%;喷洒1个月后,行车道路面摩擦系数为55BPN,仍然比原路面高12%。超车道在喷洒还原剂封层前,路面摩擦系数为61BPN,喷洒后为82BPN,提高34%;喷洒1个月后,行车道路面摩擦系数为64BPN,仍然比原路面高5%。

2. 宏观构造深度指标

对于进口产品,行车道在喷洒还原剂封层前,路面宏观构造深度为0.41mm,喷洒后为0.66mm,提高61%;喷洒1个月后,行车道路面宏观构造深度为0.54mm,仍然比原路面高32%。超车道在喷洒还原剂封层前,路面宏观构造深度为0.55mm,喷洒后为0.69mm,提高25%;喷洒1个月后,行车道路面宏观构造深度为0.63mm,仍然比原路面高15%。

对于国产改进型产品,行车道在喷洒还原剂封层前,路面宏观构造深度为0.40mm,喷洒后为0.52mm,提高30%;喷洒1个月后,行车道路面宏观构造深度仍为0.52mm,没有衰减。超车道在喷洒还原剂封层前,路面宏观构造深度为0.55mm,喷洒后为0.60mm,提高25%;喷洒1个月后,行车道路面宏观构造深度为0.59mm,也几乎没有衰减。

还原剂封层前后路面外观对比见图6-17。

图6-17 还原剂封层前后路面外观的对比

3. 渗水系数指标

对于进口产品,在喷洒还原剂封层前行车道和超车道路面渗水系数均为3.3mL/min,尽管有轻微渗水但是并不严重;喷洒还原剂封层后,路面渗水系数均为0,不渗水;喷洒1个月后,行车道和超车道路面渗水系数仍然为0,不渗水。

对于国产改进型产品,在喷洒还原剂封层前行车道和超车道路面渗水系数分别为3.3mL/min和1.7mL/min,喷洒后均为0,不渗水;喷洒1个月后,行车道和超车道路面渗水系数仍然为0,不渗水。

四、工程结论

通过本次还原剂封层工程研究，可得出以下结论。

(1)该还原剂封层能有效阻止表面水的下渗，防止沥青路面水损害的发生，降低养护成本，延长路面面层的使用寿命。

(2)该还原剂封层不仅不会降低沥青路面宏观构造深度和摩擦系数，反而会因为撒布了细集料而大幅提高路面抗滑性能，能够保证行车安全性。

(3)该材料的施工操作简便，速度快，不需加热，不需养生，施工对交通的影响很小。

(4)该型号国产改进型产品的路用性能达到并超过进口产品。

(5)该材料和工艺属于路面预防性养护技术，不适用于已产生网裂等严重病害的路面。

(6)综合本次还原剂封层工程及其他国内工程经验，提出的还原剂封层适用范围和检查验收标准见表6-16、表6-17。

还原剂封层适用的路面状况(建议)　　表6-16

项　目	PCI	RQI	RDI	SRI	PSSI
要求	≥95	≥90	≥90	≥90	≥90

还原剂封层检查验收要求(建议)　　表6-17

测 试 内 容	技 术 要 求	
	工后1d	工后1个月
渗水系数(mL/min)	0，不渗水	0，不渗水
摩擦系数(BPN)	≥45	不低于原路面
构造深度(mm)	≥0.6	不低于原路面

第七章　碎石封层技术

第一节　技 术 概 要

一、定义与分类

碎石封层技术是一种在喷洒沥青类结合料后立即撒布一定粒径的粗集料，经碾压而形成的薄层封层，见图7-1、图7-2。

图7-1　国外的碎石封层施工

图7-2　碎石封层的外观

按照施工层次的多少，碎石封层可以分为单层碎石封层、双层碎石封层和多层碎石封层等不同的类型。按照材料、施工工艺、应用场合等的不同，碎石封层还包括应力吸收膜封层（SAM）、应力吸收膜黏结层（SAMI）、土工布增强碎石封层、同步碎石封层、三明治封层等多种不同的类型。单层碎石封层是指喷洒一层沥青结合料，撒布一层集料后碾压形成的封层。集料的撒布可以是一次完成，即单层碎石单层结合料的碎石封层，如图 7-3 所示；也可以分两次完成，即先撒布一层粗集料，碾压后再撒布一层细的嵌缝料，如图 7-4 所示。双层碎石封层是指喷洒两层沥青结合料，撒布两层集料后碾压形成的封层，如图 7-5 所示。三明治碎石封层则是首先撒布一层碎石，用钢轮压路机压稳后喷洒第一层沥青结合料，然后撒布第二层碎石，用轮胎压路机碾压而成的碎石封层。两层碎石像面包片一样将沥青夹在中间，故称为三明治封层，如见图 7-6 所示。

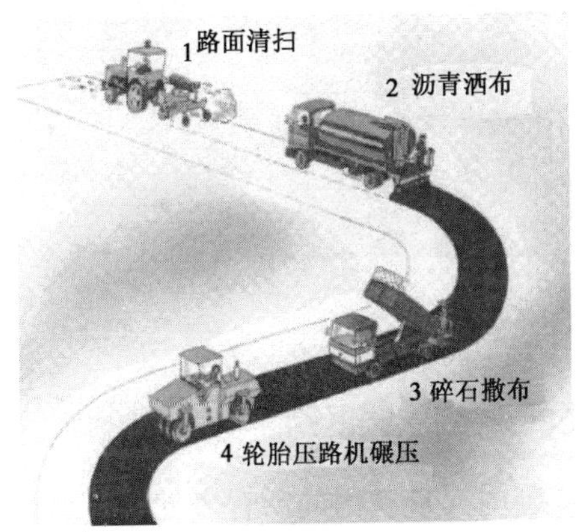

图 7-3　单层碎石封层施工示意图

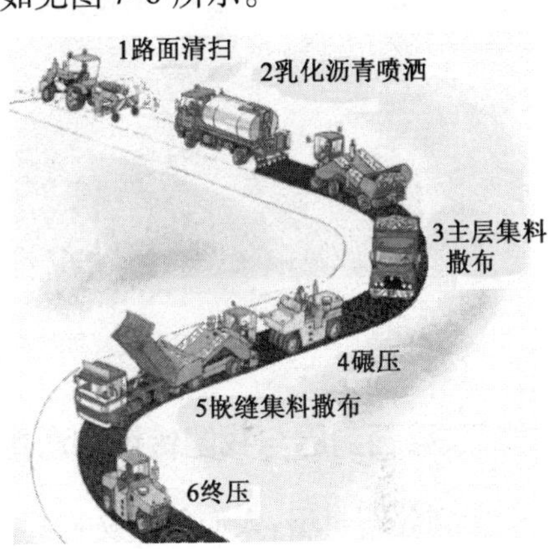

图 7-4　碎石分两次撒布和碾压的单层碎石封层施工示意图

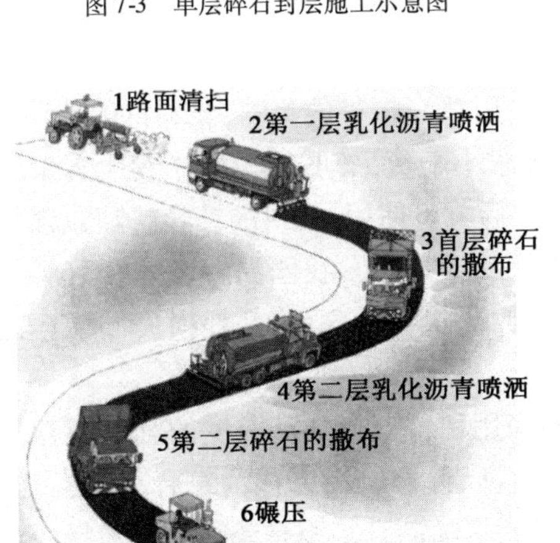

图 7-5　双层碎石封层施工示意图

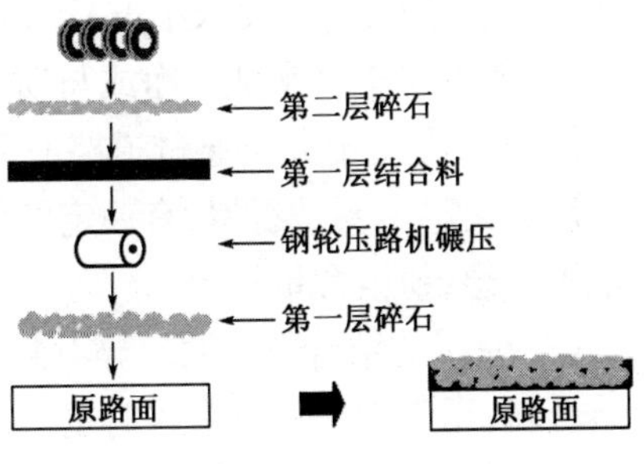

图 7-6　三明治封层示意图

此外,根据材料和工艺的不同,碎石封层还衍生出多种类型。例如,澳大利亚广泛采用的土工布增强碎石封层,它首先在原路面上洒布一层黏层油,铺设土工布并碾压牢固,然后再在上面铺筑碎石封层(图7-7)。美国、南非等地采用橡胶沥青碎石封层、纤维碎石封层等,以提高碎石封层的路用性能。法国等地则对施工设备进行改进,将碎石撒布与沥青洒布予以集成,形成同步碎石封层技术。同步碎石封层将碎石撒布和黏结料喷洒功能集成到一台施工设备上,从而可以同步撒布石料与结合料,可以在较高温度的结合料尚未冷却的条件下及时与碎石黏结,从而改善碎石的黏结强度。

a)

b)

图7-7 澳大利亚的土工布增强碎石封层的施工

二、碎石封层与我国传统的沥青表处、石屑封层的区别

提到碎石封层,人们很容易将其与以往国内大量采用的沥青表处和石屑封层联系起来。但是,碎石封层技术与我国的沥青表处、石屑封层有着本质的不同。

(1)使用的集料不同。碎石封层经常采用单一粒径的集料;集料的0.075mm通过率几乎为零(有的要求小于1%,有的要求小于0.5%),当集料中粉尘含量较大时,一般需将集料水洗干净或与沥青预拌后方可使用;集料的针片状颗粒含量(规准仪法)在用于大交通量道路时要求不大于10%。我国沥青表处和石屑封层使用的集料主要是石屑,有一定的级配,针片状颗粒含量、磨耗损失等指标往往很不理想,粉尘含量较大。

(2)使用的结合料不同。碎石封层多采用稀释沥青和高黏度的乳化沥青作为结合料,用于大交通量道路时也采用改性沥青、橡胶沥青作为结合料;而我国的沥青表处和石屑封层的结合料多采用普通石油沥青甚至是渣油。与稀释沥青和高黏度乳化沥青相比,普通沥青不容易洒布均匀,且洒布到路面以后会因为温度迅速降低而影响与石料的黏附；而早期使用的渣油，其路用性能更是无法满足使用要求，早已被淘汰。

(3)使用的场合不同。由于在材料选择、配比设计、施工工艺等方面的严格要求，碎石封层在国外不仅用于中轻交通量道路，也用于除高速公路之外的大交通量道路。例如在南非，碎石封层经常用于日均交通量5万辆标准车的道路，美国加利福尼亚州规定碎石封层可用于年日均交通量(AADT)不大于4万辆的道路。我国的沥青表处和石屑封层作为次高级路面类型，一般只能用于三、四级公路。

(4)使用寿命不同。国外碎石封层的使用寿命很长。澳大利亚的碎石封层，在日均交通量达6万辆的道路上，其寿命可以达到15年；南非的碎石封层，其使用寿命为8~12年；美国SHRP SP5的调查结果认为碎石封层的使用寿命大于5年。

同样是层铺法，为什么国外发展成了应用广泛的碎石封层，而在我国则发展成为低等级路面的代名词——沥青表处呢？这种“橘生淮南则为橘，生于淮北则为枳”的现象与我国的国情是分不开的。在我们大量采用沥青表处的二十世纪六七十年代，可以选择的结合料只有多蜡慢凝的液体沥青——“渣油”或者是乳化的渣油，由于稠度低，喷洒厚度小，裹不住大粒径的集料，因此需要使用粒径小的集料；同时，由于结合料很“稀”，温度感应性强，因此还需要有相当的粉料进行稳定。而石料加工过程中产生的“筛漏”——石屑正好满足了这两个要求，且价格便宜，于是便产生了沥青表处。这样的“表处”当然只能作为低等级的路面形式。

三、技术特点与推荐应用场合

碎石封层有其独特的结构特点：碎石封层中，沥青是连续相，碎石紧密排列，卡嵌进沥青膜中。正是由于碎石封层的这种结构特点，使得其具有特殊的技术优越性。

(1)卓越的抗滑性能。碎石封层中，粗集料颗粒紧密排列，“镶嵌”表面，形成很大的宏观构造深度，雨水可以通过表面连通的构造空隙迅速排走，因此具有卓越的抗滑性能，如表7-1所示。

(2)有良好的封水效果，可以有效防止路表水下渗，减少路面水损害。碎石封层中的沥青是连续相，它像一层“雨衣”罩在路面表面，形成密不透水的封水层。

(3)对原路面要求低，使用寿命长。由于沥青在碎石封层底面形成连续相，使得碎石封层随从原路面变形的能力强，且具有有效阻止原路面病害向上反射的作用，因此碎石封层对原路面技术状况要求不高，使用寿命较长。国外碎石封层的使用寿命一般在5~15年。

(4)碎石封层属于层铺法施工,施工设备简单,施工工艺简便,施工速度快,无需拌和厂站。

安徽合铜路碎石封层施工前后路面性能对比 表7-1

试验路段	检测内容	原路检测结果	封层检测结果
K48+700~K49+600	构造深度(mm)	0.35	1.05
	摩擦系数(BPN)	32	55
	渗水系数(mL/min)	0	0
	石料剥落度(%)	—	5
K59+000~K59+100	构造深度(mm)	0.5	1.0
	摩擦系数(BPN)	40	52
	渗水系数(mL/min)	0	0
	石料剥落度(%)	—	2
K59+100~K59+200	构造深度(mm)	0.5	1.0
	摩擦系数(BPN)	38	53
	渗水系数(mL/min)	0	0
	石料剥落度(%)	—	1

当然,不同类型的碎石封层,其适用条件也有所不同。美国加利福尼亚州交通部门建议的不同类型碎石封层适用的路面条件见表7-2。

美国加利福尼亚州对不同类型碎石封层适用条件的建议 表7-2

结合料/石屑封层组合	松散	老化	泛油	荷载型裂缝	防水	温度裂缝	大交通量	牢固黏结石料	改善抗滑
PME/单层	√		×	×	√	×	√	√	√
PME/双层	√		×	×	√	×	√	√	√
PME/砂	√	√	×	×	√	×	×	√	×
PBA/单层	√	√	×	×	√	×	√	√	√
PBA/双层	√	√	√	√	√	√	√	√	√
PBA/砂	√	√	×	×	√	×	×	√	×
AR/SAM	√	√	×	√	√	√	√	√	√
添再生剂的乳化沥青	√	√	×	×	√	×	√	√	√

注:PME表示改性乳化沥青;PBA表示聚合物改性沥青;AR表示橡胶沥青;SAM表示应力吸收膜封层。

正是由于碎石封层具有上述技术优势，其在我国最适合用于以下场合。

(1)低等级、轻交通量道路的建设，可在简单处理过的基层(如石灰土、天然砂砾)上直接铺设双层碎石封层作为路面。这样的路面结构形式，一方面可以大幅度降低筑路成本，有效缓解公路建设资金紧缺问题；另一方面，可以迅速增加我国公路网的覆盖范围，有利于“乡乡通油路，村村通公路”目标的尽早实现，对于经济发展相对落后的农村地区和中西部地区有特殊重要的意义。

(2)普通公路沥青路面的预防性养护。碎石封层可以修复路面轻度的裂缝和松散，可以延缓路面老化，缓解路面水损害，增强路面抗滑，是一种经济、有效的沥青路面预防性养护方法。

(3)新建公路沥青路面的表面磨耗层。碎石封层技术的施工设备简单，施工工艺简便，无需复杂的混合料设计，材料生产方面也没有任何困难。

在我国推广碎石封层技术，最大的问题恐怕是观念问题，人们接受一项新技术往往需要一些时间。只要我们能够认识到了碎石封层技术的优越性，该技术在我国一定会有十分广阔的发展前景。当然，碎石封层技术也有其缺点，主要表现在：

(1)需要一定的养生时间。

(2)开放交通初期可能会出现碎石飞溅现象，对汽车玻璃造成安全隐患。

(3)碎石封层上的行车噪声较大。

(4)碎石封层表面粗糙，对行车舒适性没有改善作用。

四、国内外应用概况

碎石封层在法国、澳大利亚、美国等发达国家和地区被广泛应用于新建道路的磨耗层、新建轻交通量道路的面层和路面的预防性养护。法国是世界上应用碎石封层技术最多的国家之一。法国公路网中有 130 万 km 左右(占法国公路总里程的 75% 左右)的双车道和乡村道路，这些公路大量采用了以碎石封层为主，包括冷拌沥青混合料、稀浆封层和微表处等多种薄层罩面技术进行铺装。据统计，法国每年的碎石封层施工面积约 3.5 亿 m^2。美国 LTPP 在 1999 年对 40 个州的调查结果显示，碎石封层在 33 个州的沥青路面预防性养护中得到应用，普及程度在各养护措施中排第四位。澳大利亚公路网总长度约 80 万 km，其中约有 25 万 km 的公路采用碎石封层作为表面磨耗层，占到公路网总长度的 1/3。

沥青表处和石屑封层在我国已经有多年的应用历史，曾经是我国沥青路面的主要类型之一。但是由于材料质量差、施工设备落后等原因，沥青表处和石屑封层的使用效果和寿命不够理想，成为“低水平”筑路技术的代名词，在我国高等级公路的跨越式发展过程中始终处于从属地位。近年来，随着普通公路养护任务和农村公路建设任务的逐渐加重，尤其是伴随着沥青混凝土路面在普通公路和农村公路使用过程出出现的诸多问题，我国公路界开始重新认识沥青表处，开始尝试使用碎石封层技术。辽宁、吉林、陕西、安徽、湖南等地都先后铺筑了面积不等的碎石封层。例如，辽宁省引进了 2 台同步碎石封层设备，于 2002 ~ 2004 年先后在新蔡线、沈环线、十大线等省道上铺筑了 30 多万平方米的碎石封层（图 7-8）。陕西省使用进口的同步碎石封层设备在 G310 国道铺筑了近 50km 的碎石封层。安徽省在 S103 使用国产的同步碎石封层设备铺筑了用乳化沥青作结合料的碎石封层试验路（图 7-9）。这些碎石封层工程，取得了很好的使用效果。

图 7-8　辽宁省 S106 沈环线上的碎石封层

图 7-9　安徽省 S103 沈环线上碎石封层施工现场

五、碎石封层技术的创新与发展

与众多有生命力的筑路技术一样，碎石封层技术也在随着社会的进步和科技的发展而不断地提高和完善。

1. 材料方面的进步

碎石封层最早使用稀释沥青作为黏结材料。随着世界各国环境保护意识的增强和沥青乳化技术的发展，高黏度的乳化沥青的应用逐渐增加，并有取代稀释沥青的趋势。为了使碎石封层满足大交通量和高速行车道路的需要，国外开始尝试使用改性沥青、橡胶沥青作为结合料，以增强沥青与石料间的黏结，提高碎石封层的耐久性和对原路面病害的抵抗能力（图 7-10）。

图 7-10　采用橡胶沥青结合料的碎石封层

为了减少碎石的脱落，有的地方将碎石与沥青预拌后再用于碎石封层的撒布，有的使用烧制的规格标准的人工石料代替碎石。

2. 施工设备方面的进步

在传统的碎石封层施工中，沥青喷洒和石料撒布是分别使用不同的设备进行的。为了保证石料在沥青冷却（或者破乳）前及时黏结，施工时往往需要2台设备配合默契，尽可能缩短沥青喷洒与石料撒布之间的间隔时间。20世纪80年代以来，欧洲开发生产和大量采用了同步碎石封层设备，将沥青喷洒和石料撒布集成到一台施工设备上，最大限度地缩短了沥青与石料的撒布间隔，使得使用改性沥青结合料成为可能，同时也大大地提高了施工效率。

3. 结构组合方面的进步

碎石封层具有很好的随从变形能力，可以很好地抵抗原路面裂缝的反射；但是由于石料是裸露在表面的，因此行车舒适性相对要差一些，行车噪声相对较大。为了充分利用碎石封层的优点，同时克服其缺点，国外采用的了一种称为开普封层（capeseal）的新型罩面形式。开普封层是首先铺设碎石封层，然后再在上面加铺一层稀浆封层或者微表处。这种结构形式充分发挥了碎石封层和稀浆罩面各自的优越性，避开了各自的缺点，在国外得到了成功的应用。

第二节　工程材料

一、沥青结合料

根据类型、使用场合、施工季节、环保要求、施工习惯等的不同，碎石封层可以选择（改性）乳化沥青、稀释沥青、改性沥青、再生乳化沥青等不同的沥青结合料，其中乳化沥青和稀释沥青应用最为普遍。在大量应用碎石封层的国家和地区中，澳大利亚大部分采用稀释沥青作为结合料，欧洲大部分采用乳化沥青作为结合料，美国既采用稀释沥青也采用乳化沥青。考虑到环保要求，稀释沥青在不断被乳化沥青所取代（表7-3）。

欧洲碎石封层的乳化沥青用量（欧洲沥青路面协会EAPA统计数字）　表7-3

国家名称	法国	英国	德国	西班牙	荷兰
乳化沥青总用量（万t）	101	16	13	35	3
用于碎石封层的乳化沥青量（万t）	60.6	12	7.8	19.3	1.5
用于碎石封层的乳化沥青占乳化沥青总量的比例（%）	60	75	60	55	50

1. 乳化沥青

美国 ASTM D3628 规定，用于碎石封层的乳化沥青型号包括 RS-1、RS-2、HFRS-2，CRS-1、CRS-2；而美国各州的相关技术标准中多规定 CRS-2 和 HFRS-2 型乳化沥青用于碎石封层。它们的共同特点是：

（1）它们既可以是阴离子乳化沥青，也可以是阳离子乳化沥青。

（2）具有较高的黏度。碎石封层用乳化沥青有 50℃赛波特黏度指标的要求。美国 ASTM D2397 规定，CRS-2 型乳化沥青 50℃赛波特黏度指标在 100～400s 范围内，这要比其他用途乳化沥青的黏度高出很多。碎石封层要求沥青结合料有一定的喷洒厚度以裹住碎石，这就需要用于碎石封层的乳化沥青有相当的黏度。如果乳化沥青黏度不够，则喷洒厚度难以保证，也就无法有效裹住碎石。

（3）适宜的破乳速度。碎石封层用乳化沥青一般为快裂或中裂型乳化沥青。

（4）满足施工要求的稳定性。碎石封层用乳化沥青中的乳化剂剂量一般较低，容易出现不稳定的情况，造成无法施工。

（5）与石料的牢固黏结。

美国某碎石封层工程中阳离子乳化沥青部分检测结果见表 7-4。

美国某碎石封层工程中阳离子乳化沥青部分检测结果 表 7-4

乳化沥青配比	百分比(%)	
乳化剂:DF62	0.40	
水	34.60	
浓盐酸	至 pH2.00	
SK 70 号沥青	65	
试验项目	ASTM D2397 要求	检测结果
蒸发残留物含量(%) 不小于	65	65.84
赛波特黏度(50℃, spf)	100～400	110
破乳速度试验,35mL 气溶胶 OT 溶液(0.8%)(%) 不小于	40	98.6

2. 稀释沥青

国外经常采用掺加煤油或者粗制汽油制作成中凝型、快凝型的稀释沥青用于碎石封层。制作稀释沥青的基质沥青可选用本地区常用标号的沥青；稀释剂的类型根据开放交通要求、材料价格等条件确定;稀释剂掺量一般为基质沥青的15% ~35%。

国外碎石封层采用稀释沥青而较少使用普通石油沥青,主要是因为稀释沥青更适合用于碎石封层:

(1)通过掺加煤油等稀释剂,可以降低沥青喷洒温度,使沥青洒布更加均匀;而普通沥青特别是聚合物改性沥青,由于黏度较大,不容易洒布均匀。

(2)稀释剂的加入使稀释沥青非常"软",从洒布后有相当的一段时间可供碎石撒布和碾压;而普通石油沥青在路面上洒成薄层后,其温度会迅速降低,影响与石料的黏结。

3. 聚合物改性沥青和橡胶沥青

碎石封层一般很少采用聚合物改性沥青、橡胶沥青,主要的技术原因是聚合物改性沥青和橡胶沥青的黏度大,喷洒困难,与石料的可黏结时间短。为了提高碎石封层对大交通量和高速行车的适应性,随着同步碎石封层设备的推广,目前国外也开始使用改性沥青、橡胶沥青作为结合料。

美国加利福尼亚州对不同结合料应用场合提出了建议,见表7-5。

各种结合料类型及适宜的场合　　表7-5

结合料类型	单层碎石封层	多层碎石封层	砂封层	应力吸收膜 SAM 或 SAMI
改性乳化沥青	√	√	√	×
改性沥青	√	√	√	×
橡胶沥青	√	√	√	√
添加再生剂的乳化沥青	√	√	√	×

二、集料

碎石封层用集料可以是轧制碎石或烧制的人造集料,要求干净、耐磨、形状好,满足相应的技术要求。

1. 级配

集料的级配是影响碎石封层使用性能的关键指标之一。

碎石封层用集料,既可以是有一定级配的集料,也可以是单一粒径(集料几乎全部集中在两个相邻尺寸的筛上)集料。国外文献认为,用于碎石封层最理想的集料是单一粒径的集料,或者说是"没有级配"的集料。表7-6中列出了美国密歇根州、俄勒冈州以及澳大利亚的碎石封层级配范围。从目前碎石封层应用最为广泛的澳大利亚的情况看,其所使用的碎石封层矿料基本上都是单一粒径的。

国外碎石封层集料级配范围　表7-6

国家或地区	级配类型	通过下列筛孔(mm)的百分率(%)							备　注
		19	12.7	9.5	6.3	4.75	2.38	0.075	
美国密歇根州	25A	100	95~100	60~90		5~30	0~12		25A用于双层碎石封层的第一层,其余的均采用29A
	29A		100	90~100		10~30	0~10		
美国俄勒冈州	细 0~6.3mm			100	80~100		5~30	0~2	
	中 6.3~9.5mm		100	80~100	0~30		0~4	0~2	
	粗 9.5~12.5mm	100	85~100	0~30	0~15		0~4	0~2	
美国加利福尼亚州	粗	100	85~100	0~30		0~5		0~2	
	中		100	85~100		0~15	0~5	0~2	
	细			100		50~100	0~15	0~2	1.18mm通过率要求0~5%,0.6mm通过率要求0~3%
澳大利亚	5mm	粒径范围2.36~4.75mm							
	7mm	粒径范围3.35~6.7mm							
	10mm	粒径范围6.7~9.5mm							
	14mm	粒径范围9.5~13.2mm							
	20mm	粒径范围13.2~19mm(新南威尔士州没有该种级配)							

单一粒径集料的主要优点是:

(1)矿料间隙率大,有更多的空间让结合料填充,利于集料与沥青的牢固黏结。

(2)单一粒径碎石封层与车辆轮胎的接触面积比有级配的要大,抗滑性能更好。

(3)单一粒径碎石封层的表观更加美观。

(4)单一粒径碎石封层,碎石之间可以形成连通的排水管道,更有利于路面排水。

(5)单一粒径碎石封层的设计、施工和质量控制都比有级配的情况要简单。

有级配的碎石封层,其施工性能、使用效果等均不及单一粒径碎石封层。集料的级配越好就越不适合用于碎石封层，这是因为集料的级配越好，矿料间隙率越小，越没有空间让结合料来填充，允许的沥青用量范围较窄，设计和施工中稍有不慎就会造成泛油（沥青用量偏大）或碎石脱落（沥青用量偏小）。此外，由于粒径大小不一，车辆轮胎与路面接触时，只是与其中突出在表面的大粒径石料接触，影响路面的抗滑性能。

此外，为了保证碎石与沥青的牢固黏结，碎石中应尽量不含粉料。碎石封层用集料的0.075mm通过率一般不应超过1%。

当采用双层或者多层碎石封层时，每一层的集料也以单一粒径为佳；但不同层次集料的粒径应有所不同，上面一层石屑封层的最大公称粒径一般不得大于下面一层石屑封层集料粒径的1/2。

2. 针片状颗粒含量

碎石封层用集料最理想的外形是规则的立方体。如果集料扁平，那么轮迹带上的碎石在行车作用下“平躺”在路面上，易形成泛油；而在轮迹带以外的地方，碎石“竖立”在路面上，与沥青黏结面积小，容易脱落（图7-11）。因此，集料的针片状颗粒含量必须满足要求。

图7-11　针片状集料用于碎石封层的示意图

3. 其他技术指标

碎石封层中的集料“顶天立地”，直接与原路面以及车辆轮胎接触，要求能够抵抗行车的压碎、磨光，而且还要为行车提供良好的抗滑性能，因此其压碎值、磨耗碎石、磨光值等指标也必须满足要求。

三、碎石封层的配比设计

1. 单层碎石封层的配比设计

碎石封层的设计，不同的国家和地区有不同的方法，但设计都主要包括沥青洒布率和石料撒布率两项内容。各种不同的方法归纳起来可以分为经验配比法、理论计算法两类。

(1)经验配比法。美国的很多州(如密歇根州、加利福尼亚州等)认为碎石封层是“不可设计”的,要求工程师在施工中根据情况在允许的用量范围内确定材料洒布率。这便是经验配比法。严格地说,这算不上设计方法。表7-7所示为国内某碎石封层工程通过经验法确定的乳化沥青洒布率。

某工程中单层碎石封层乳化沥青洒布率 表7-7

石料尺寸	乳化沥青的洒布率(L/m^2)
9.5~19.0mm	1.8~2.3
4.75~12.5mm	1.4~2.0
2.36~9.5mm	0.9~1.6
1.18~4.75mm	0.7~0.9
根据旧路面的不同情况,对乳化沥青的洒布率进行一定的修正	
旧路面的情况	修正值(L/m^2)
偏黑,泛油	-0.04~-0.27
光滑,不渗水	0.00
轻微渗水,被氧化	0.14
轻微坑槽,渗水,被氧化	0.27
严重坑槽,渗水,被氧化	0.40

(2)理论计算法。比较有代表性的理论计算法有McLeod方法、Lovering方法、美国地沥青协会方法等。以McLeod法为例,该方法假设集料平均高度的70%被沥青结合料填充,且洒布率受交通量大小、集料特性、路面状况的影响,分别用交通量系数、碎石分散系数、原路面状况系数、碎石嵌入系数等对理论计算值进行修正。

①结合料洒布率B采用式(7-1)计算。

$$B = [0.40H \cdot T \cdot V + S + A + P]/R \tag{7-1}$$

式中:B——结合料洒布率(L/m^2);

T——交通量修正系数;

H——集料平均高度;

V——松装集料的空隙率;

S——表面情况系数(L/m^2);

A——集料吸附系数(L/m^2);

P——路面硬度修正系数(L/m^2)；

R——乳化沥青或稀释沥青中沥青的含量。

其中，集料最小计算高度 H 按照式(7-2)计算。

$$H = [M/1.139285 + 0.011506FI] \tag{7-2}$$

式中：M——集料的中间粒径；

FI——针片状颗粒含量。

②集料撒布率采用式(7-3)计算。

$$C = (1 - 0.4V) \cdot H \cdot G \cdot E \tag{7-3}$$

式中：C——集料用量(kg/m^2)；

V——松散集料的空隙率(%)；

H——集料平均尺寸；

G——集料的比重；

E——浪费系数(%)。

此外，还有一种十分直观、简便的碎石封层设计方法。它是将碎石均匀、紧密地撒满某平底容器，根据碎石质量和撒布面积计算石料撒布率；然后向该平底容器内倒入自来水直至刚好完全淹没石料，倒入水量的2/3与平底容器表面积的比值即为沥青结合料的洒布率(Zaniewski and Mamlouk，1996年)。

2. 多层碎石封层的配比设计

多层碎石封层的设计理念与单层碎石封层是一致的。首先，要对每一层碎石封层都按照单层碎石封层单独进行设计，然后考虑以下三个因素。

(1)上一层碎石封层的最大公称粒径一般不应大于下卧层碎石封层集料粒径的一半。

(2)不考虑石料分散等的修正。

(3)除第一层外，其他各层不考虑下卧层表面特性的修正。每一层石屑封层所需结合料洒布率相加即为总的结合料洒布率。对于两层石屑封层，结合料总洒布率的40%用于第一层，60%用于第二层。

第三节　碎石封层的施工

碎石封层的施工十分简便，主要包括沥青洒布、石料撒布、碾压、清扫和开放交通等六个工序。具体步骤如下。

(1)原路面的准备。铲除路面的塑性标志。用鼓风机将路面上所有的松散材料吹净，彻底清扫路边缘和路肩。对于单层和双层碎石封层，清扫范围应延伸至相邻路肩外。

(2)材料准备。乳化沥青应保持适宜温度。将碎石筛除超粒径颗粒及粉尘,必要时可进行水洗或者是用沥青进行预拌(图7-12、图7-13)。

图7-12　国内某碎石封层工程对石料进行二次筛分

图7-13　南非某工程中经沥青预拌后的碎石

(3)所有参与石屑封层施工的设备相距宜近不宜远。乳化沥青洒布车与碎石撒布车相距应在50m范围内。

(4)进行乳化沥青(或其他结合料)洒布,然后跟进撒布碎石。乳化沥青的洒布温度一般在70～80℃。结合料与碎石撒布的时间间隔应尽可能缩短(图7-14)。不要在乳化沥青破乳后撒布石屑。如果施工中发现由于粗集料级配、路面状况等原因,目标洒布量并不是最佳的洒布量,应立即停止施工,分析原因并进行及时调整。

(5)在撒布碎石后5min内,在乳化沥青破乳前进行碾压。全幅至少碾压2遍(全幅碾压一遍是指在全幅范围内同一个碾压带上向前和向后各碾压一次),每次碾压重叠碾压宽度的一半。施工中至少配有2台压路机,碾压速度不应超过2.5m/s(图7-15)。

图7-14　乳化沥青和碎石同步撒布作业

图7-15　碎石封层的碾压

碎石封层的效果与撒布和碾压的间隔时间十分密切。但没有证据表明碾压次数越多越好,因为碎石封层的碾压,其作用并不是为了密实,而是为了完成碎石的定位。因此,碎石封层最后一遍的碾压方向应尽量与开放交通后的行车方向一致。

(6)每天施工结束前,采用合适的工具扫除路面上多余的石屑。对于单层和双层石屑封层,应将路面边缘一起清扫,防止石屑重新回到路面上;不要将石屑扫到草坪、路缘带或者交叉口处。国外的碎石封层清扫设备如图 7-16 所示。

图 7-16　国外的碎石封层清扫设备

(7)在开放交通前,要保证路面有充足的时间养生成型,防止新铺筑的碎石封层路面遭到破坏。如果能够在开放交通初期的 1h 内限制行车速度,将有利于碎石封层的路用效果。

(8)采用双层石屑封层时,两层之间至少施工应有 24h 的间隔。

碎石封层施工应注意以下两个要点:(1)沥青洒布车、石料撒布车必须进行标定。(2)施工中要尽可能地缩短沥青洒布、石料撒布、碾压三个工序的间隔时间。美国密歇根州规范规定,所有参与碎石封层的施工设备应尽量靠近,且沥青洒布车与碎石撒布车的间距不得超过 150ft(1ft =0. 304 8m)。欧洲大量采用的同步碎石封层,就是将沥青喷洒和石料撒布集成到一台施工设备上,最大限度地缩短了沥青与石料的撒布间隔。为了及时碾压,施工现场还要求配备足够数量的压路机。

第四节　改性或橡胶沥青应力吸收膜在桥面铺装中的应用

一、桥面铺装病害成因与对策

1. 桥面铺装的类型

桥面铺装是路面工程的一种特殊类型,也是桥梁工程的一种特殊附属结构。桥面铺装受到桥梁上部结构的约束,起到保护桥梁主体和为行车提供舒适安全的路面功能,同时还承受车辆荷载的直接作用,与主梁一起承受外界荷载的作用。

桥面铺装根据铺装材料的不同可以分为刚性桥面铺装(水泥混凝土铺装)和柔性桥面铺装(沥青混凝土铺装)两类。根据是否设置防水层以及防水层设置方式,其可以分为不设防水层的铺装、设防水层的铺装、贴式防水层的铺装三类。

2. 桥面铺装病害形式与成因

桥面铺装是目前我国公路路面工程中病害发生频率最高的部位之一。2004~2005年长安大学对国内的106座桥梁的桥面铺装情况进行调研,其中,东北地区20座,桥面铺装损害的9座,破损率45%;西北地区73座,桥面铺装损害的31座,破损率43%;东南地区13座,桥面铺装损害的5座,破损率39%,存在问题如下。

(1)大型桥梁桥面铺装病害严重。虎门大桥、海沧大桥、江阴大桥、白沙洲大桥、军山大桥、鹅公岩长江大桥等桥面铺装相继进行了翻修,部分桥梁甚至已进行过第二次、第三次翻修。

(2)很多中小型桥梁的桥面铺装同样面临"反复维修、反复损害"的局面。

桥面铺装的破损,严重影响正常交通,严重影响桥梁的正常使用,同时也影响桥梁的正常使用寿命,增大了桥梁养护维修费用,加剧了桥面系其他附属设施的破损。沥青混凝土桥面铺装突出的病害形式是车辙、拥包、网裂、脱皮等病害。桥面铺装产生病害,主要有以下几个原因:

(1)桥面板刚度不足。为减轻恒载,设计中采用增加钢筋用量或者高强度钢筋以降低桥面板厚度,桥面板刚度小,在荷载作用下变形较大,易引发桥面铺装层开裂。

(2)负弯矩的影响。连续梁桥、拱桥、悬臂梁等在荷载作用下会产生负弯矩,使桥面铺装层受拉产生开裂,造成桥面铺装损坏。

(3)支撑梁不均匀沉降。由于梁的不均匀沉陷或者瞬时的下挠,使桥面铺装层受到与梁轴垂直的附加弯矩,产生沿主梁方向的开裂。

(4)桥面铺装层与梁的黏结不好,使铺装层受力状况恶化。

(5)桥面铺装层厚度过小或者不均匀。为了调平桥面纵横坡度,整体或者局部减薄了铺装层厚度,降低了桥面铺装层的刚度。

(6)未设防水层或者设置不当。

3. 沥青混凝土桥面铺筑的要求

综上所述,为了提高沥青混凝土桥面铺装性能,延长桥面铺筑使用寿命,施工中应从以下三个方面入手进行技术改进。

(1)从界面处理入手,增强铺装层与桥面板之间的黏结,改善桥面铺装层的受力状态。沥青混凝土是有机类材料,水泥混凝土是无机类材料,两类材料的物理性质和化学性能有较大的差异。两种材料之间在不做任何处治的情况下难以有效地黏结在一起。而力学计算表明,路面结构如果不能保持层间联系状态,整体受力状态将十分不利。

常用的改善措施有:在梁板体表面植入锚筋,阻滞层间脱开和滑动;通过喷砂打毛、抛丸处理或者采取酸蚀法等进行表面粗糙处理,除去浮浆层和其他疏松物质;设置黏结层等。

(2)要做好防水,保护桥面板和主梁钢筋不被碳化和腐蚀破坏,增强混凝土耐久性。一般情况下,防水层和黏结层应统筹考虑。

(3)选择高性能的沥青混凝土,改善桥面铺装层的高低温性能,例如采用改性沥青混合料、SMA、SAC、浇注式沥青混凝土、环氧树脂薄层铺装等。

使用改性或橡胶沥青碎石封层作为桥面铺装的防水黏结层,可以有效增强界面黏结强度,同时防止水分下渗,是延长桥面铺装使用寿命的重要手段。改性或橡胶沥青应力吸收层(SAM)、应力吸收中间层(SAMI)于20世纪60年代中期开始使用,并以其优良的使用性能迅速在美国、南非、澳大利亚等国家推广,广泛用于道路表面性能恢复、应力吸收层、路面及桥面防水等工程。2004年橡胶沥青碎石封层技术引入我国,先后在河北、北京、广东进行了试验路与实体工程,并取得良好效果,如①广东京珠逸仙大道水泥混凝土路面沥青加铺工程(1999)、京沪高速公路沧州段(2000)、马房大桥钢桥面铺装及商开高速公路(2001)、广深高速公路罩面工程(2002)、山西太旧高速公路桥面铺装大修工程(2006)等使用了SBS改性沥青碎石封层;②河北京秦高速公路罩面(2004)、北京顺义顺平路辅线(2004)、广东中山105国道板芙段(2005)、北京门头沟南雁路(2005)、北京看丹桥与四元桥(2006)等都铺筑了橡胶沥青碎石封层的试验路与实体工程。

改性或橡胶沥青碎石封层防水黏结层的通常做法是:喷洒大剂量的改性或橡胶沥青,一般每平方米用量为2.0~2.5kg,然后按照满铺的60%左右撒布单一粒径的碎石(碎石粒径一般在20mm左右),然后经碾压形成防水黏结层。

二、改性沥青同步碎石封层防水黏结层工程案例

太旧高速公路在桥面大修工程中采用了改性沥青碎石封层作为防水黏结层,取得了很好的使用效果。

1. 技术要求

(1)碎石

采用规格为16～19mm的等粒径碎石,其质量应能够满足如表7-8所示技术要求。

防水黏结层用粗集材料技术要求　　表7-8

项　　目		单　　位	指　　标	试验方法
石料压碎值,	不大于	%	26	T 0316
洛杉矶磨耗值,	不大于	%	28	T 0317
表观相对密度,	不小于	—	2.60	T 0304
吸水率,	不大于	%	2.0	T 0304
坚固性,	不大于	%	12	T 0314
针片状颗粒含量, 其中粒径大于9.5mm, 其中粒径小于9.5mm,	不大于 不大于 不大于	% % %	15 12 18	T 0312
水洗法<0.075mm颗粒含量,	不大于	%	1	T 0310
软石含量,	不大于	%	3	T 0320
粗集料与沥青的黏附性,	不小于		4	T 0616

碎石宜在使用前进行水洗,除去石料表面粉尘,晾晒干燥后使用;必要时可通过拌和楼进行烘干处理。处理好的碎石应堆放在硬化的场地上,做好防尘、防雨措施。

(2)沥青

采用SBS改性沥青,其质量满足如表7-9所示技术要求。

SBS改性沥青技术要求　　表7-9

项　　目		单　　位	指　　标
SBS掺量,	不小于	%	5
针入度(25℃,100g,5s)		0.1mm	40～80
延度(5℃,5cm/min),	不小于	cm	30
软化点 $T_{R\&B}$,	不小于	℃	75
运动黏度(145℃),	不大于	cSt	30
闪点,	不小于	℃	250

续上表

项　　目		单　　位	指　　标
弹性恢复(25℃)，	不小于	%	85
储存稳定性(48h 软化点差)，	不大于	℃	2.5
RTFOT 后残留物			
质量变化，	不大于	%	±1.0
针入度比(25℃)，	不小于	%	65
延度(5℃)，	不小于	cm	20
回弹率，	不小于	%	75
同时满足 SHRP 分级		PG82-28	

(3)设备要求

宜采用同步碎石封层设备完成改性沥青黏结层的施工，通过协调的改性沥青洒布与碎石撒布工艺，达到提高防水黏结层施工质量的目的。

(4)施工工艺要求

①施工前必须确认施工面已经得到了彻底清理，无积水、杂物、泥土、油迹、松散、薄弱夹层等。

②改性沥青洒布率为 2.0 ~ 2.2L/m²。

③改性沥青洒布后及时撒布碎石，碎石用量为满铺的 60%。

④根据撒布碎石的原理和意义，应灵活掌握碎石撒布的位置，在靠近桥面边缘 20cm 左右的宽度范围内，不影响摊铺机械的运行的位置可不撒碎石，这样更便于层间的黏结。

⑤碎石撒布后使用胶轮压路机碾压 1 遍。

2. 现场实测材料技术指标

(1)碎石

采用阳泉产的碎石，经试验检测符合设计要求。具体试验结果见表 7-10。

防水黏结层用粗集料试验结果　　表 7-10

项　　目		单　　位	设计指标	试验结果	试验方法
石料压碎值，	不大于	%	26	22.6	T 0316
洛杉矶磨耗值，	不大于	%	28	23	T 0317
表观相对密度，	不小于	—	2.60	2.73	T 0304
吸水率，	不大于	%	2.0	0.56	T 0304

续上表

项　　目	单　　位	设 计 指 标	试 验 结 果	试 验 方 法
坚固性，　　　　　不大于	%	12	1.2	T 0314
针片状颗粒含量，　　不大于	%	12	6.5	T 0312
水洗法 <0.075mm 颗粒含量，不大于	%	1	0.6	T 0310
软石含量，　　　　不大于	%	3	1.1	T 0320
粗集料与沥青的黏附性，不小于		4	4	T 0616

(2)沥青

使用我国兰亭高新技术沥青有限公司生产的 SBS 改性沥青，具体检测结果见表 7-11，满足设计要求。

防水黏结层用 SBS 改性沥青试验结果　　　　表 7-11

项　　目	单　　位	设 计 指 标	试 验 结 果
SBS 掺量，　　　　不小于	%	5	5.5
针入度(25℃，100g，5s)	0.1mm	40 ~ 80	57.1
延度(5℃，5cm/min)，　不小于	cm	30	35.9
软化点($T_{R\&B}$)，　　不小于	℃	75	79.3
运动黏度(145℃)，　　不大于	cSt	30	21
闪点，　　　　　　不小于	℃	250	268
弹性恢复(25℃)，　　不小于	%	85	89
储存稳定性(48h 软化点差)，不大于	℃	2.5	2.0
RTFOT 后残留物			
质量变化，　　　　不大于	%	±1.0	0.67
针入度比(25℃)，　　不小于	%	65	69
延度(5℃)，　　　　不小于	cm	20	23
回弹率，　　　　　不小于	%	75	80

3. 改性沥青防水黏结层施工

(1)对桥面进行清扫,施工前确认施工面已经得到了彻底清理,无积水、杂物、泥土、油迹、松散、薄弱夹层等。

(2)采用同步碎石封层进口设备完成改性沥青黏结层的施工,施工喷洒质量均匀,计量准确(图7-17)。

(3)采用胶轮压路机进行碾压(图7-18)。

施工后,同步碎石封层外防水黏结层外观如图7-19所示。

图7-17　碎石撒布和SBS改性沥青喷洒

图7-18　同步碎石封层碾压

4. 施工质量控制与测试

目前我国对同步封层技术施工质量控制尚无具体实施办法,施工中借鉴了法国的相关检测方法。

(1)改性沥青喷洒量检测

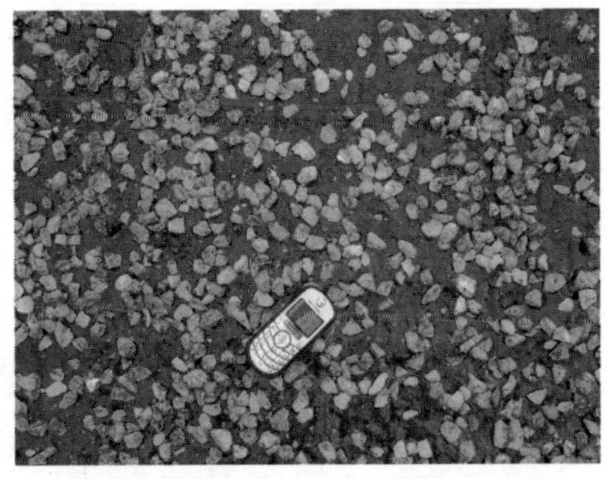

图7-19　同步碎石封层外防水黏结层外观

准备5块500mm×250mm、吸收能力为预定沥青量1.5倍的厚海绵板和5个可封口的塑料袋,配成5对,并逐一称出对应的质量;将上述5块海绵板随机置于路面,只要同步碎石封层车驶过时不会被车轮碾压即可,并用框格固定其位置;同步碎石封层车从海绵板上驶过,仅喷沥青,不撒碎石;将海绵板连同所吸入的沥青小心地装入与之对应的塑料袋,并称出每一袋的质量,求其平均质量,再除以其单位面积,便求得沥青洒布量。部分施工过程中改性沥青喷洒量的检测结果见表7-12。

沥青洒布量现场检测　　表 7-12

沥青洒布量现场检测记录表(一) 时间:2006 年 6 月 24 日						
编　　号	面积 (m^2)	原质量 (g)	洒布完质量 (g)	沥青质量 (g)	洒布量 (kg/m^2)	平　均　值
1	0.125	246	500	254	2.03	2.00
2	0.125	238	488	250	2.00	
3	0.125	242	491	249	1.99	
4	0.125	248	494	246	1.97	
5	0.125	262	510	248	1.98	
沥青洒布量现场检测记录表(二) 时间:2006 年 7 月 15 日						
编　　号	面积 (m^2)	原质量 (g)	洒布完质量 (g)	沥青质量 (g)	洒布量 (kg/m^2)	平　均　值
1	0.125	248	500	252	2.02	2.03
2	0.125	258	510	252	2.02	
3	0.125	249	502	253	2.02	
4	0.125	256	510	254	2.03	
5	0.125	251	506	255	2.04	
沥青洒布量现场检测记录表(三) 时间:2006 年 8 月 10 日						
编　　号	面积 (m^2)	原质量 (g)	洒布完质量 (g)	沥青质量 (g)	洒布量 (kg/m^2)	平　均　值
1	0.125	254	510	256	2.05	2.02
2	0.125	256	512	256	2.05	
3	0.125	258	510	252	2.02	
4	0.125	261	508	247	1.98	
5	0.125	258	510	252	2.02	

(2)碎石的撒布量及均匀度检测

①采用同步碎石撒布车将碎石撒于路面(不喷洒沥青);

②将格尺置于路面的碎石层上,将每一格内碎石装入容器;

③称出每一格内碎石质量 $m_i(i=1\sim n)$;

④算出每格单位面积的碎石撒布量 d_i:$d_i=m_i/s$(s 为每格的面积);

⑤计算碎石撒布的不均匀系数 C_{Vt}(%):

$C_{Vt} = d_i$ 的标准偏差/d_i 的平均值 ×100(碎石的撒布量不得大于10%)

部分施工过程中碎石喷洒量的检测结果见表7-13。

碎石撒布量施工控制检测结果 表7-13

碎石撒布量现场检测记录表(一)

时间:2006年6月24日

编 号	面积 (m^2)	碎石质量 (g)	撒布量 (kg/m^2)	平均值 (kg/m^2)	不均匀系数 (%)	备 注
1	0.5	8 024	16.05	16.01	0.31	
2	0.5	7 982	15.96			
3	0.5	8 018	16.04			
4	0.5	8 026	16.05			
5	0.5	7 968	15.94			
6	0.5	8 018	16.04			

碎石撒布量现场检测记录表(二)

时间:2006年7月10日

编 号	面积 (m^2)	碎石质量 (g)	撒布量 (kg/m^2)	平均值 (kg/m^2)	不均匀系数 (%)	备 注
1	0.5	8 024	16.05	16.01	0.39	
2	0.5	7 998	16.00			
3	0.5	8 047	16.09			
4	0.5	8 026	16.05			
5	0.5	7 968	15.94			
6	0.5	7 976	15.95			

碎石撒布量现场检测记录表(三)

时间:2006年8月6日

编 号	面积 (m^2)	碎石质量 (g)	撒布量 (kg/m^2)	平均值 (kg/m^2)	不均匀系数 (%)	备 注
1	0.5	7 982	15.96	16.05	0.26	
2	0.5	8 028	16.06			
3	0.5	8 037	16.07			
4	0.5	8 029	16.06			
5	0.5	8 036	16.07			
6	0.5	8 028	16.06			

第八章　薄层罩面与超薄罩面技术

薄层罩面与超薄罩面是路面预防性养护的重要措施之一。薄层罩面与超薄罩面就相对于传统罩面而言的，顾名思义就是厚度很薄的罩面，但是到底厚度减薄到什么程度就算是薄层或超薄罩面，目前尚无十分严格的界定，各个国家的认识也各有不同。国内道路工程界通常将把压实厚度在2cm以内的热拌沥青混合料罩面称为超薄罩面；将压实厚度为2～3cm的热拌沥青混合料罩面称为薄层罩面。

尽管薄层罩面与超薄罩面的界定标准不尽相同，但是厚度减薄必然对其性能提出更高要求。为满足薄层与超薄罩面施工及工后路用性能的要求，薄层罩面和超薄罩面技术一般应具备以下技术特点。

(1)易密实。薄层罩面与超薄罩面施工中，混合料由于厚度小、热量散失快，达到较高的密实度往往比较困难。为适应薄层或超薄罩面施工密实的需要，在施工设备方面，近年来出现了专门为压实薄层路面设计的高频低幅振动压路机，其振幅只有0.2mm左右，频率达70Hz左右；在材料方面，近年来出现了沥青温拌技术，该技术可以使沥青混合料在不降低路用性能的前提下降低施工温度30℃以上，且可碾压温度范围较广，从而显著改善混合料的压实特性。

(2)牢固黏结。①薄层罩面与超薄罩面层必须与原路面牢固黏结。为了增强罩面层与原路面的黏结，在施工工艺方面，薄层罩面与超薄罩面的施工往往需要喷洒黏层油。国外的Novachip®技术则更是将黏层油喷洒装置集成到沥青混合料摊铺车上，在几乎与黏层油喷洒的同时摊铺沥青混合料，十分利于改善层间黏结。在施工设备方面，国外开发了双层摊铺机，实现两层沥青混合料同时摊铺、同时碾压，实现两层之间的热黏结。②石料与结合料之间应该有牢固黏结。为此，薄层罩面或超薄罩面经常使用聚合物改性沥青，有的还要添加其他添加剂，以提高混合料性能。

(3)表面抗滑性能良好。薄层罩面与超薄罩面是表面功能层，直接与车轮接触，要求有良好的抗滑性能。为此，集料选择要严格要求石料磨光值、压碎值、磨耗值、针片状含量等指标；级配设计则经常适用间断级配，以提高罩面层的宏观构造深度。

按照混合料类型的不同,薄层罩面与超薄罩面层混合料类型主要包括 SMA-10、SMA-5、SAC-10、OGFC-10 等。按照混合料拌制工艺的不同,薄层罩面与超薄罩面层可以采用热拌技术、温拌技术等。按照施工设备和工艺的不同,薄层罩面与超薄罩面层可以采用传统摊铺、双层摊铺、Novachip®等。

第一节　温拌沥青超薄罩面

一、技术概要

温拌沥青技术是近些年才出现的最新前沿筑路技术。该技术起源于欧洲,于 2000 年第一届国际沥青路面大会上由 Harrison 和 Christodulaki 首次介绍,同年在《欧洲沥青》上由 Koenders 做了更为详细的报道。该技术在不影响沥青混合料路用性能的前提下,将混合料拌制温度从 150 ~ 180℃降至 90 ~ 120℃,显著降低燃油消耗,大幅减少温室气体和污染物排放,是沥青路面筑养路领域的重要节能减排手段。

研究表明,温拌沥青混合料可以根据性能不同用于沥青路面的各结构层:

(1)尤其适用于沥青路面维修养护中的薄层罩面和超薄罩面;

(2)尤其适用于有更高环保要求的城市道路的建设和维修养护;

(3)尤其适用于隧道道面的铺筑;

(4)适用于再生料比例较高的混合料。

目前,实现沥青混合料温拌的方式主要有以下四种。

(1)沥青-矿物法(Aspha-Min)

该法所用矿物是一种合成沸石,在欧洲注册名称为 Eurovia(图 8-1)。在沥青混合料拌和过程中加入这种粉末状的合成沸石,将使沥青产生发泡现象。从物理化学角度讲,这种合成沸石其实就是一种含有 18% 左右结合水的硅酸铝矿物,当沥青混合料搅拌过程中加入约 0.3%(质量比)的此种沸石时,水分会随着

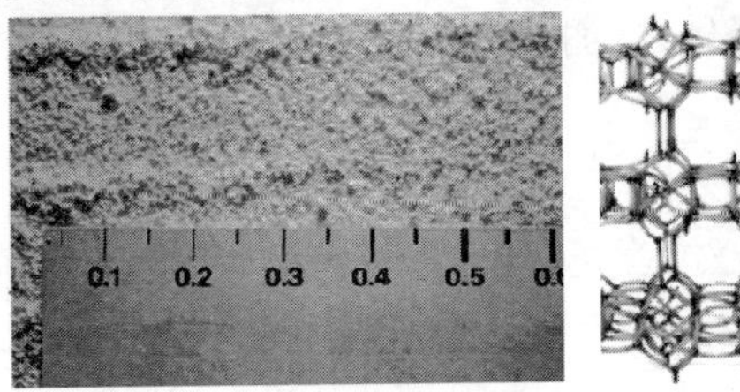

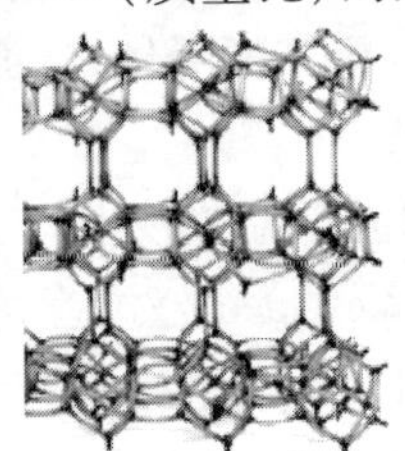

图 8-1　沥青-矿物法所用沸石成品外观图及分子结构图、显微结构图

时间的延长而慢慢释放出来,从而产生连续的发泡反应。结合料中的发泡反应将起到润滑剂的作用,从而使混合料在较低温度下具有可工作性,拌和温度可降至130~145℃。

(2)泡沫沥青温拌混合料法(WAM-Foam,Warm Asphalt Mix Foam)

该法是将软质沥青结合料和硬质泡沫沥青结合料在拌和的不同阶段加入到混合料中,由位于英国伦敦的壳牌国际石油公司和位于挪威奥斯陆的Kolo-Veidekke公司共同开发的技术。该方法是在第一阶段将温度为100~120℃的软质沥青结合料加入到集料中进行拌和以达到良好裹覆,在第二阶段再将极硬的沥青结合料泡沫化后加入到预拌的集料中(图8-2)。这样,软质沥青结合料和泡沫化的硬质沥青结合料都起到降低结合料黏度的作用,从而实现良好的工作性。混合料的拌和在110~130℃条件下完成。

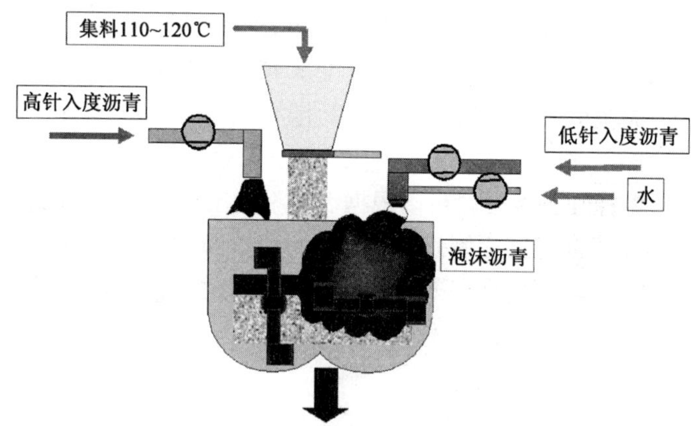

图8-2 两阶段拌和示意图

(3)有机添加剂法

该方法是将低熔点的有机添加剂添加到沥青混合料中,从物理化学角度来改变沥青的黏温曲线。目前成功应用的化学添加剂有两类——合成蜡和低分子量酯类化合物,各类添加剂大约在99℃时熔化。有机添加剂在其熔点以上产生的大量液体会使沥青结合料黏度降低,从而达到温拌的目的。加入3%~4%的添加剂可使拌和温度降低10~30℃。

(4)基于乳化平台的沥青温拌技术

该技术首先由MeadWestvaco公司首先提出的,目前已经经历了三个发展阶段。第一阶段为2007年以前,是将一种特殊的高浓度(固含量为70%左右)乳化沥青替代普通热沥青进行混合料拌和,拌和温度为100~130℃,施工所需设备和施工工艺与热拌沥青混合料基本相同。第二阶段是从2007年起,采用的方法是不再生产乳化沥青，而是将皂液浓缩液直接加入搅拌锅进行沥青混合料拌和，其拌和温度也为100～130℃，施工所需设备和施工工艺同样与热拌沥青混合料基本相同。第三阶段是将温拌添加剂直接添加到沥青中形成温拌沥青。

二、技术优势

作者研究表明，温拌沥青技术具有十分明显的技术优势，可以在不降低混合料性能的前提下降低拌和、摊铺温度30℃以上，从而显著减少能源消耗和环境污染，延长施工季节，改善压实效果。

（1）温拌混合料性能与热拌混合料相当（表8-1），满足现行规范要求，部分性能有所提高，且拌制温度的降低没有以牺牲路用性能为代价。

温拌与热拌沥青混合料性能对比　　表8-1

测试项目	测试值		规范要求（JTG F40—2004）
	温拌混合料	热拌混合料	
马歇尔稳定度（kN）	11.3	13.3	≥8
冻融劈裂试验的残留强度比（%）	86.3	81.5	≥75
浸水马歇尔试验残留稳定度（%）	85.9	83.3	≥80
车辙动稳定度（次/mm）	2 057	1 294	≥1 000
渗水试验（mL/min）	<40	<40	≤120

（2）温拌技术显著降低温室气体和污染物排放。经国家环境分析测试中心检测，与热拌混合料相比，温拌混合料的温室气体排放减少50%以上（二氧化碳CO_2减少61.5%、氮氧化物NO_x减少73.5%），一氧化碳CO减少12.2%，二氧化硫SO_2减少74.6%，沥青烟排放减少80%以上（苯可溶物减少97.0%、苯并[a]芘减少79.8%）。具体检测数据见表8-2、表8-3。施工现场对比见图8-3。按照目前我国沥青混合料用量约2.5亿t/年计算，如果其中30%采用温拌技术，全国每年可减少二氧化碳温室气体排放675 000t。

沥青拌和厂各类气体排放量　　表8-2

测试项目	单位	热拌混合料	温拌混合料	改善幅度（%）
二氧化碳（CO_2）	%	2.6	1	61.5
氮氧化合物（NO_x）	mg/m^3	151	40	73.5
一氧化碳（CO）	mg/m^3	104	91.3	12.2
二氧化硫（SO_2）	$10^4 mg/m^3$	13	3.3	74.6
烟尘	mg/m^3	5.6	2.59	53.8

施工现场各类气体排放量　　表 8-3

测 试 项 目	单　　位	热拌混合料	温拌混合料	改善幅度(%)
沥青烟	mg/m^3	21.1	1.7	91.9
苯可溶物	mg/m^3	19.5	0.581	97.0
苯并[a]芘	$\mu g/m^3$	0.094 4	0.018 7	80.2

a)温拌混合料施工现场　　b)热拌混合料施工现场

图 8-3　温拌与热拌沥青混合料施工现场对比

(3)节约能耗。我国工程实际测试数据表明,沥青混合料拌和温度从 160℃降低到 120℃,燃油消耗从 6.8 kg/t 降低到 5.3 kg/t,实际降耗 22%。国外资料介绍温拌技术一般降耗范围为 20% ~30%。按照目前我国沥青混合料用量约 2.5 亿 t/年,每吨温拌混合料减少燃油 2kg 计算,如果其中 30% 采用温拌技术,全国每年可节省燃油约 150 000t。

三、温拌薄层罩面工程案例

本工程案例为北京市昌平区 101 国道辅线路面养护工程,设计方案为将原有路面铣刨后进行 4cm 的温拌沥青 AC13 罩面,2005 年 9 月完成施工。施工路段双向日均当量轴次为 8 161 次/d，属于重交通道路，大型车辆（运煤车及大客车）通行比例较高。

1. 混合料配合比设计

矿料合成级配设计结果如表 8-4、图 8-4 所示。

AC13 集料混合料配比　　表 8-4

方孔筛筛孔尺寸（mm）	通过率（%）					合成级配（%）
	10～15mm	5～10mm	机制砂	天然砂	矿粉	
16	100.00	100.00	100.00	100.00	100.00	100.00
13.2	92.05	100.00	100.00	100.00	100.00	97.61
9.5	32.48	94.81	100.00	100.00	100.00	78.19
4.75	2.99	25.84	100.00	96.16	100.00	48.19
2.36	1.10	3.91	75.63	77.58	100.00	32.96
1.18	0.66	2.41	39.72	57.91	99.60	21.39
0.6	0.55	2.18	25.55	44.56	98.39	16.24
0.3	0.49	1.97	14.95	24.94	95.46	11.14
0.15	0.45	1.72	10.50	11.17	92.79	8.23
0.075	0.42	1.59	7.84	4.10	85.12	6.38
各档料比例	30	30	24	12	4	—

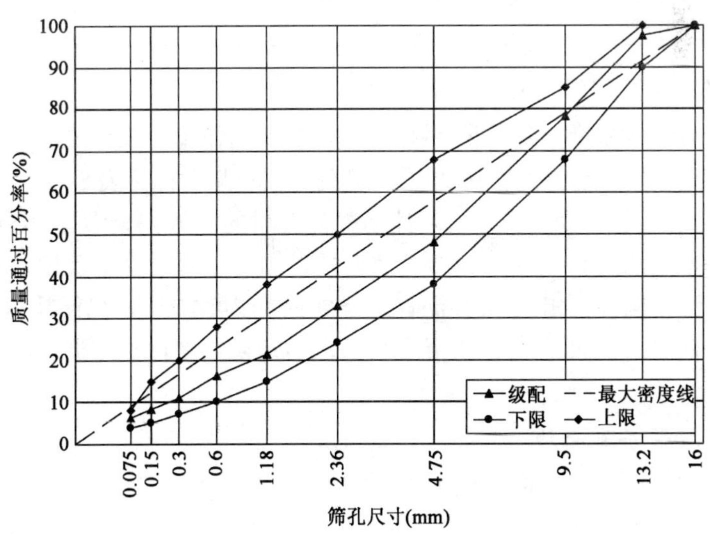

图 8-4　矿料合成级配曲线

以预估的油石比4.7%为中值，取4.2%、4.7%和5.2%这三个不同的油石比分别成型马歇尔试件。采用表干法测试试件的毛体积相对密度，真空法实测最大理论相对密度，并采用标准试件测试马歇尔稳定度和流值。试验结果见表8-5。按照规范中所述的方法确定出最佳油石比为4.7%。

温拌沥青混合料AC13马歇尔试验指标 表8-5

油石比（%）	理论最大相对密度	毛体积相对密度	空隙率（%）	VMA（%）	VFA（%）	稳定度（kN）	流值（0.1mm）
4.2	2.574	2.438	5.3	14.2	62.7	11.48	25
4.7	2.557	2.462	3.7	13.7	73.0	11.26	24
5.2	2.540	2.483	2.2	13.4	83.3	11.26	20

为了检验目标配合比设计，对其进行高温稳定性和水稳定性检验（表8-6），结果均符合规范要求，说明目标配合比设计合理。

温拌混合料设计检验 表8-6

测试项目	试验结果	规范要求（JTG F40—2004）
冻融劈裂试验的残留强度比（%）	86.3	≥75
浸水马歇尔试验残留稳定度（%）	85.9	≥80
车辙动稳定度（次/mm）	2 057	≥1 000
渗水试验（mL/min）	<40	≤120

2.温拌与热拌混合料的性能对比

为了对温拌和热拌沥青混合料进行对比，在制作温拌试样的同时制作材料和配比完全相同的热拌混合料试样，得到的试验结果对比见表8-1。

由对比测试数据可以看出，温拌沥青混合料的性能完全满足《公路沥青路面施工技术规范》（JTG F40—2004）的要求；同时，与基质材料及用油量完全一样的热拌沥青混合料相比，温拌沥青混合料的性能可与后者接近，甚至在部分指标上还有优势。例如，温拌沥青混合料的车辙动稳定度比热拌沥青混合料的数值高出很多。

3.温拌薄层罩面施工

温拌沥青混合料在北京市政路桥建材集团有限公司下属的昌平沥青厂完成生产。生产时以特种乳化沥青替代热沥青，用齿轮泵将其送入拌和锅（图8-5）。乳化沥青有效含量65%。其他拌和工艺与热拌沥青混合料一致。

试验路首先铣刨原沥青面层，喷洒黏层油，然后铺筑温拌沥青混合料罩面。温拌混合料的施工设备和方法与热拌沥青混合料一致。

图 8-5　温拌沥青混合料生产现场送到拌和锅

4. 工后检测

施工完毕后对温拌沥青混合料路面进行了检测，测试结果见表 8-7。

从现场检测的数据来看，参照现行的公路沥青路面设计和施工规范对路面抗滑及渗水的要求，该路段的温拌沥青混合料路面完全满足要求。渗水系数仅为 70mL/min，有些测点甚至基本不透水。

温拌沥青混合料试验段现场测试结果　　表 8-7

测 试 项 目	实 测 值	规范要求（JTG F40—2004）
渗水系数（mL/min）	70	≤300
构造深度（mm）	0.55	≥0.55
摆值（BPN）	53	≥45
压实度（占最大理论密度的比例）	93.2%	92%

图 8-6 是该温拌薄层罩面通车 2 年以后路面状况，表面构造保持正常，使用性能保持良好，没有明显车辙、坑洞、剥落、泛油等病害。

图 8-6　通车 2 年后的情况

5. 其他薄层罩面工程案例

表 8-8 为北京市百葛路路面养护工程中采用温拌改性沥青 SMA13 薄层罩

面施工的现场测试结果。

北京市百葛路温拌改性 SMA13 现场测试结果　　表 8-8

项　　目	单　　位	现场测试结果	目标值、典型值或 SMA 热拌规范要求值
摊铺温度	℃	105	>160
摊铺厚度	cm	3.1	4.0(目标值)
构造深度	mm	0.8	≥0.55(97 年设计规范)
摆值	BPN	71	≥45(97 年设计规范)
渗水系数	mL/min	85	<200
空隙率	%	6.5	4.0(目标值)
压实度（占最大理论密度的比例）	%	93.5	≥94

四、温拌超薄罩面工程案例

河北石黄高速公路衡水段在路面中修养护工程使用了厚度 2.5cm 的 SBS 改性沥青温拌 UTAC-10 超薄罩面。

工程所用改性沥青为山东路通 SBS 改性沥青，温拌添加剂由 Mead Westvaco 提供。通过黏温曲线发现，温拌添加剂的加入，很好地解决了温拌沥青混凝土在较低温度下的拌和性能。对于 SBS 改性沥青，最佳的拌和温度范围为 120 ~ 140℃，初压温度范围不低于 100 ~ 120℃。

矿料级配采用 UTAC-10 型，级配范围与级配设计如表 8-9 所示。

矿料级配设计　　表 8-9

筛孔尺寸(mm)	通　过　率(%)				合成级配(%)	中值(%)	范围(%)
	8 ~ 12 mm	3 ~ 8 mm	0 ~ 3 mm	矿粉 mm			
13.2	100	100	100	100	100	100	100
9.5	61.0	100	100	100	83.2	90	80 ~ 100
6.7	3.8	63.9	100	100	47.8	42	32 ~ 52
4.75	2.2	16.2	99.8	100	32.8	30	20 ~ 40
2.36	0.0	1.4	83.7	100	24.4	27	18 ~ 36

续上表

筛孔尺寸(mm)	通过率(%)				合成级配(%)	中值(%)	范围(%)
	8~12 mm	3~8 mm	0~3 mm	矿粉 mm			
1.18	0.0	1.2	58.2	100	18.3	22	14~30
0.6	0.0	0.0	28.6	100	11.2	17.5	10~25
0.3	0.0	0.0	17.8	99.5	8.6	13.5	7~20
0.15	0.0	0.0	13.6	96.9	7.5	9	6~12
0.075	0.0	0.0	9.7	84.6	6.2	6	4~8
配比	43	30	24	3	100		

通过马歇尔试验，得出混合料最佳油石比为5.3%，最佳油石比情况下的混合料的各项技术指标如表8-10所示。

混合料各项技术指标　　表8-10

技术指标	密度(g/cm^3)	空隙率(%)	稳定度(kN)	流值(0.1mm)	饱和度(%)
实测值	2.429	4.2	11.0	3.9	69

混合料实际生产时沥青温度控制为150~155℃，拌和楼现场石料设定温度为140℃，混合料的出料实测温度在130~135℃之间，摊铺温度控制在120~125℃，初压温度范围控制在100~120℃。为了减少热量损失过快，初压采用30t胶轮压路机先压2遍，再采用16t钢轮压路机低频振动压2遍。钢轮压路机紧跟胶轮压路机，摊铺宽度超过6m时，必须采用2台胶轮压路机、2台钢轮压路机并排作业。复压温度范围控制在80~100℃。初压结束后，紧跟着采用16t钢轮压路机低频振动压实3遍。终压温度范围控制在60~80℃。采用16t钢轮压路机低频振动压实2遍，最后静压2遍。

第二节　Novachip超薄罩面

一、技术原理

Novachip技术形成于20世纪80年代末，由法国Screg Routes Group和德国VOGELE公司联合开发，20世纪90年代初美国科氏公司(其中国业务后来并入壳牌公司)取得Novachip技术在美国的使用权限。2003年，我国引进Novachip

施工专用设备，在韶高速公路的车辙病害维修中铺筑了 2km 的试验。该试验路采用 C 型级配，分两段：一段直接加铺 Novachip 超薄罩面，厚度为 20mm；另一段先用微表处填充 5mm 车辙，再加铺 25mm 的 Novachip 超薄罩面。目前，该技术在广东、河北、湖北等地已得到成功应用。

Novachip 技术是使用专用设备 Novapaver 将 15 ~ 25mm 厚的 Novabinder（断级配热拌改性沥青）混合料摊铺在一层 Novabond 膜（聚合物改性乳化沥青黏层）上。特种改性乳化沥青黏结层 Novabond 喷洒与改性热沥青混合料 Novabinder 摊铺同时进行，经压路机压实以后一次成型。Novachip 技术的核心在于：

（1）特种改性乳化沥青黏层油。该黏层油的特点为：高黏度，高固含量，快裂，改性。高黏度保证了黏层油的喷洒厚度；高固含量避免了过多的水分影响黏层油的黏结作用；快裂则是缩短乳化沥青保持乳状液的时间，同样有利于其尽快形成黏结力；改性则是为了提高破乳之后沥青与石料间的黏结作用。

（2）专用的摊铺设备（图 8-7）。该设备的基本特点是将改性乳化沥青黏层油喷洒装置集成到了沥青摊铺车上，实现改性乳化沥青黏层油与热拌沥青混合料的几乎同步施工，从而具备了以下两个优势：①避免了分离施工时的层间污染；②新喷洒的改性乳化沥青黏层油，在随后紧跟摊铺的热拌沥青混合料的加热以及压路机的碾压下爬升，从而对断级配的集料起到牢固黏结作用。专用摊铺车内部构造如图 8-8 所示。

图 8-7　Novachip 专用的摊铺车

（3）特殊的矿料级配。采用特殊的断级配，可保证理想的宏观构造深度。Novachip 矿料级配为典型的断级配，它由 70% ~ 80% 的单一粒径碎石、20 % ~ 30% 的细集料及填料组成。其级配曲线与 SMA 类似，但结合料与填料含量要低一些。与连续级配结构相比，Novachip 超薄罩面具有粗糙的纹理，且混合料本身透水，具有优越的抗滑性能；但与开级配结构相比，它含有更多细集料，从而有更好的力学稳定性与抗剪能力（图 8-9）。

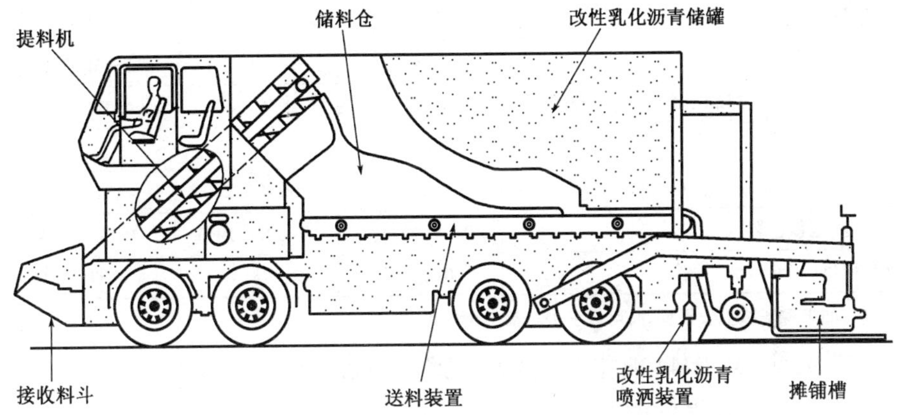

图 8-8　专用摊铺车内部构造示意图

图 8-9　Novachip 超薄罩面构造示意图

二、材料技术要求

1. 改性乳化沥青黏层

Novabond 为 Novachip 系统专用改性乳化沥青黏层油，采用特殊的配比进行设计，能够实现热混合料层和下承层的有效黏结。壳牌公司针对其提出的技术要求见表 8-11。

改性乳化沥青技术要求　　表 8-11

试　　验	技 术 要 求	试 验 方 法	
赛波特黏度试验(25℃)(s)	20 ~ 100	T 0623—1993	ASTM D244
储藏稳定性试验(24h)(%)	1.0(最大)	T 0656—1993	ASTM D244

续上表

试验		技术要求	试验方法	
筛上剩余量试验[注](%)		0.05(最大)	T 0652—1993	ASTM D244
蒸馏固含量试验(%)		65.0(最小)		ASTM D244
蒸馏后石油馏分(%)		2.0(最大)		ASTM D244
破乳速度	35mL, 0.8%气溶胶(%)	40(最小)		ASTM D244
蒸馏残留物性能试验				
针入度(25℃,100g,5s)(0.1mm)		60~150	T 0604—2000	ASTM D5
溶解度(三氯乙烯)(%)		97.5(最小)	T 0607—1993	ASTM D2042
弹性恢复(10℃)(%)		60(最小)		AASHTO T301

注:如果现场施工效果良好,可以不进行筛上剩余量试验。

其中,ASTM D244 破乳速度试验(又称为反乳化点试验)并非我国的标准试验方法,现将试验步骤介绍如下。

(1)试验用具:600mL 左右的金属敞口杯(钢杯)、铁棒、金属滤网、滴定管、秒表、温度计、天平、烘箱。

(2)试验步骤:

①配制 0.8% 浓度的气溶胶溶液:将 8g 气溶胶溶入 992g 水中。

②检测乳化沥青固含量 B。

③称取的干燥钢杯、铁棒、金属滤网总质量 A_1。

④在钢杯中称取 100g ±0.1g 乳化沥青。乳化沥青温度控制在 25℃。

⑤在 2min 时间内,用滴定管向杯内加入 35mL 的气溶胶溶液,边加边用铁棒用力搅拌,并注意将已结团的沥青用力在杯壁上搓开。加完气溶胶溶液后继续搅拌 2min。

⑥将杯中未破乳的乳化沥青通过金属滤网倒出,然后用蒸馏水反复冲洗钢杯、铁棒,并通过金属滤网倒出,直至水流清澈。

⑦将金属滤网、铁棒放入钢杯内,然后一起放入 163℃烘箱中烘干至恒量,称取质量 A_2。

按照式(8-1)计算反乳化点。

$$\text{反乳化点} = (A_2 - A_1) \times 100/B \tag{8-1}$$

⑧做 3 次平行试验,取平均值。

2. 集料

Novachip 用粗集料、细集料应分别满足表 8-12、表 8-13 的技术质量要求。

沥青混合料用粗集料质量技术要求　　表 8-12

指　　标	单　　位	技 术 要 求	试 验 方 法
石料压碎值,不大于	%	26	T 0316
洛杉矶磨耗损失,不大于	%	28	T 0317
表观相对密度,不小于	—	2.60	T 0304
吸水率,不大于	%	2.0	T 0304
坚固性,不大于	%	12	T 0314
针片状颗粒含量(混合料),不大于 粒径大于9.5mm,不大于 粒径小于9.5mm,不大于	% % %	15 12 18	T 0312
水洗法 <0.075mm 颗粒含量,不大于	%	1	T 0310
软石含量,不大于	%	3	T 0320

注:坚固性试验可根据需要进行。

沥青混合料用细集料质量技术要求　　表 8-13

指　　标	单　　位	技 术 要 求	试 验 方 法
表观相对密度,不小于	—	2.50	T 0328
坚固性(>0.3mm),不小于	%	12	T 0340
含泥量(<0.075mm 部分),不大于	%	3	T 0333
砂当量,不小于	%	60	T 0334
亚甲蓝值,不大于	g/kg	10	T 0346
棱角性,不小于	%	40	T 0345

注:坚固性试验可根据需要进行。

Novachip 薄层罩面作为表层,直接承受交通荷载,首先要满足耐磨耗的要求。耐磨耗的常规评价方法为洛杉矶法和狄法尔法。其中粗集料的洛杉矶磨耗损失是集料的使用性能的重要指标,它与沥青路面的抗车辙能力、耐磨性、耐久性密切相关。一般情况下,磨耗损失小的集料,集料坚硬,耐磨,耐久性好。软弱颗粒含量多、风化严重的石料经过磨耗试验,粉碎严重,很难符合该项指标要求。此外,对于 Novachip 系统,采用间断级配,对粗集料嵌挤能力要求高,磨耗损失的要求更有所提高,要在满足洛杉矶磨耗的前提下,进行微狄法尔磨耗试验。考虑到一些集料浸水后具有更大的磨耗损失,因此该试验在水中进行。此外美国的经验表明,一些集料能够满足洛杉矶磨耗的要求,但不能满足微型狄法尔磨耗损失的要求。因此,微型狄法尔磨耗损失为 Novachip 薄层罩面的强制性要求。

微型狄法尔磨耗试验为一定数量试样经水浸泡 1h 后,与 5kg 9.5mm 的钢球、2.0L 水同时在罐里搅动。罐的容积为 5L,内径 194mm ± 2mm,内部高度 170mm ± 2mm。转速为每分钟 100 次。试验时间根据样品的不同有所调整。搅动完成后冲洗烘干石料,然后计算通过 1.18mm 筛的石料质量和原始质量的比值。

三、混合料设计

1. 矿料级配范围

Novachip 薄层罩面有 A、B、C 三种矿料级配类型,对应的公称最大粒径分别是 4.75mm、9.5mm、12.5mm,摊铺厚度为 1.5 倍的公称最大粒径。其级配范围见表 8-14。从表中可以看出,Novachip 薄层罩面的级配曲线与 SMA 类似,但其结合料与填料含量要低,级配间断点为 2.36 ~ 4.75mm ,在 2.36mm 处的通过率为 22% ~32% ,而 3 种级配在细集料部分要求相同。

Novachip 薄层罩面矿料级配范围 表 8-14

混合料类型	下列筛孔(mm)的通过率(%)										沥青用量(%)
	19.0	12.5	9.5	4.75	2.36	1.18	0.6	0.3	0.15	0.075	
A 型	—	—	100	40 ~ 55	22 ~ 32	15 ~ 25	10 ~ 18	8 ~ 13	6 ~ 10	4 ~ 7	5.0 ~ 5.8
B 型	—	100	85 ~ 100	25 ~ 38	22 ~ 32	15 ~ 23	10 ~ 18	8 ~ 13	6 ~ 10	4 ~ 7	4.8 ~ 5.6
C 型	100	85 ~ 100	60 ~ 80	25 ~ 38	22 ~ 32	15 ~ 23	10 ~ 18	8 ~ 13	6 ~ 10	4 ~ 7	4.6 ~ 5.6

矿料级配的选择主要基于交通水平、气候条件及老路面状况。其中,A 型主要用于机场道面的修补及路面封水,使用并不普遍;B 型是目前最常用的;C 型主要用于交通量大的道路。从 A 型到 C 型,结构表面纹理及摩擦系数依次增大。

2. 混合料技术要求

目前还没有室内试验方法可以模拟薄层或超薄罩面摊铺的情况,因此 Novachip 混合料的设计主要还是经验法。在美国,混合料最佳用油量的确定是基于沥青膜厚度要求,同时在该沥青膜厚度的沥青用量下混合料满足析漏指标和抗剥落等指标要求。为了检验设计级配下沥青混合料的抗水损害的能力,有时还会按照改进的 AASHTO T283 试验方法对混合料进行水稳定性检验。

Novachip 混合料应满足表 8-15 所示的技术要求。

Novachip 混合料技术要求　　表 8-15

项　目	技术要求
空隙率(%)	13 ~ 18
沥青膜厚度(μm)	10 ~ 12
沥青剥落率(%)	<25
矿料间隙率(%)	>23
粉胶比	1.0 ~ 1.2
析漏率(%)	0.15

四、施工

Novachip 超薄罩面施工与普通沥青混凝土施工并无明显差异。施工设备中除摊铺设备为专用设备外,沥青混合料的生产拌和、碾压设备也与传统沥青混凝土施工设备相同。

需要注意的是,Novachip 超薄罩面的碾压,其目的不是为了使混合料的密实,而是为了使混合料与黏层油良好黏结。由于摊铺层厚度很薄,10t 的轻型双钢轮压路机足以满足碾压需要;同时,不容许采用振动碾压,并强调紧跟摊铺机。

第九章　就地热再生技术

第一节　技 术 概 要

一、定义

《公路沥青路面再生技术规范》(JTG F41—2008)规定:就地热再生(Hot In-Place Recycling),是采用专用的就地热再生设备,对沥青路面进行加热、铣刨,就地掺入一定数量的新沥青、新沥青混合料、再生剂等,经热态拌和、摊铺、碾压等工序,一次性实现对表面一定深度范围内的旧沥青混凝土路面再生的技术。它可以分为复拌再生和加铺再生两种方式。

(1)复拌再生(Re-mixing):将旧沥青路面加热、铣刨,就地掺加一定数量的再生剂、新沥青、新沥青混合料,经热态拌和、摊铺、压实成型(图9-1)。掺加的新沥青混合料比例一般控制在30%以内。

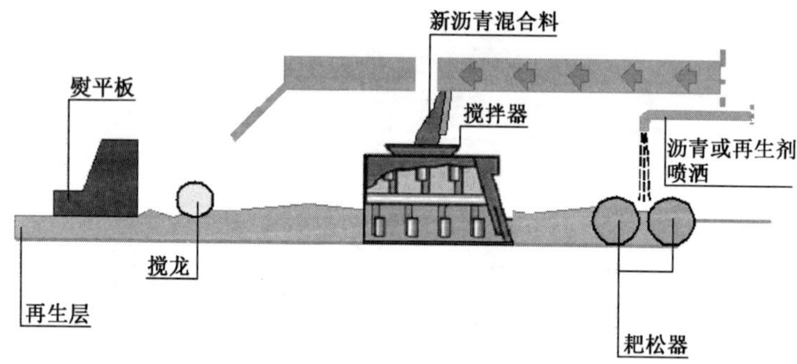

图9-1　复拌再生施工示意图

复拌型热再生也可不掺加任何外掺剂,这种类型的再生在国外通常被称为表层再生(Surface Recycling)。其一般用于刚通车不久而有施工缺陷的路面,也可用于通车稍久但沥青老化不严重且路面没有车辙的路面。掺加外掺剂的复拌型热再生适用范围较大,所掺加的新沥青混合料比例一般控制在30%以内。再生后路面高程变化不大,一般不影响桥梁净空。复拌型热再生可改善旧路面沥青混合料的矿料级配,但改善幅度可能有限。

(2)加铺再生(Re-paving):将旧沥青路面加热、铣刨,就地掺加一定数量的新沥青混合料、再生剂,拌和形成再生沥青混合料,利用再生复拌机的第一熨平板摊铺再生沥青混合料,利用再生复拌机的第二熨平板同时将新沥青混合料摊铺于再生混合料之上,两层一起压实成型(图9-2)。

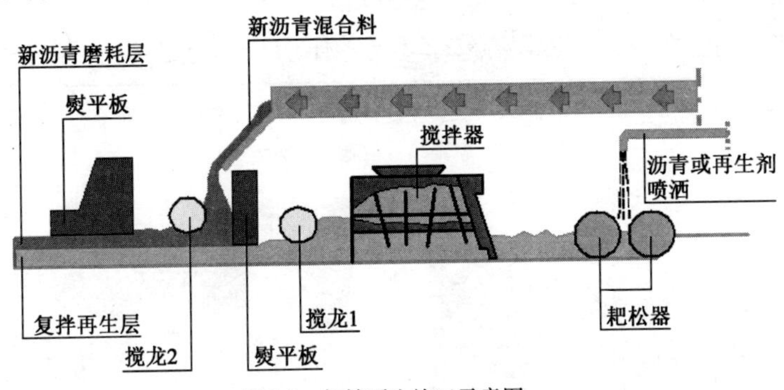

图9-2　加铺再生施工示意图

加铺型热再生适用范围较大。由于新沥青混合料摊铺于未压实的再生混合料之上,所以其较传统摊铺工艺铺得薄,可降低工程造价;新沥青混合料也可以铺得厚,以达到旧路面补强的目的。根据所使用的再生复拌机的不同,加铺型热再生一般不改变旧路面沥青混合料的矿料级配,也可有限改变旧路面沥青混合料的矿料级配。

不同国家对就地热再生的分类方法也有所不同。按照美国沥青再生协会的分类,就地热再生可以分为表层再生(Surface Recycling)、复拌再生(Remixing)、加铺再生(Repaving)。三者的主要差别是,表层再生只掺加再生剂而不掺加新集料或者新混合料,再生时可以铣刨翻松也可以耙松;复拌再生需要掺加新集料或者新混合料,并将新集料或者新混合料与铣刨的原路面材料进行重新拌和、摊铺;加铺再生是在对原路面进行再生的同时,在再生层上加铺薄层沥青罩面。

二、施工设备与工艺

就地热再生对设备的依赖程度很高。施工机械的组成主要包括加热机、再生复拌机、压实机械等,如图9-3所示。施工现场如图9-4所示。

1. 加热机

路面加热机主要用于旧沥青路面的加热,为间接加热型的施工机械。路面加热机由燃烧装置(燃烧器)、传热装置、燃料罐、液压装置、发动机、行走装置等组成。有些路面加热机还配备了铣刨翻松装置。路面加热机的加热方式可分为以液化石油气为燃料的红外线辐射方式、以柴油或煤油为燃料的热风循环方式和红外线热风并用方式三种。图 9-5 为国外某品牌 HM4500 型加热机。

图 9-3　就地热再生施工机械组成

图 9-4　就地热再生施工现场

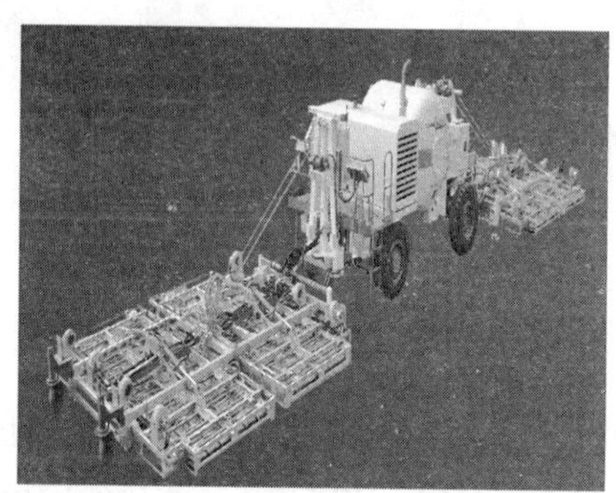

图 9-5　HM4500 型加热机

2. 再生复拌机

再生复拌机的主要功能是加热路面、翻松路面、添加再生剂和新材料、混合料搅拌与摊铺，是再生机组中的核心设备。再生复拌机主要由新料接受料斗、供料系统、翻松装置、搅拌装置、再生剂喷洒装置、熨平装置、辅助加热装置、行走装置等组成，如图 9-6 所示。

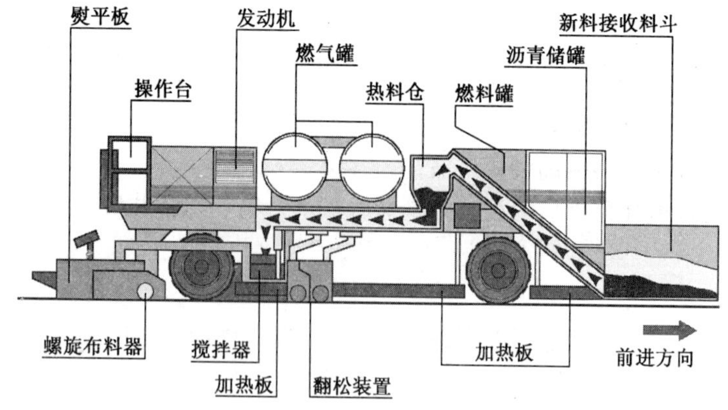

图 9-6　再生复拌机示意图

(1)新沥青混合料供给装置

新沥青混合料供给装置具有与常规沥青混凝土摊铺机相同的料斗、刮板给料器等相同的装置。

(2)翻松装置

翻松装置具有确保翻松深度、翻松宽度、翻松面的平整度及与再生混合料的接合面粗糙的功能。翻松装置可分为齿耙式与转子式。

齿耙式翻松装置在宽度方向上以一定的间隔设置多个特种钢制钢齿,呈雁行状排列。钢齿插入路面一定的深度,由机体牵引翻松路面。转子式翻松装置是在钢制的滚筒外周以一定的间隔安装特种钢制刀头,转子旋转翻松路面。根据转子的旋转方向不同,其又分为正切式和反切式。转子式翻松装置的驱动源一般采用液压方式。翻松装置的深度调节一般采用液压油缸升降。

现在的热再生机由于以下的原因多采用转子式翻松装置。

①转子式翻松装置牵引阻力比齿耙式翻松装置小;

②翻松面的平整度好,可确保转子端部平整;

③转子上的钢制刀头呈螺旋排列,可收集翻松的旧沥青混合料;

④转子在翻松旧沥青混合料时可完成再生剂的第一次拌和。

再生复拌机的翻松装置可采用液压缸伸缩装置进行宽度调节,以满足路面宽度变化的需要。其一般分为三段式或两段式结构。对于翻松深度,有的再生复拌机采用人工调节,有的装有自动深度调节装置。

(3)搅拌装置

搅拌装置用于搅拌旧料与再生剂以及新沥青混合料。由翻松装置翻松的旧沥青混合料被集中在机器中间供给搅拌装置。新沥青混合料由自卸车卸入机器前端的料斗内,通过刮板给料器输送到搅拌装置。搅拌装置的搅拌方式一般为连续式。

(4)摊铺装置

摊铺装置包括再生沥青混合料摊铺装置和新沥青混合料摊铺装置。

再生沥青混合料摊铺装置一般为再生复拌机的第一摊铺装置,旧沥青混合料经搅拌装置搅拌再生后由第一摊铺装置摊铺。第一摊铺装置有刮板式与熨平板式两种。这两种形式分为两段式或三段式,可根据需要伸缩调节施工宽度。摊铺装置能上下移动调节摊铺厚度。另外,有的刮板式带有振捣、压实装置。

新沥青混合料摊铺装置一般为再生复拌机的第二摊铺装置。加铺型再生施工时,该摊铺装置摊铺新沥青混合料;复拌型再生施工时,可不让第一摊铺装置工作(也可让第一摊铺装置工作),直接由第二摊铺装置摊铺再生沥青混合料。

第二摊铺装置是进行最终摊铺的装置，一般与常规沥青混凝土摊铺机的摊铺装置完全相同。

(5)再生剂供给喷洒装置

该装置由罐、泵、配管、喷嘴以及加热装置组成，可用控制装置控制再生剂按设计用量自动洒布。有的再生复拌机的再生剂供给装置没有加热装置，在设备选型时应慎重选用。

(6)行走装置

行走装置的形式与沥青混凝土摊铺机一样，大致分为轮胎式和履带式。再生复拌机大多采用轮胎式行走装置；有的既配有轮胎又配有履带，设备转移时用轮胎，施工时用履带。轮胎式行走装置前后轮均大多为单轴，也有采用前轮单轴、后轮双轴的；通常除后轮(两轴)驱动外，也有采用四轮驱动的，以增加牵引力。轮胎基本上都是充气轮胎，也有一部分采用实心轮胎，或气压型半实心轮胎。

驱动方式大部分机种采用液压驱动，提高低速行驶稳定性，以便能获得良好的施工质量。转向方式基本上是前轮动力转向，有的大型机为了提高转向性也有采用前、后轮同时动力转向的。

三、适用条件

沥青路面就地热再生是一种沥青路面预防性养护技术，可以修复的路面病害有限，且再生不会对路面结构强度起到明显改善作用。

1.路面结构与病害角度的考量

(1)旧路面的整体强度必须满足要求。就地热再生对路面结构强度基本没有贡献，而且其路用效果和寿命受到原路面结构强度的显著影响。因此，原路面应该有充足的结构强度。通常情况下，就地热再生路面的路面结构强度指数PSSI应不低于90，即PSSI为“优”。

(2)旧路面病害应位于表层，通过再生施工可得到有效修复，而且旧路面表层沥青混合料经再生可达到预定的质量要求。就地热再生是一种沥青路面预防性养护技术，处治的深度一般只有为20～50mm，不涉及路面较深层次的病害。

(3)原路面不存在大量不规则的局部挖补。否则，就地热再生混合料的不不均匀性会难以控制。

(4)原路面排水系统完善。

2. 材料角度的考量

(1)原路面材料性能基本满足要求,级配等无需做较大幅度调整。由于就地热再生混合料能够添加的新材料十分有限,混合料的级配、沥青指标的调整幅度十分有限,当原路面混合料指标较差时,就地热再生后的混合料性能往往难以满足使用要求。

(2)旧路面材料老化程度相对较轻。单从旧路面沥青老化角度来说,旧路面表层沥青针入度下降到35(0.1mm)左右应考虑再生。通过只掺加再生剂或新沥青恢复沥青技术指标的路面,旧路面沥青针入度下限为一般为25(0.1mm)左右;通过同时掺加再生剂和新沥青恢复沥青技术指标的路面,旧路面沥青针入度下限一般为20(0.1mm)左右。旧路面沥青老化过于严重时,难以通过就地热再生恢复其性能。

3. 施工工艺角度的考量

从施工工艺角度讲,保证对路面的有效加热是提高就地热再生工程质量的关键因素之一。影响路面加热效果的主要因素如下。

(1)原路面材料因素:原路面的空隙率、原路面的油石比等。

(2)原路面结构因素:层间黏结情况等。

(3)环境因素,包括环境温度,风力、风向,旧路面内部含水率等。

(4)设备因素:加热器的温度、发热量等。

(5)工艺因素:再生机组各设备之间的间距等。

第二节　沥青再生剂

一、沥青的老化与再生

按照四组分分析方法,沥青是由沥青质、胶质、芳香分、饱和分组成。沥青在自然因素(热、氧、光和水)的作用下,会产生“不可逆”的化学变化,导致路用性能的劣化,通常称之为“老化”。沥青的老化机理主要表现为组分迁移,即其组分逐渐发生变化,总的趋势是小分子量的化合物向大分子量的化合物转化,高活性、高能级的组分向低活性、低能级的组分转移。沥青老化后,其物理-力学性质变化,表现为针入度减小,延度降低,软化点升高,绝对黏度提高,脆点降低等。沥青老化是沥青材料在环境作用下发生的化学变化,具有不可逆特性。如表9-1所示某国道和某高速公路原始沥青及回收沥青性质,其化学组成的变化趋势印证了上述的组分变化理论。

某国道和高速公路原始沥青及回收沥青性质　　表9-1

路线名称	项　目	软化点（℃）	针入度（25C°）（0.1mm）	延度（25℃）（cm）	四组分分析（%）			
					饱和分	芳香分	胶质	沥青质
某国道	原始沥青	47.5	86	>150	>120	30.2	47.5	3.7
	7年后	53	53	70	55	25.1	46	12.1
	10年后	67	30	19	8	21.2	48.1	14.7
某高速公路	原始沥青	315（60℃黏度）	65	—	9.3	34.3	40.5	15.5
	18年后	1 840（60℃黏度）	24	—	10.3	24.6	40.8	23.7

沥青再生是沥青老化的逆过程。沥青的老化其实就是沥青中的化学组分合量比值失去平衡，而使沥青的胶体结构产生变化，造成沥青路用性能的衰降。为了使沥青性能得以恢复，我们要调节沥青的化学组分及其比例，而使其重新达到平衡。

根据调和沥青的原理，沥青的再生就是在老化沥青中加入某种组分的低黏度油料（即再生剂），或者加入适当稠度的材料（新沥青）进行调配，使调配后的再生沥青具有适合的黏度和所需要的路用性质，以满足路用要求。从这个意义上讲，再生沥青实际上也是一种调和沥青。沥青的老化表现在组分上主要是芳香分含量的减少和沥青质的增多。根据调和理论，所使用的再生剂应富含芳香分组分。

由于再生剂与旧沥青的四组分含量不同，当旧沥青中加入再生剂时，存在着旧沥青与再生剂之间化学组分的重新分配，从而改善沥青四组分之间的配伍关系，使其匹配得更合理，形成稳定的胶体结构，从而改变沥青的流变性能，使沥青性能达到质量指标要求。由于沥青生成条件的复杂性，即使同类组分，亦因油源不同，表现出的性质特征也不尽相同，最终则反映在沥青的性能和胶体结构上出现差别。一般认为，沥青质是液态组分的增稠剂，胶质对改善沥青的延度有显著效果，芳香分对沥青质有很好的胶溶作用，饱和分是软化剂，由此而形成稳定的胶体结构。

二、沥青再生剂

沥青再生剂是掺加到再生沥青混合料中，用于恢复已老化沥青性能的添加剂。向再生沥青混合料中添加再生剂的主要目的包括：使老化沥青性能恢复到一个适当的水平，最大限度地利用旧沥青混合料；使得再生沥青混合料具有最佳的耐久性；保证有足够的沥青裹覆在空白集料上；提供足够的结合料满足混合料设计的需要。

常见的再生剂包括软化剂、还原剂、改性剂、稀释油、芳香油、增量油、抽出油、润滑油等。有些植物油也可以作为再生剂。为了保证再生剂发挥应有的作用，再生剂应该具备如下性质。

(1)调节废旧沥青的黏度，改变旧沥青的流变特性；

(2)渗入废旧混合料中与旧沥青充分交溶，使在老化过程中凝聚起来的沥青质重新溶解分散，调节沥青胶体结构；

(3)提高再生沥青混合料的寿命周期；

(4)性质均匀稳定；

(5)具有相当的安全性，使用过程中不冒烟、闪点高。

根据再生剂的性能，ASTM D 4552 将热拌再生剂划分为 RA1、RA5、RA25、RA75、RA250、RA500，如表 9-2 所示。前四种再生剂适用于热再生混合料中新集料的用量不超过 30% 的情况，而 RA250、RA500 一般用于热再生混合料中新集料的用量大于 30% 的情况。ASTM D 5505 将乳化再生剂划分为 ER-1、ER-2、ER-35 三类。

美国 ASTM 热拌再生剂分类规范　　表 9-2

检验项目	试验方法	RA-1	RA-5	RA-25	RA-75	RA-250	RA-500
60℃黏度(cSt)	D 2170 或 D 2171	50 ~ 175	176 ~ 900	901 ~ 4 500	4 501 ~ 12 500	12 501 ~ 37 500	37 501 ~ 60 000
闪点(℃)	D 92	218.3	218.3	218.3	218.3	218.3	218.3
饱和分含量(%)	D 2007	≤30	≤30	≤30	≤30	≤30	≤30
薄膜烘箱前后黏度比	D 2872 或 D 1754	≤3	≤3	≤3	≤3	≤3	≤3
薄膜烘箱后质量损失(%)	D 2872 或 D 1754	±4	±4	±3	±3	±3	±3

注：$1cSt = 10^{-6}m^2/s$。

前苏联的再生剂质量标准如表 9-3 所示。

前苏联再生剂质量标准 表 9-3

技术指标	蒸馏萃取物	残留萃取物
化学成分: 链烃—环烷烃(%) 芳香烃(%) 树脂(%)	 7~10 85~90 5~7	 12~17 75~85 5~8
黏度 $C_{5,60}$(s)	5	13
加热质量损失(160℃,5h)(%)	0.13	0.44
闪点(℃)	>190	>200

日本再生剂质量标准如表 9-4 所示。

日本再生剂质量标准 表 9-4

技术指标	试验方法	质量标准
黏度(s)	JIS K 2283	80~100
闪点(℃)	JIS K 2265	>230
薄膜烘箱老化试验后黏度比(60℃)	JIS K 2283	<2
薄膜烘箱老化后质量损失(%)	JIS K 2207	±3
相对密度	JIS K 2249	实测记录
组分分析	—	实测记录

《公路沥青路面再生技术规范》(JTG F41—2008)规定沥青再生剂宜满足表 9-5 的要求。

热拌沥青混合料再生剂质量要求 表 9-5

检验项目	RA-1	RA-5	RA-25	RA-75	RA-250	RA-500	试验方法
60℃黏度(cSt)	50~175	176~900	901~4 500	4 501~12 500	12 501~37 500	37 501~60 000	T 0619
闪点(℃)	≥220	≥220	≥220	≥220	≥220	≥220	T 0663
饱和分含量(%)	≤30	≤30	≤30	≤30	≤30	≤30	T 0618
芳香分含量(%)	实测记录	实测记录	实测记录	实测记录	实测记录	实测记录	T 0618
薄膜烘箱前后黏度比	≤3	≤3	≤3	≤3	≤3	≤3	T 0619
薄膜烘箱后质量变化(%)	≤4, ≥-4	≤4, ≥-4	≤3,≥-3	≤3,≥-3	≤3,≥-3	≤3,≥-3	T 0609 或 T 0610
15℃密度	实测记录	实测记录	实测记录	实测记录	实测记录	实测记录	T 0603

注:薄膜烘箱前后黏度比=试样薄膜烘箱后黏度/试样薄膜烘箱前黏度。

第三节　就地热再生混合料设计

一、设计步骤

就地热再生沥青混合料的目标配合比设计宜按照图9-7所示步骤进行。

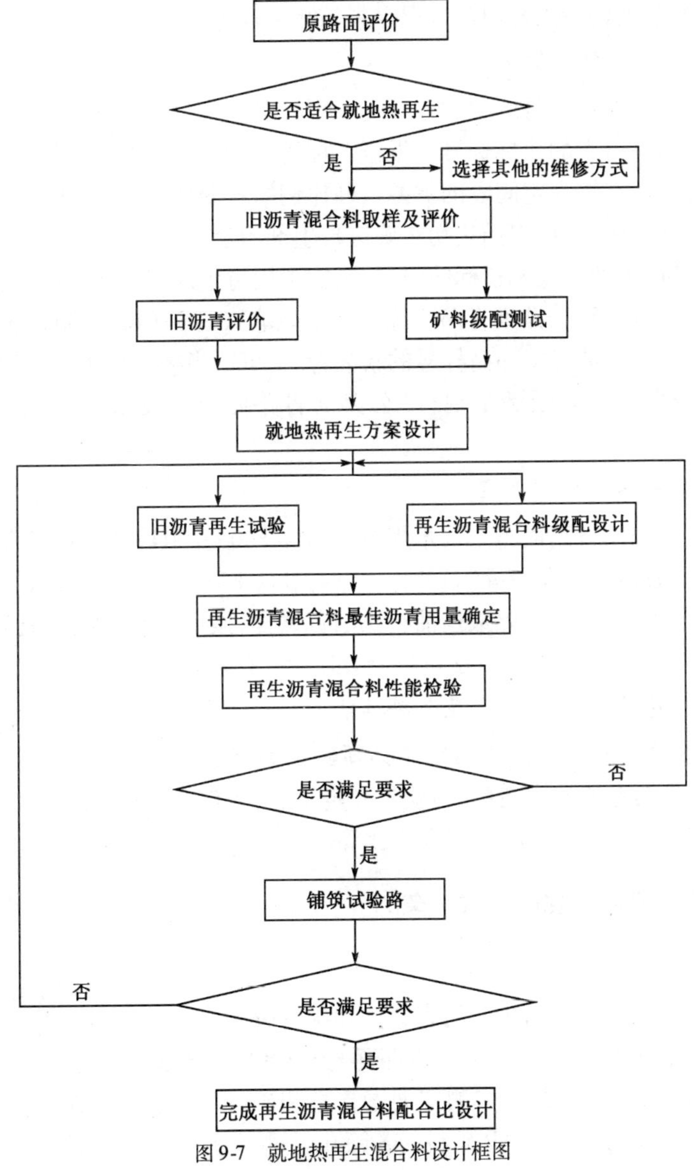

图9-7　就地热再生混合料设计框图

1. 矿料级配设计

采用加铺再生工艺时，再生混合料中一般无法添加新集料，矿料级配只能沿用原路面混合料级配。当原路面混合料级配不佳，不能满足要求时，应综合考虑再生厚度、新沥青混合料的掺配比例和级配、再生沥青性能、再生沥青混合料性能等，掺加一定比例的新沥青混合料，以改善原路面矿料级配。就地热再生混合料矿料级配范围仍沿用普通沥青混合料的相关规定。

2. 确定再生剂用量

在充分考虑再生路面的气候、交通特点、层位、纵横坡、超高等因素的基础上，确定旧沥青再生的目标标号。根据目标再生标号，用试配法进行旧沥青再生试验，即将再生剂按一定间隔的等差数列比例掺入旧沥青，测定再生沥青的三大指标，绘制变化曲线，用内插法初步确定再生剂用量。

在满足再生沥青技术指标的前提下，宜少用再生剂。一般情况下，掺加的新沥青的标号可选择《公路沥青路面施工技术规范》(JTG F40—2004)中规定该地区的沥青标号；当选择掺加高标号的新沥青时，可适当减少再生剂的用量。掺加的新沥青技术指标必须满足现行《公路沥青路面施工技术规范》(JTG F40—2004)要求。

3. 确定最佳新沥青用量

按照《公路沥青路面施工技术规范》(JTG F40—2004)的热拌沥青混合料设计方法确定最佳新沥青用量(新沥青用量与新集料的比值即为掺加的新沥青混合料的油石比)。然后按照最佳油石比制备试样，按照《公路沥青路面施工技术规范》(JTG F40—2004)的方法进行配合比设计检验。

4. 试验路检验再生沥青混合料性能

就地热再生沥青混合料的性能必须经试验路检验。试验路检验项目主要有：现场再生沥青的技术指标、马歇尔稳定度、再生混合料的级配、动稳定度、浸水马歇尔残留稳定度、冻融劈裂强度比等。

二、就地热再生混合料设计案例

1. 材料检测

(1)旧沥青路面材料中的沥青含量和矿料级配

采用机械切割方式获取旧沥青路面材料(RAP)样品。加热RAP，用三氯乙烯充分溶解后进行抽提试验，测定沥青含量和矿料级配。试验结果见表9-6和图9-8。由结果可看出，RAP矿料的各筛孔通过率总体符合《公路沥青路面施工技术规范》(JTG F40—2004)中 AC-13 型沥青混合料级配走势，但是 0.075 ~ 0.3mm通过率偏低，9.5mm 通过率偏高。

RAP 中矿料级配和沥青含量试验结果 表 9-6

筛孔尺寸(mm)	19	16	13.2	9.5	4.75	2.36	1.18	0.6	0.3	0.15	0.075
RAP 矿料各筛孔通过率(%)	100	99.2	97.1	85.5	45.2	27.9	20.7	16.1	8.8	3.9	1.2
RAP 沥青含量(%)	5.05										
RAP 矿料毛体积相对密度	2.749										

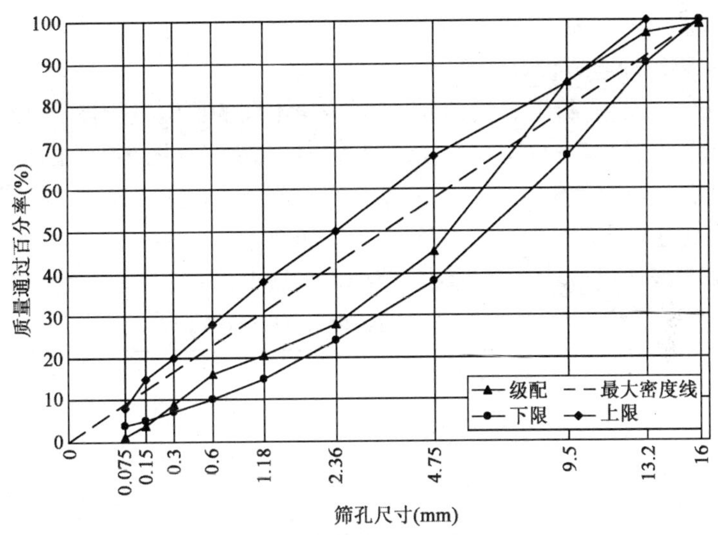

图 9-8 RAP 矿料级配图

(2)RAP 中的沥青结合料性质

采用阿布森法从抽提试验得到的沥青与三氯乙烯混合液中回收沥青，测定回收沥青的 25℃针入度、15℃延度、软化点，以判断旧沥青的老化程度。由试验结果可以看出(表 9-7)，沥青老化程度相对较小(或者是原路面所用沥青较软)；从三大指标看，回收沥青相当于 50 号道路石油沥青。

(3)新材料，包括沥青结合料、新集料等的各项技术指标均符合《公路沥青路面施工技术规范》(JTG F40—2004)的技术要求，不再赘述。

回收沥青试验结果 表 9-7

项　目	单　位	试验结果	试验方法
25℃针入度	0.1mm	47.8	T 0604
15℃延度	cm	15.6	T 0605
软化点($T_{R\&B}$)	℃	59.7	T 0606

2. 目标配合比设计

(1)再生剂的选择

从外观上看,RAP 油石比很大;从沥青针入度、延度和软化点三大指标的测试结果看,原路面沥青三大指标相当于 50 号沥青;考虑到再生混合料作为中面层使用,50 号沥青可以满足使用要求,而且再生混合料中还会添加 90 号新沥青,本身就可以对旧沥青起到软化调和作用,本着再生剂用量宜少不宜多的原则,决定不添加再生剂。

(2)矿料级配组成设计

对各组分矿料进行了级配筛分,然后按照不同的比例进行掺配,以改善原路面矿料级配。工程级配范围和合成级配曲线见表 9-8 和图 9-9。由此可以看出,通过添加新矿料,再生沥青混合料的矿料合成级配曲线得到显著改善且基本满足规范中 AC-13 型级配范围,0.075～4.75mm 粒径范围通过率偏低的问题得到纠正,级配曲线在规范 AC-13 型级配范围内形成 S 形。

矿料筛分与合成级配组成设计(%) 表 9-8

筛孔尺寸(mm)	组成材料				设计级配	级配范围	
	RAP	10～15mm 矿料	机制砂	矿粉		下限	上限
16	99.2	100	100	100	99.4	100	100
13.2	97.1	99.6	100	100	97.7	90	100
9.5	85.5	61.0	100	100	82.1	68	85
4.75	45.2	11.4	99.1	100	42.9	38	68
2.36	27.9	3.1	66.7	100	27.5	24	50
1.18	20.7	2.4	47.1	100	21.3	15	38
0.6	16.1	2.1	36.6	100	17.5	10	28
0.3	8.8	1.8	26.1	100	11.7	7	20
0.15	3.9	1.7	21.0	100	7.8	5	15
0.075	1.2	1.4	17.7	90.0	5.3	4	8
配比	75	18	3	4	100		

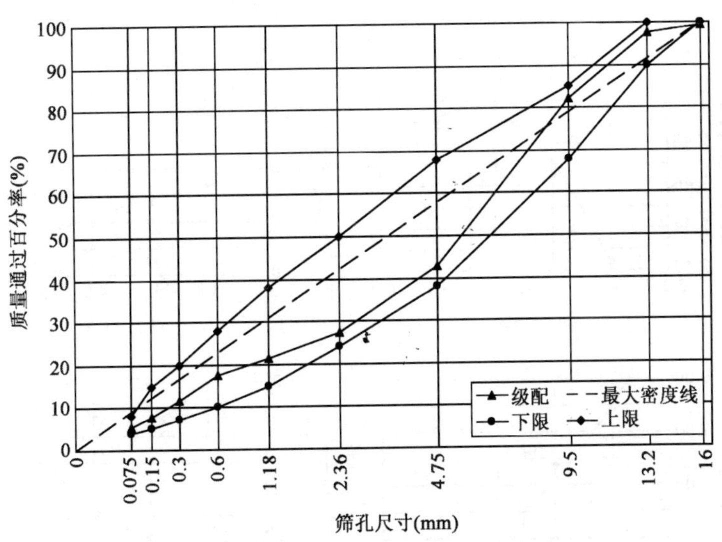

图 9-9　AC-13 再生沥青混合料级配曲线图

(3)最佳沥青用量的确定

根据各种矿料配合比例及其毛体积密度,预估最佳沥青用量为 4.5%。参考规范要求,按照 0.5% 的间隔变化,取四个不同的沥青用量,进行马歇尔试验,结果见表 9-9、图 9-10。

AC-13 再生沥青混合料马歇尔试验数据　　表 9-9

沥青用量/油石比(%)	最大理论相对密度	毛体积相对密度	空隙率(%)	VMA(%)	VFA(%)	稳定度(kN)	流值(0.1mm)
3.70 / 3.84	2.630	2.424	7.8	15.6	50.0	10.09	23
4.20 / 4.38	2.615	2.465	5.7	14.7	61.0	8.97	26
4.70 / 4.93	2.570	2.498	2.8	14.0	80.1	8.57	30
5.20 / 5.49	2.558	2.491	2.6	14.7	82.6	7.00	43

参照规范要求,通过图 9-10 曲线计算出该 AC-13 混合料的计算最佳油石比为 4.7%(沥青用量为 4.5%)。相应于此最佳沥青用量的空隙率 VV 值为 4.1%,矿料间隙率 VMA 为 14.2%,均符合设计要求。

按照最佳沥青用量 4.5% 进行马歇尔试验,结果见表 9-10。实测的各项技术指标满足设计要求。

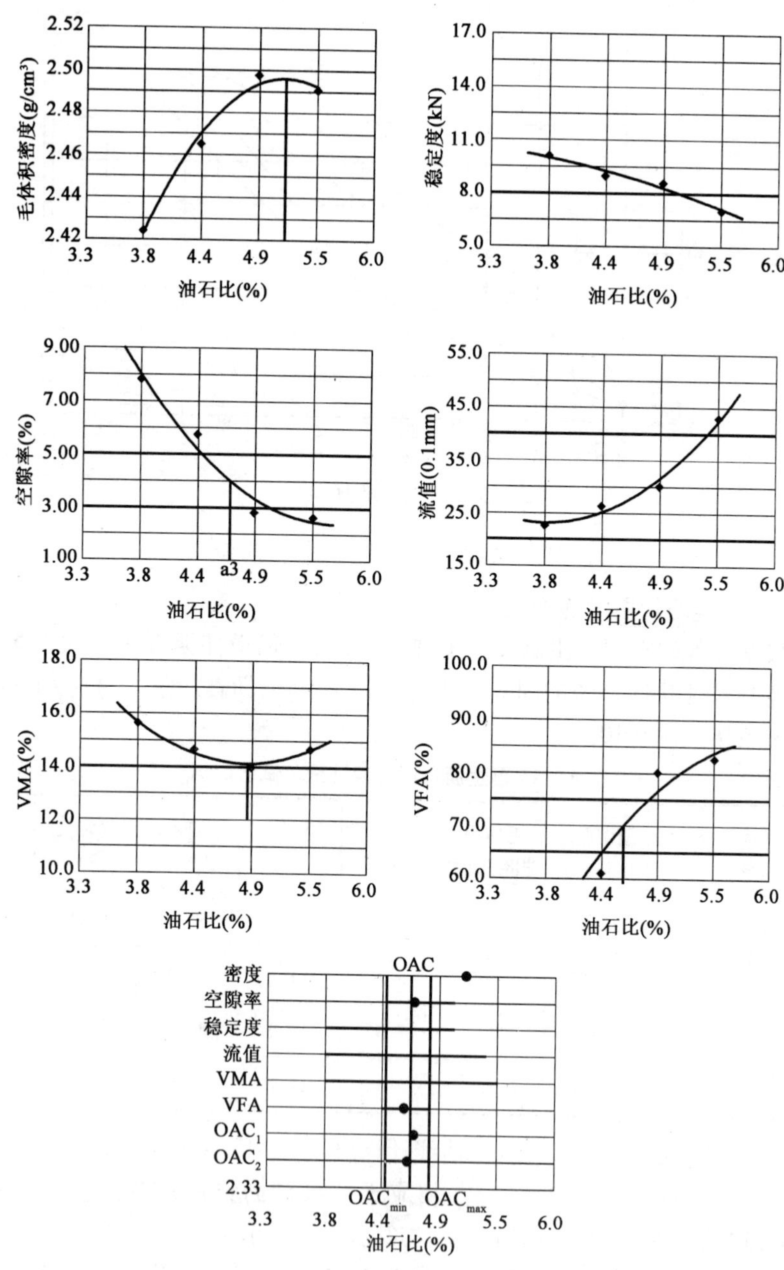

图 9-10　AC-13 马歇尔试验数据曲线图

最佳沥青用量下再生沥青混合料马歇尔试验数据表　　表 9-10

检验项目	单位	试验结果	技术要求	试验方法
沥青含量	%	4.6	—	—
空隙率 VV	%	4.4	3～5	—
矿料间隙率 VMA	%	14.7	≥14	—
沥青饱和度 VFA	%	67.5	65～75	—
马歇尔稳定度	kN	10.3	≥8	T 0709
流值	mm	2.5	2～4	T 0709

3. 沥青混合料的性能检验

为了检验沥青混合料的目标配合比设计，按照规范要求，对所设计的再生沥青混合料进行了高温稳定性、水稳定性检验。试验结果见表 9-11。

沥青混合料目标配合比检验试验数据表　　表 9-11

检验项目	单位	试验结果	技术要求	试验方法
车辙试验(60℃)动稳定度	次/mm	2 511	≥800	T 0719
残留马歇尔稳定度	%	99.8	≥80	T 0709
冻融劈裂残留强度比	%	90.7	≥75	T 0729

由表中数据可见，AC-13 再生沥青混合料的残留稳定度、冻融劈裂强度比 TSR 和动稳定度 DS 均符合规范要求，说明所设计的沥青混合料是合理的，可以在实际工程中应用。

4. 设计结论

对所送材料进行试验检验，参照现行规范确定工程设计级配范围，进行再生剂掺量设计、矿料配合比设计。在再生混合料马歇尔相关试验的基础上得到最佳沥青含量，经过配合比设计检验，证明所设计的再生沥青混合料各项技术指标满足规范的要求。现将设计结果汇总于表 9-12。

就地热再生 AC-13 沥青混合料配合比设计结果　　表 9-12

材料		比例(%)		备注	材料占混合料总量的质量百分比(%)
新矿料	10～15mm 矿料	18	25	新矿料占 RAP 旧矿料和新矿料的质量百分比	23.87
	机制砂	3			
	矿粉	4			

续上表

材料		比例(%)	备注	材料占混合料总量的质量百分比(%)
RAP	旧矿料	75	RAP旧矿料占RAP旧矿料和新矿料的质量百分比	71.63
	旧沥青	—	—	3.64
再生剂		0	再生剂占RAP中旧沥青的质量百分比	0
新沥青用量		3.50	新沥青占新沥青混合料的质量百分比	0.86
总沥青用量		4.5	"RAP中沥青+再生剂+新沥青"占再生混合料总量的质量百分比	

其中,新沥青与新矿料通过沥青混合料的形式添加。新沥青混合料的各组成矿料配比如下:10~15mm矿料:机制砂:矿粉=18:3:4,矿料的目标级配见表9-13。新沥青混合料的沥青用量为3.50%。

新沥青混合料级配 表9-13

筛孔(mm)	16	13.2	9.5	4.75	2.36	1.18	0.6	0.3	0.15	0.075
通过率(%)	100.0	99.7	71.9	36.1	26.2	23.4	21.9	20.5	19.7	17.6

第四节 就地热再生施工

一、施工准备

1.施工组织设计

在开展就地热再生施工之前,施工单位应完善一份详尽的施工组织设计,周密考虑交通组织、交通限制方案、停工期间设备摆放、材料运输、施工顺序、施工方向、作业时间、环境保护、安全措施等问题。

2.材料准备

(1)新沥青混合料。新沥青混合料的运距要合理,不能太远;运输车辆数量要足够,不能影响热再生连续施工;运输车辆要有良好的保温性能,以满足就地热再生施工耗用新沥青混合料较慢的特点。

(2)再生剂。施工前再生剂应予加热,加热温度可接近其允许的最高温度。为保证连续施工应备足一天的再生剂用量。根据配合比设计,如果需要掺加新沥青,应事先将新沥青和再生剂按比例均匀搅拌在一起。

(3)燃料。充分考虑燃料的添加方式、添加时间和地点,配备安全可靠的添加设备,配备足够数量的熟练操作人员,配备足够的消防器材,确保安全。

3. 机械机具准备

就地热再生所需的机械分为主要机械、辅助机械和机具。主要机械有加热机、再生复拌机、双钢轮压路机和轮胎压路机;主要辅助机械有沥青混合料运输车、再生剂运输车、燃料运输车、交通车、水车、交通标志车、废料收集车等。主要机具有切割机、平板夯、小型压路机(1t 左右)、森林灭火吹风机、手推车、铁铲、扫帚等。

根据各工程的特点,配备足够的其他各种机械设备,比如清障车、拖车、吊车、铣刨机、摊铺机等。

4. 人员配备

就地热再生现场人员包括路面工程师、机械工程师、机械操作手、工人、交通安全警戒人员等若干名。

二、原路面处理

就地热再生前对原路面的处理主要包括病害处理、桥头和井盖处理、桥梁伸缩缝防护、路面标线、突起路标清除、绿化隔热防护等方面的工作。

1. 病害处治

有些路面病害是就地热再生不能修复的,应在就地热再生前根据设计文件要求予以处理。

(1)水损坏类病害:如果水损坏类病害的深度已超过了热再生施工深度,再生前应予挖补。

(2)变形类病害:变形类病害严重时,热再生机可能翻松不到,直接热再生后路面容易损坏。因此,根据再生设备的不同,变形深度 3 ~ 5cm 时,再生前应考虑铣刨掉一部分,以确保再生施工时能翻松到变形的最低处一定的厚度。

(3)裂缝类病害:分清裂缝类病害的性质,对影响热再生工程质量的裂缝类病害应予挖补,对轻微影响热再生质量的裂缝类病害可采取灌缝等技术处理。

2. 桥头和井盖处理

桥梁伸缩缝和井盖会影响就地热再生连续施工，很难保证伸缩缝和井盖两段的热再生质量，应事先予以处理。处理方法有多种，可根据工程经验选择适宜的方法。例如，可以用铣刨机沿行车方向将伸缩缝和井盖后端铣刨3～5m，前端铣刨1m左右，深度3～4cm左右，再生施工时用新沥青混合料铺筑；也可以首先将井盖摘除，铺上面积适宜的钢板，待再生完成后再重做井盖。

3. 桥梁伸缩缝防护

加热会破坏桥梁伸缩缝，事先应准备足够的、有效的隔热板，保护桥梁伸缩缝免遭加热损坏。

4. 路面标线、突起路标清除

路面热熔标线、文字以及突起路标应事先清除。

5. 绿化隔热防护

有些路面中央及两侧植有绿化带，就地热再生施工前应准备足够的隔热防护板，用于施工时保护绿化带，如图9-11所示。

图9-11 对中央隔离带绿化的防护

三、铺筑试验路段

铺筑试验段是沥青路面工程的常规做法，对于就地热再生而言尤为重要。通过试验段，从工程技术、工程质量、施工管理、计划执行、施工安全等各个方面对所有准备工作情况进行全方位检验。

就地热再生试验路段的铺筑应由各方面共同参与，事前要有计划，事后要有总结。施工单位要就试验内容提出完整详尽的试验报告，报业主和监理批准，也作为以后施工的指导。试验路段的长度通常为200～300m，工作内容及目的主要如下。

（1）检验前期准备工作是否充分。

（2）检验各种施工机械的类型、数量及组合方式是否匹配，设备工况是否良好，能否满足整个工程的要求。

（3）检验各类施工人员数量是否足够，搭配是否合理，人员之间是否协调。

（4）检验再生混合料的各项技术指标是否达到设计目标，如再生沥青的标号、再生沥青混合料的各项物理力学指标等。

(5)检验新沥青混合料的各项技术指标能否满足要求,供应状况能否满足施工需要。

(6)确定设备加热温度、施工速度、翻松深度、再生剂喷洒方式和计量控制、摊铺方式、松铺系数、摊铺质量、路面压实、平整度控制等各项技术参数。

(7)检验每天完工后各项收尾工作是否有条不紊地进行,现场清理是否符合要求,设备停放是否安全有序。

(8)检验各项安全措施是否到位,今后大规模施工是否安全,有无需要加强改进的地方。

(9)检验各种后勤保障工作是否有力。

四、再生施工

1.清扫路面、画导向线

所有的工、料、机准备工作完成后,在正式施工前,应清扫路面,以免杂物混入再生混合料内。清扫路面后,在路面再生宽度以外画再生设备行进导向线,也可将路面边缘线作为导向线,以保证再生边缘线顺直美观。

2.路面加热

由于加热机的不同,加热方式分一步法和多步法。

(1)一步法:所配置的多台加热机只有加热功能,没有翻松功能。旧路面经多台加热机一次性加热到足够的温度,然后由再生复拌机一次完成翻松。一步法加热方式速度稍慢一点,但对旧沥青老化较小,对碎石破碎也小。

(2)多步法:所配置的多台加热机中,一般第一台及(或)第二台无翻松功能,只能加热旧路面(也称预热机),第二台或第三台为带翻松功能的加热机。旧路面分次加热,分次翻松(每次翻松的深度一般为2cm左右),最后由再生复拌机完成最终翻松深度。多步法加热方式有利于旧沥青路面内部水分的蒸发,加热效率稍高,再生深度也稍大,但对旧沥青老化较严重,对碎石破坏较大。

无论采用哪种加热方式,都必须保证旧路面翻松前经过了充分而适度的加热。加热温度不足,会造成路面翻松时对碎石的破坏,影响再生剂和旧沥青的溶合,影响再生沥青混合料的施工和易性和摊铺及压实效果。但是如果加热温度过早,则会造成路面沥青材料的老化,同样是不利的。为此,应注意以下几点。

(1)应保证加热热备数量,延长加热时间,而不是一味提高加热器温度或降低加热器高度。带有明火的加热器一般应距离路面20cm左右。加热器的加热温度过高或者是距离路面太近,都会增加沥青路面的老化和烧焦。最好的方法是使加热器以适当的加热温度和足够的加热长度(增加加热机数量、降低加热机行进速度)来共同实现对旧路面的快速均匀良好的加热。一般来说,加热机的配置应考虑满足施工速度 1.5 ~ 5m/min 的要求。加热温度以再生混合料的摊铺温度为准,一般摊铺温度控制在 120 ~ 150℃,最低不得低于 110℃。

(2)再生列车的所有设备应尽可能紧靠,减少设备间空隙,避免热量散失过多。

(3)旧路面加热宽度一般比翻松宽度每侧宽 20cm 左右,让接缝处的温度足够高,以保证纵缝的有效热连接。随时检查翻松边缘的温度,如果温度偏低,应及时调整加热宽度,以确保翻松边缘温度足够,从而保证纵向接缝碾压密实。

3. 翻松

与一步法加热对应的是一次性翻松,与多步法加热对应的是多次性翻松。翻松过程关键是要控制好翻松深度。有些再生复拌机的翻松装置带有深度自动控制系统,可自动控制翻松深度和确保翻松深度的均匀性;有些再生复拌机的翻松装置靠手动液压杆控制,翻松深度时常会变化,应注意及时调整。无论设备性能如何,均应派专人负责,使翻松厚度尽可能均匀;即使变化,也应缓慢渐变化,并相应调整再生剂用量。

监控翻松深度可从直观的翻松深度、熨平板前再生沥青混合料堆积量变化情况和再生混合料摊铺的厚度三者综合判断,有预见性地发现翻松深度变化的趋势,提前调整纠正。

4. 再生剂的喷洒

目前市场上主流的沥青路面就地热再生设备,其再生剂喷洒装置大多集成在再生复拌机上,与再生机复拌机行走速度连动并自动控制,能准确地按设计剂量喷洒。

再生剂一般应喷入翻松装置内,翻松的同时即可完成再生剂与旧沥青混合料的第一次初步拌和。

为了提高再生剂的流动性,以便其更好地与旧沥青溶合,再生剂一般应加热到不影响再生剂质量的最高温度,以提高再生质量。此外,再生剂用量要控制准确,施工过程中应特别注意翻松深度的变化,随深度变化实时调整再生剂的用量,确保再生质量。旧路面均匀性较差时,也应随旧路面含油量变化适时调整再生剂的用量。现场控制再生剂用量应以室内试验数据为指导,采取经验判断为铺的综合控制方式。再生剂用量的准确控制与否是再生工程质量好坏的最重要指标。

5. 搅拌

再生剂与旧沥青混合料的搅拌一般需经两次完成，第一次是在翻松的同时，将再生剂喷入旧沥青混合料，完成第一次搅拌，然后旧沥青混合料进入再生复拌机搅拌锅内，进行第二次强制搅拌。复拌型再生，第二次搅拌时还包含有新沥青混合料；加铺型再生，第二次搅拌时一般没有新沥青混合料。

施工中，应使用红外线测温仪检查刚搅拌完成的再生沥青混合料的温度，如果料温不够高，应控制加热机减慢速度；如果料温太高，应控制加热机加快速度或降低加热器的加热温度或减少加热机的台数。

6. 摊铺

再生复拌机与常规沥青摊铺机的摊铺施工相似，但又有一些不同。由于再生方式的不同，摊铺可分为复拌型摊铺和加铺型摊铺。

(1)复拌型摊铺。由于再生设备的不同，复拌型摊铺方式又有不同。当再生复拌机没有自带的熨平板摊铺装置时，通常采用常规沥青摊铺机紧跟在再生复拌机后面摊铺再生混合料；当再生复拌机有自带的熨平板摊铺装置(单熨平板摊铺装置、双熨平板摊铺装置)时，就用再生复拌机自带的熨平板摊铺装置摊铺再生混合料。

(2)加铺型摊铺。由于再生设备不同，加铺型摊铺可分为一步法和多步法。

一步法：当再生复拌机自带有双熨平板摊铺装置时，利用再生复拌机的第一熨平板摊铺装置摊铺再生混合料；与此同时，利用再生复拌机的第二熨平板摊铺装置将新沥青混合料摊铺于再生混合料之上，两层一起压实。

多步法：当再生复拌机没有自带的熨平板摊铺装置时，通常采用一台常规沥青摊铺机紧跟在再生复拌机后面摊铺再生混合料；与此同时，采用第二台常规沥青摊铺机紧跟在第一台常规沥青摊铺机后，将新沥青混合料摊铺于再生混合料之上，两层一起压实。当再生复拌机自带熨平板摊铺装置时，先用再生复拌机自带的熨平板摊铺装置摊铺再生混合料；然后用一台常规沥青摊铺机紧跟再生复拌机，将新沥青混合料摊铺于再生混合料之上，两层一起压实。

再生复拌机的摊铺装置与常规沥青摊铺机一样，配置了找平系统。再生施工时，根据现场情况选择找平方式，可选择拉钢丝、路面上放置铝合金找平梁、走滑靴或使用超声波找平系统等，以保证再生路面平整度和行车舒适性。

再生沥青混合料一般较新沥青混合料温度低，因此应尽可能增大熨平板振捣，提高混合料的初始密实度，减少热量散失，为压实创造条件。此外，还应注意控制松铺系数，确保纵向接缝平顺。

就地热再生施工中，新沥青混合料的用量一般为常规路面摊铺用量的1/2 ~ 1/3，而且由于摊铺宽度较窄，用料速度较慢，混合料现场等待时间较长，必须采取各种措施确保新沥青混合料使用时的温度。

7. 压实

再生沥青混合料往往具有较高的劲度，较新沥青混合料压实困难，应配备大吨位的振动双钢轮压路机和大吨位的轮胎压路机交替碾压。

再生沥青混合料温度较新沥青混合料低，而且只是碎石表面的沥青膜温度较高，而碎石本身温度较低，甚至是凉的，因此料温下降较快。为了改善压实效果，就地热再生的碾压必须紧跟摊铺进行。碾压时应尽可能减少喷水甚至不喷水（轮胎压路机），以减少温度散失。

由于行车的干扰，纵向接缝往往难于压实，大吨位压路机可能难于碾压到位，可选用小型振动压路机配合碾压。

8. 养生开放交通

就地热再生混合料，一方面由于石料内部温度较低而造成混合料温度下降很快，另一方面却由于施工时对路面进行了加热，路面内部温度较高而且下降较慢。因此，就地热再生混合料适宜压实的温度范围较小，碾压后需要降温的时间却较长。开放交通时，路表温度不宜高于50℃。盛夏时，路面内部温度下降更慢，开放交通时路表温度不宜高于45℃。

五、施工关键点

为从施工角度保证工程质量，应注重以下施工关键点。

1. 再生加热温度要适度

适度的加热温度是保证沥青路面就地热再生质量的关键。温度太高，会引起沥青老化严重，而且还会降低功效；温度太低，再生剂与旧沥青溶合困难，起不到再生作用，还会出现翻松时破碎集料，使级配发生变化，再生混合料出现离析、压实困难、层间连接不良等许多问题。旧路面加热温度要均匀，严禁时高时低，频繁变化，这样会造成再生路面质量时好时坏，质量均匀差。路面加热温度要适度，既保证再生工程质量又注重生产效率。

2. 再生剂用量要准确

再生剂喷洒计用量要准确，这是保证再生质量的又一关键。再生剂用量与设备行走速度是连动的,可自动控制再生剂喷洒量;但如果旧路面平整度不好、车辙变化频繁,就必须要注意观测翻松旧沥青混合料的数量,适时适量调整再生剂用量。再生剂太多,再生沥青标号偏高,再生路面会出现泛油和发软现象;再生剂太少,再生效果不理想,旧沥青老化状况不能得到有效改善,路面的耐久性不好,而且还会出现粒料不黏、摊铺离析和压实困难等问题。旧路面级配和油石比往往不均匀,现场技术人员要多观察,多总结经验,以试验室的试验结果为依据,根据现场情况变化适时适当调整。再生沥青混合料颜色不能太暗淡(再生剂偏少),也不能过于光亮(再生剂偏多),要有适当的光泽即可。

3. 再生厚度要均匀

就地热再生施工时,特别要注意翻松深度一定要均匀。翻松深度时深时浅,不但会影响路面的平整度,而且还会影响再生剂用量的准确性,再生沥青混合料的性能也不均匀,严重影响再生质量。根据旧路面情况,再生翻松深度要适度,并不是越厚越好。

4. 确保压实质量

由于再生沥青混合料的劲度往往高于新沥青混合料,而且温度下降较快,建议采用较大吨位压路机碾压,尤其是轮胎压路机,最好采用 20 ~ 30t。压路机一定要紧跟复拌机碾压,以免料温下降过快而影响压实。要获得良好的密实度应注重施工过程质量控制,尽可能减少钻孔检查。再生混合料变异性可能较大,压实度应取取样试件的实测密实度与试件实测理论密实度之比。

5. 保证接缝质量

加热宽度应比翻松宽度每边宽 20cm 为宜,以保证纵向接缝的温度;纵向接缝、横向接缝是就地热再生的质量控制重点,控制好适当的松铺系数,使纵向接缝、横向接缝的高差尽可能小且碾压密实。

6. 再生沥青技术指标

影响再生沥青混合料质量关键的指标之一就是再生沥青的针入度、延度、软化点三大指标。每天应做一组试验,用以评价当天的再生混合料质量,并用于指导第二天的再生施工。表 9-14 为国内某个就地热再生工程连续 30 个施工日进行再生沥青含量和三大指标检测的试验结果。从结果中可以看出,由于能够及时根据前一天的指标检测结果指导第二天施工,该工程 30 个施工日的再生混合料油石比、再生沥青 25℃针入度、5℃延度、软化点指标的绝对偏差平均值分别仅为 0.18%、2.56(0.1mm)、1.10cm、1.01℃。

连续30d再生沥青含量和三大指标试验检测结果 表9-14

序号	日期	桩号	油石比(%)	沥青三指标		
				针入度(25℃)(0.1mm)	延度(5℃)(cm)	软化点(℃)
1	2009.06.08	K30+858~K31+568	4.96	40.2	10.6	58.9
2	2009.06.10	K29+521~K30+448	4.95	34.8	7.3	61.2
3	2009.06.11	K28+300~K29+253	5.04	36.4	7.9	60.3
4	2009.06.12	K30+468~K31+568	4.87	39.7	9.7	59.9
5	2009.06.13	K29+120~K30+200	4.73	42.9	11.4	58.2
6	2009.06.14	K28+384~K29+120	5.07	38.7	9.5	60.2
7	2009.06.15	K27+429~K28+300	4.70	34.8	7.6	61.1
8	2009.06.16	K26+757~K27+429	4.79	41.3	10.6	59.5
9	2009.06.20	K25+936~K26+757	4.83	37.6	8.4	61.8
10	2009.06.21	K24+904~K25+936	5.15	42.4	10.8	59.1
11	2009.06.22	K23+838~K24+904	5.05	39.3	9	58
12	2009.06.23	K22+994~K23+838	4.96	37.4	9.1	60.5
13	2009.06.24	K27+290~K28+384	5.09	36.8	8.9	61.2
14	2009.06.25	K26+404~K27+290	4.95	35.5	8.4	61.5
15	2009.06.26	K25+472~K26+404	4.87	34.6	8.4	61.8
16	2009.06.27	K24+500~K25+472	4.87	38.5	9.8	59.7
17	2009.06.28	K22+317~K22+994	4.79	38.2	8.6	61.7
18	2009.06.29	K30+140~K31+568	5.53	46.3	12.9	58.2
19	2009.06.30	K29+398~K30+140	5.15	39.2	10.3	60.1
20	2009.07.01	K28+181~K29+255	4.78	38.9	9.4	60.4
21	2009.07.02	K27+172~K28+046	4.73	36.2	9.1	60.8
22	2009.07.03	K26+372~K27+172	4.89	42.1	11.8	59.7
23	2009.07.04	K25+408~K26+372	5.63	47.2	11.7	57.6
24	2009.07.05	K24+452~K25+408	5.55	42.1	10.4	58.6
25	2009.07.07	K23+354~K24+500	4.71	37.6	9	61.5
26	2009.07.08	K23+284~K24+452	5.04	40.8	10.5	59.7
27	2009.07.09	K22+317.5~K23+250	5.07	42	10.2	59.6

7. 摊铺厚度

无论是再生沥青混合料的摊铺还是新沥青混合料的摊铺,施工中必须做到厚度均匀。由于旧路面情况的时常变化,最难控制的是再生沥青混合料的摊铺。施工时,工程人员应随时关注熨平板前再生沥青混合料量的变化,有预见性地慢慢调整再生沥青混合料的摊铺厚度,切忌摊铺厚度发生大的突变。

第十章 裂缝修补技术

第一节 技术概要

一、裂缝的分类

美国联邦公路局的FHWA-RD-99-147研究报告根据裂缝形成后随温度变化而生的伸缩量的不同，将裂缝分为运动型裂缝(Working Crack)和非运动型裂缝(Non-working Crack)。

(1)年伸缩量大于或等于3mm的为运动缝，主要是间距大于6m的横缝(温缩裂缝、反射裂缝等)；

(2)年伸缩量小于3mm的为非运动缝，主要是纵缝(施工接缝、Top-Down裂缝等)，以及间距小于6m的横缝。

针对不同类型的裂缝，所采用的灌缝技术也有所不同。David Johnson认为，对于非运动缝以及由于路面老化等原因不适宜开槽的路段，直接采用填缝方式处理；对于运动缝，一般采用开槽灌缝方式处理。

二、裂缝修补技术分类

按照工艺和适用条件的不同，裂缝修补技术主要包括以下三种方式。

1. 灌缝(Sealing)

灌缝是国外最常用的一种裂缝修补方式，是采用专业设备(开槽机、灌缝机等)和专用材料(灌缝胶)进行裂缝维修的一项预防性养护技术。灌缝技术一般包括开槽、清缝、灌缝等步骤，主要适用于运动型裂缝。

2. 填缝(Filling)

原路面不开槽，直接往裂缝中填封裂缝修补材料(或对裂缝做简单清理后进行填封)的处理方式称为填缝。在国外，填缝主要针对非运动型裂缝或不适宜开槽的路段。在国内，填缝是传统的裂缝修补方式。

3. 贴缝

贴缝是一种裂缝修补新技术。它既不开槽，也不对裂缝做清理，只需对裂缝表面做简单清扫即可进行施工。贴缝技术的施工速度快,但目前还处于推广应用阶段,修补效果有待实践检验。

三、裂缝修补材料分类

就裂缝修补材料而言,目前各类材料品种众多、性能和价格情况不一。从施工的便利性及施工效果的耐久性要求出发,材料应满足:(1)良好的施工流动性能;(2)较高的黏结力;(3)适宜的失黏时间;(4)良好的温度稳定性能;(5)抗老化性能;(6)能以较短的时间开放交通。

国内关于路面裂缝修补材料的名称有很多,如密封胶、灌缝胶、灌缝料、填缝料等。一般对于水泥路面以填缝料的叫法居多,对于沥青路面暂没有统一的叫法。由于这些名称与概念尚未明确定义,容易引起混淆。在国外,一般针对运动缝以开槽灌缝方式处理的材料称为灌缝胶(Sealant),对于其他不适宜开槽而采取直接填缝方式处理的材料称为填缝胶(Filler)。这两种材料没有本质的区别,绝大多数公司的产品既可以用于灌缝,也可以用于填缝,因此这些产品统称为密封胶(Sealant and Filler)。在“胶”与“料”的区别上,“胶”代表了一种具有黏结能力的材料,而任何材料都可以是“料”,因此用“胶”的名称更为合理。综上,作者提出如下的灌封胶、填缝胶定义:灌缝胶是指采用开槽灌缝方式进行裂缝修补的材料;填缝胶是指采用直接填缝方式进行裂缝修补的材料。灌缝和填缝两种裂缝修补方式合称为封缝,灌缝胶和填缝胶合称为密封胶。

裂缝修补材料可分为如下四类。

1. 传统型

公路养护技术规范中推荐的传统裂缝修补材料,包括热沥青、乳化沥青、橡胶改性沥青和沥青玛蹄脂等,材料来源广泛,使用方便,但是修补效果普遍较差,目前一般不再推荐作为裂缝修补材料使用。

2. 加热型

其一般特指加热施工式的橡胶沥青密封胶,是目前最常用的裂缝修补材料。国内外的高等级沥青路面普遍采用该类型密封胶。

3. 常温型

在常温下通过若干种组成材料,通过化学反应从液态转变为固态,即为常温型密封胶,主要包括聚氨酯、聚硫、有机硅这三类材料。

4. 贴缝型

用于贴缝的材料称为贴缝带或压缝带,包括加热施工式和常温施工式两种类型。

目前,国外普遍采用专用的密封胶,以加热型密封胶为主流。在国内,低等级公路上仍有大量热沥青、乳化沥青类材料在使用,高等级公路上则已经比较普遍地使用加热型密封胶。国内加热型密封胶的品牌很多,这当中有进口的也有国产的。部分进口知名品牌的密封胶产品质量较好,但是价格也相对昂贵,有些进口密封胶的产品质量也一般;国产密封胶产品价格相对低廉,但是普遍质量一般。加热型密封胶的施工技术比较成熟,需要配备专业的开槽灌缝设备。贴缝带在国内外均有少量应用,效果还需要进一步验证。

常温型密封胶在建筑行业应用比较普遍;在道路行业,一些常温型密封胶,如聚氨酯、聚硫、有机硅等也在逐步得到应用和推广。有机硅密封胶是目前国际上广泛应用的常温型裂缝修补材料,具有寿命长、防水效果好、与混凝土黏结能力强、伸缩位移能力出色、温度稳定性好、耐候、耐腐蚀、施工方便等优点。但是,目前路用有机硅密封胶的生产厂商比较少,技术也尚未成熟,没有相应的产品性能评价方法,加之其价格十分昂贵,目前难以大规模地推广应用。

第二节　密封胶材料

一、国内外技术标准体系

国外对加热型橡胶沥青密封胶已有深入的研究,并制订了一系列完整的密封胶试验方法和技术规范。如 ASTM 有 D5329、D5078、D1190、D3405、D6690、D1985 等与密封胶相关的标准,AASHTO 有 M324(取代 M173、M301)等密封胶技术标准,美国联邦规范(Federal Specification)有 SS-S-1401C、SS-S-164 等密封胶技术标准,欧洲有密封胶标准 EN 14188-1,俄罗斯制订了密封胶标准 GOST 30740—2000 等。国内相关研究起步较晚,迟至 2009 年,交通运输部才发布了加热型密封胶的行业标准 。表 10-1 列出了国内外的一些橡胶沥青密封胶相关技术标准。

橡胶沥青密封胶技术标准　　表 10-1

标　　准	类　　型
JT/T 203—95 公路水泥混凝土路面接缝材料	产品标准
JT/T 589—2004 水泥混凝土路面嵌缝密封材料	产品标准
JT/T 740—2009 路面橡胶沥青密封胶	产品标准
ASTM D5329—04	评价方法

续上表

标　准	类　型
ASTM D5078—95, ASTM D1190—97, ASTM D3405—97; ASTM D6690—06a, AASHTO M173—2001, AASHTO M301—2001, AASHTO M324—2004, Fedral Specification SS-1401C, Federal Specification SS-S-164, EN 14188-1:2004	技术要求
ASTM D1985—91	水泥试块制作方法
GOST 30740—2000	产品标准

国外密封胶标准体系以 ASTM 最为完整，技术要求有 D5078、D1190 和 D3405；2006 年 ASTM 发布了 D6690-06a，取代了原有的 D1190 和 D3405 标准。ASTM D6690 技术要求见表 10-2。

ASTM D6690 的技术要求　　表 10-2

评价指标	类型 1/D1190	类型 2/D3405	类型 3/SS－S－1401C	类型 4
锥入度(0.1mm)	≤90	≤90	≤90	90～150
软化点(℃)	≥80	≥80	≥80	≥80
黏结	－18℃、50%、5 周, 25.4mm, 3 个试件至少 2 个通过	－29℃、50%、3 周, 12.7mm, 3 个试件全部通过	－29℃、50%、3 周, 12.7mm, 3 个试件全部通过	－29℃、200%、3 周, 12.7mm, 3 个试件全部通过
黏结(浸水)	—	—	－29℃、50%、3 周, 12.7mm, 3 个试件全部通过	—
弹性(%)	—	≥60	≥60	≥60
弹性(老化)(%)	—	—	≥60	—
沥青兼容性	通过	通过	通过	通过

我国先后发布了针对水泥混凝土路面接缝嵌缝材料的行业标准，对水泥混凝土路面接缝、嵌缝材料的试验方法及技术要求做了规定。但是沥青路面密封胶所用材质、性能特点、应用场合等都与水泥混凝土路面接缝嵌缝材料有较大区别，特别是近年来密封胶的材料革新和技术进步，水泥混凝土路面接缝和嵌缝材料标准不适用于评价沥青路面密封胶的性能。为此，交通运输部公路科学研究所起草了行业标准《路面橡胶沥青灌缝胶》(JT/T 740—2009)，提出的技术要求见表 10-3。

路面橡胶沥青灌缝胶技术要求　　表 10-3

评价指标	普通型	低温型	严寒型
低温拉伸	-10℃、50%、3 循环，一组 3 个试件，全部通过	-20℃、50%、3 循环，一组 3 个试件，全部通过	-30℃、50%、3 循环，一组 3 个试件，全部通过
锥入度(0.1mm)	30～70	50～90	70～150
软化点(℃)	≥80	≥80	≥80
流动值(mm)	≤5	≤5	≤5
弹性恢复率(%)	≥40	≥40	≥40

注：低温拉伸试验中，-10℃，-20℃，-30℃为低温拉伸试验温度，50%为拉伸量，拉伸 3 个循环。

二、性能评价方法

密封胶的性能要求与沥青有很大区别，不适用沥青三大指标（针入度、延度、软化点）进行评价。由于密封胶常常含有较大的橡胶颗粒，针入度试验的标准针针尖太细，针“扎在橡胶颗粒上”与“没扎在橡胶颗粒上”两种情况下的误差比较大，所以国外密封胶试验都是采用锥入度来代替针入度的。软化点试验有时候并不能完全反映密封胶的高温性能，尤其是不能反映密封胶在高温条件下的流淌程度，所以需要用特别为密封胶设计的流动试验来评价。特别是密封胶最关键的低温性能指标，用延度来评价是完全不合适的。首先，延度试验的试验温度最低只能达到 5℃，而我国的路面温度在冬季极端气温条件下一般都在 0℃以下，极端地区最低可达 -30℃以下，因此延度试验不能实现足够低的试验温度，不适用于评价密封胶的低温性能。其次，密封胶开裂往往最常出现在密封胶与沥青路面缝壁的结合面上，延度试验不能反映密封胶与缝壁的黏结性能。

对于加热式改性沥青高分子聚合物密封胶，常用的试验评价方法有锥入度（Cone Penetration）试验、流动（Flow）试验、低温拉伸（Bond）试验、弹性（Resilience）试验、沥青兼容性（Asphalt Compatibility）试验等。

1. 锥入度

锥入度试验采用沥青针入度仪，盛样皿采用内径 70mm、深 45mm 的大盛样皿。将原仪器的标准针取下换成特制的标准锥。标准锥由镁或其他适宜材料制造的圆锥体和可拆卸钢尖组成，如图 10-1 所示。标准锥总质量为 102.5g ± 0.05g，锥杆质量为 47.5g ±0.05g。由刚性杆组成的锥杆其上端有一“台阶”，其下端有一连接锥体的适当结构。外表面应抛光,使其非常光滑。洛氏硬度 HRC54 ~60,表面粗糙度 Ra0.2 ~0.3μm。

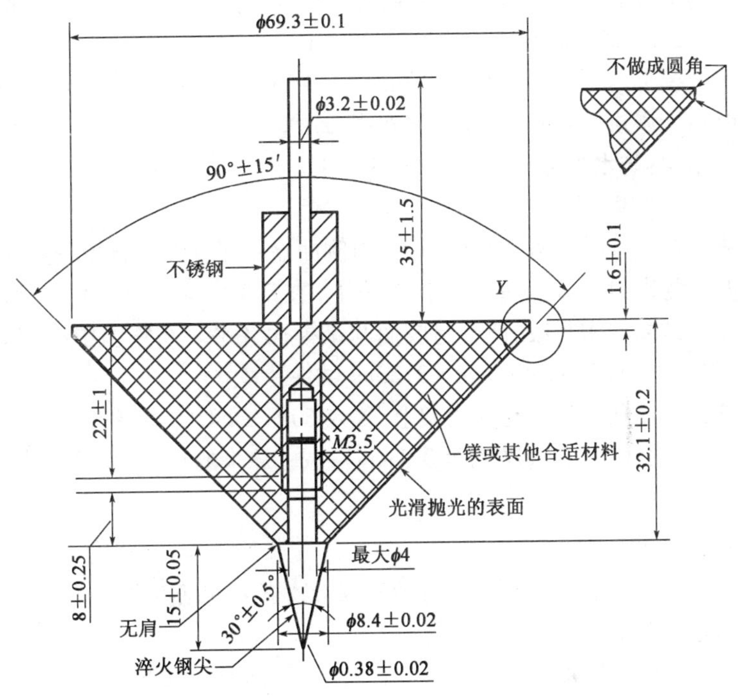

图 10-1　标准锥(尺寸单位:mm)

试验步骤同沥青针入度试验方法,不过在进行锥入度试验时,玻璃皿中不需要盛水。

2. 软化点

软化点试验方法见《公路工程沥青及沥青混合料试验规程》(JTJ 052—2000)。由于密封胶的软化点通常都高于 80℃,故需要按软化点大于 80℃的试验方法进行。

3. 流动试验

流动试验用于评价密封胶的高温性能(图 10-2)。根据经验,有些密封胶软化点虽高,流动值却很差,在高温时容易产生流淌粘轮现象。因此,采用流动试验评价密封胶的高温性能更为合理。

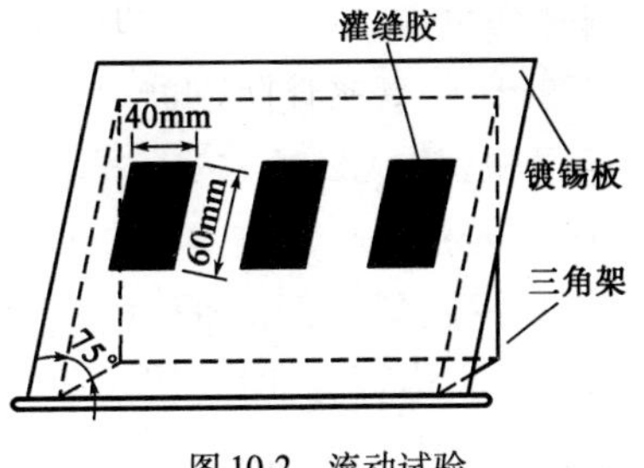

图 10-2　流动试验

(1)试验设备

流动试验最主要的试验设备如下。

①镀锡板:用符合《冷轧电镀锡薄钢板及钢带》(GB/T 2520—2008)的测试级镀锡板,尺寸为200mm×120mm×0.28mm;

②黄铜模框:模框的内尺寸为60mm×40mm×3.2mm(精确至±0.2mm);

③电热干燥烘箱:自动控制恒温60℃±1℃;

④三角架:与水平方向的夹角为75°±1°。

(2)试验步骤

在镀锡板上并排放置3个模框,模内侧面涂一层甘油滑石粉隔离剂,将加热至灌入温度的密封胶分别灌入3个模框内。在室温中冷却至少0.5h后,用热刮刀刮除高于试模的密封胶,使密封胶面与试模面齐平。在室温中冷却6h后,拆下模框,制成3个60mm×40mm×3.2mm试件。

将镀锡板连同试件放在3角架上,置入60℃±1℃的恒温箱内保持5h,取出试件,量测各试件的长度(精确至0.1mm),减去原来的长度,其差值即为流动值(mm)。

4.弹性试验

弹性试验目的是测定密封胶对砂石等杂物嵌入的抵抗能力。

(1)仪器设备

仪器设备仍采用沥青针入度仪,将原仪器的标准针取下,换成特制的贯入球(图10-3),钢球直径17.00mm±0.05mm,贯入球质量为27.5g±0.05g,贯入球加连杆总质量为75.0g±0.1g。

(2)试验步骤

①按锥入度试验的试验步骤制备试样,取出已达到恒温25℃±0.5℃的盛样皿,放在平底玻璃皿中的三脚支架上。玻璃皿中不要盛水。

②在球针的钢球上涂上一层甘油滑石粉隔离剂,慢慢放下球针连杆,使球针刚好与试样表面接触。用撳钮固定连杆,拉下齿杆与连杆顶端接触,调节刻度盘指针至零。

③用手紧压撳钮,同时启动秒表,使球针自由落下;球针贯入时间为5s时,停压撳钮,使球针连杆固定,拉下齿杆与连杆端接触,记录刻度盘指针读数P(0.1mm)。

④左手紧压撳钮,同时右手压连杆,使球针在10s内匀速压入密封胶中10mm,拉下齿杆,此时总贯入量为$P+100$(0.1mm)。固定球针5s,将齿杆上推。再按压撳钮并保持球针在试样表面,恢复20s后,停压撳钮,拉下齿杆,记录刻盘

指针读数 F(0.1mm)。按式(10-1)计算弹性恢复率。

$$r = P + 100 - F \tag{10-1}$$

式中:r——弹性恢复率,%。

试验过程示意见图 10-4。

5. 低温拉伸试验

低温拉伸试验装置见图 10-5。

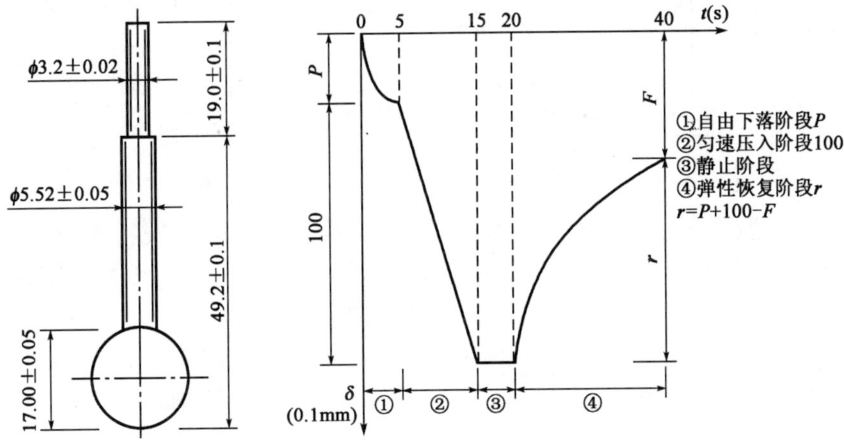

图 10-3　贯入球(尺寸单位:mm)

图 10-4　弹性试验过程示意图

(1)仪器设备

①拉伸试验机:拉伸范围至少 30mm,行程速度 0.05mm/min;

②低温装置:恒温控制能达 0℃ ±1℃ ~ −40℃ ±1℃;

③水泥混凝土块:尺寸 75mm × 50mm ×25mm;

④金属模块:立柱,尺寸 100mm × 15mm ×12.5mm;上垫块,尺寸 75mm × 15mm × 10mm;下垫块,尺寸 75mm × 25mm × 10mm (图 10-6)。

(2)试验步骤

①试件制作。参考 ASTM D1985 制作水泥混凝土块。如图 10-7 所示,用金属模

图 10-5　低温拉伸试验

块和水泥混凝土块围出一个 50mm×50mm×15mm 的孔隙，倒入密封胶，微高于水泥混凝土块顶面，在室温中冷却至少 2h，拆除金属模块，用热刮刀刮除顶面和底面多余密封胶，得到试验用拉伸试件。

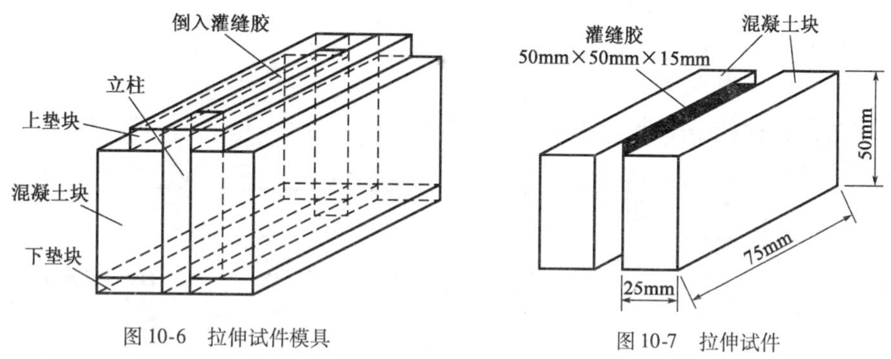

图 10-6　拉伸试件模具　　图 10-7　拉伸试件

②低温拉伸。把试样置于低温装置中保温不少于 4h 后，安装在拉伸试验机上。以 0.05mm/min 速度拉伸试样，试验过程保持规定的试验温度。完成规定的拉伸量（如 50%、100% 等）后，在 30min 内把试样取出。

③重压缩。取出试样后，观察试样中、试样与水泥混凝土块连接面之间有无明显的裂缝。如果没有出现明显的裂缝，把试样侧翻过来（即一块水泥混凝土块在底面，一块水泥混凝土块在顶面），置于室温使密封胶在顶面水泥混凝土块的重力作用下重新压缩回原样（密封胶试验前的厚度为 15mm）。

④重拉伸。同②低温拉伸过程。

⑤结果评价。在达到要求的拉伸次数后，在 30min 之内将试样从拉伸试验机中取出，立即检查试样是否有裂缝出现；当裂缝长度大于 6mm 时，判断试样失效。

第三节　裂缝修补工艺

一、工艺概述

灌缝技术作为沥青路面预防性养护技术的重要组成部分，通过封闭路面裂缝，防止水渗入路面结构内部，被国际上广泛认为是减缓路面病害出现、延长路面使用寿命的有效手段。然而，长期以来，我国对路面裂缝修补工作不够重视，灌缝材料多采用热沥青、乳化沥青等，一般不进行开槽处理而采用直接填封方法，灌缝技术比较落后。我国《公路养护技术规范》（JTJ 073—96）和《公路沥青路面养护技术规范》（JTJ 073.2—2001）中裂缝修补方法的要点如下。

(1)缝宽在5mm以内:清除缝中杂物及尘土;将稠度较低的热沥青(缝内潮湿时应采用乳化沥青)灌入缝内,灌入深度约为缝深的2/3;填入干净石屑或粗砂,并捣实;将溢出缝外的沥青及石屑、砂清除。

(2)缝宽在5mm以上:除去已松动的裂缝边缘;用热拌沥青混合料填入缝中,捣实;缝内潮湿时应采用乳化沥青混合料。

多年的实践证明,这种不开槽的裂缝修补方法虽然在施工设备和材料费用上投入少,初期施工费用低,但是使用寿命很短,裂缝密封效果很差,根本达不到裂缝维修的效果和目的。目前,高等级公路已经很少采用这种裂缝修补方式。

现代意义上的沥青路面灌缝技术是指采用专用的设备(如开槽机、灌缝机、打胶枪等)和专用的材料(各种类型路面专用密封胶)按照特定的施工工艺进行路面裂缝处理的一种技术。目前,主流的路面灌缝材料为加热施工式的橡胶沥青类密封胶,常温施工式的灌缝材料(如聚氨酯、聚硫、有机硅)也在逐步应用和推广。

国外自20世纪90年代开始,以SHRP H106等研究项目为代表,对灌缝技术和密封胶的使用性能进行了长期的观测研究。SHRP H354提出了8种灌缝施工工艺并对不同工艺的灌缝进行比较。这8种典型的施工工艺如图10-8所示。

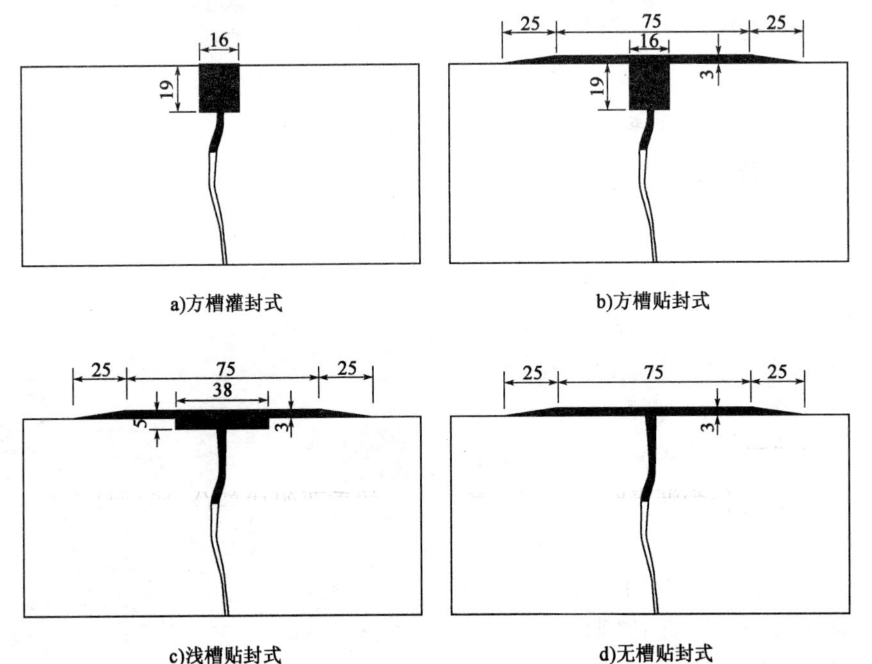

图　10-8

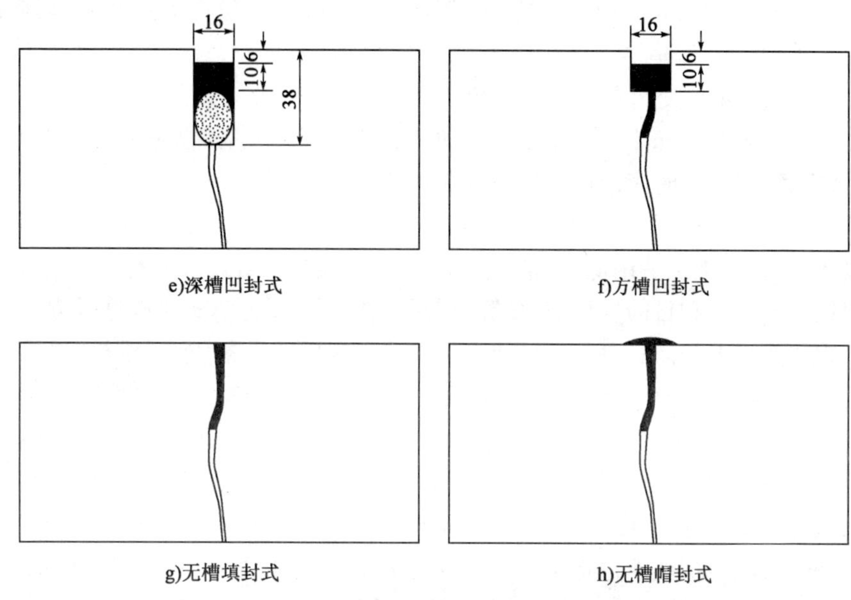

图 10-8　SHRP 提出的裂缝修补工艺(尺寸单位:mm)

SHRP H354 认为,在图 10-8 中,a)、b)、c)、d)适用于加热施工式的橡胶沥青密封胶,b)的效果最好,寒带可选 c),非运动缝可选 d);e)、f)适用于常温型密封胶,在水泥路面上以 e)为主,在沥青路面上以 f)为主;g)、h)适用于乳化沥青类直接填封。

二、加热型密封胶灌缝工艺

加热型密封胶主要指橡胶沥青密封胶,施工时的灌入温度一般在 180 ~ 200℃之间。加热型密封胶的灌缝技术一般包括开槽、清理、灌缝和养护四个步骤。

1. 开槽(图 10-9)

采用专用的开槽机进行该项作业,按照裂缝标示,根据裂缝的宽度和深度,调整好开槽机的开槽宽度和深度,对准裂缝的中线切割出均匀的 U 形凹槽。裂缝两侧壁至少各去除 3cm,以暴露出新的黏结面。

图 10-9　路面开槽

需要强调的是，当沥青路面表面层没有足够的强度抵御开槽机的切割冲击力时，不宜进行开槽处理，而应直接进行填缝。

2. 清理（图 10-10）

清理裂缝中原有的尘土和开槽过程中产生的残渣，保证密封胶与缝壁间的牢固黏结。一般采用压缩空气或钢丝刷清理裂缝，必要时还可以采用热空气喷枪预热路面裂缝槽。

图 10-10　裂缝清理

3. 灌缝（图 10-11）

把密封胶加热至灌入温度，用灌缝机上带有刮平器的压力喷头将密封胶均匀灌入槽内。为保证密封胶温度不降低，出料管道应装有加热功能。采用针式喷嘴灌缝，或采用小拖靴在裂缝两侧拖成 5cm 宽度的贴封层。每条裂缝的灌注工作应是连续的，如出现未完全填封的裂缝需要再次进行填封处理。

图 10-11　灌入灌封胶

4. 养护

根据气温条件冷却 10 ~ 20min 后开放交通。为了防止车轮粘起密封胶，有时在灌入密封胶后还要在其上撒上一些细砂。

三、常温型密封胶灌缝技术

目前,主流的常温型密封胶是指有机硅(硅酮 Silicone)、聚氨酯(Polyurethane)和聚硫(Polysulfide Rubber)。改性乳化沥青材料由于温度敏感性大,低温时的脆裂不可避免,一般不再推荐用于裂缝处理。

常温型密封胶可分为单组分和双组分两种类型。单组分密封胶施工便捷,但是对材料的包装的密封性要求很高。单组分实际上也是双组分或多组分混合而成,只是密封性好,在存储过程中不发生固化。双组分密封胶施工前需要先按比例将两种组分混合均匀,优点是可以采用简易廉价的包装,另外固化时间一般比单组分要快。

常温型密封胶按流平性能可分为:自流平型和非自流平。自流平型密封胶施工便捷,采用手持式打胶枪即可操作;非自流平型密封胶一般采用抹缝方式进行施工,施工比较麻烦,使用效果较差。

常温型密封胶施工时一般也采用开槽灌缝方式,开槽和清理的步骤与加热型密封胶一样,灌缝时采用手持打胶枪挤压密封胶。对于沥青路面而言,采用深槽凹封式灌缝工艺是不合适的,这是因为沥青路面开槽一般也就在 2cm 以内,切割过深既有困难又可能造成面层材料松散。2008 年 9 月,作者进行有机硅灌缝时尝试采用方槽凹封式工艺,方槽深宽均为 1cm 左右,有机硅密封胶低于路面 1 ~ 2mm,实际使用效果不尽理想,低于路面的槽体凹面内出现积水、堆积砂石等的现象(图 10-12)。后来采用沥青路面最常用的方槽灌封式和方槽贴封式,开槽清理后用打胶枪挤压密封胶,使得自流平的密封胶稍微高于槽面 1 ~ 2mm,然后用铲刀刮平(图 10-13)。第二种灌缝方式避免了凹封槽体内积水积砂石的现象,当密封胶固化失黏后也不会出现被轮胎粘走的现象,取得了良好的效果。

图 10-12　方槽凹封式灌缝效果不佳

图 10-13　灌缝后铲刀刮平

四、压缝带施工

压缝带,又称贴缝带,分为自黏式和热黏式两种。它通过外力挤压带状材料进行封闭裂缝,是近年来兴起的一种新型裂缝修补材料,类似于路面裂缝“创可贴”。

压缝带的施工方法十分简单,无需开槽(图10-14)。施工时清理缝面尘土和杂物,根据裂缝的宽度,裁割压缝带产品,避免污染压缝带的黏贴面。热黏式压缝带采用液化气喷火枪同时加热路面裂缝和压缝带的黏贴面,当沥青路面裂缝面出现油点且压缝带黏贴面变油滑时,即可黏贴在裂缝面上。当裂缝转弯向右时,只需稍稍烘烤压缝带左侧,反之亦然。对压缝带收尾部分,加热缝面和压缝带的时间可稍长些。压缝带黏贴在缝面上后,应加热压缝带两侧至油滑。自黏式压缝带无需加热,施工时直接用手掌按压一下即可,施工效率极高。根据气温条件,5～10min后开放交通。为了防止车轮粘起压缝带,可在压缝带面上撒些细砂。

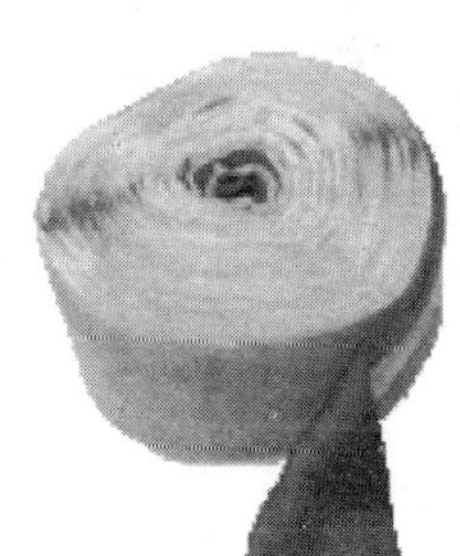

图10-14　压缝带材料与施工

第四节　裂缝修补的失效

一、裂缝—密封胶体系受力状态

对沥青路面裂缝进行密封后,裂缝—密封胶形成了一个有机整体,在交通荷载作用下,沥青路面结构内各点处于不同的应力应变状态(图10-15～图10-17)。

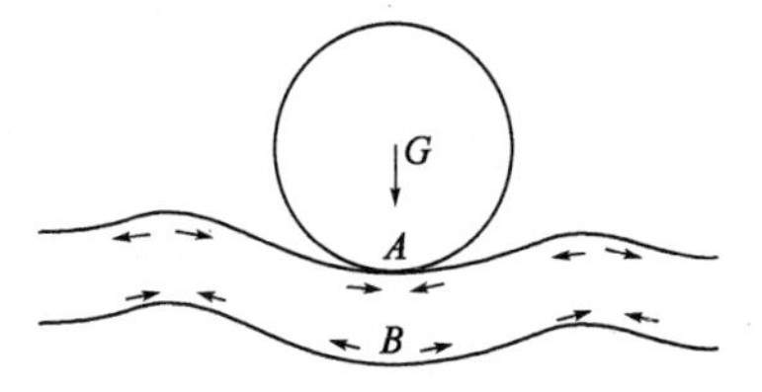

图10-15　路面面层在车轮作用下的受力状态

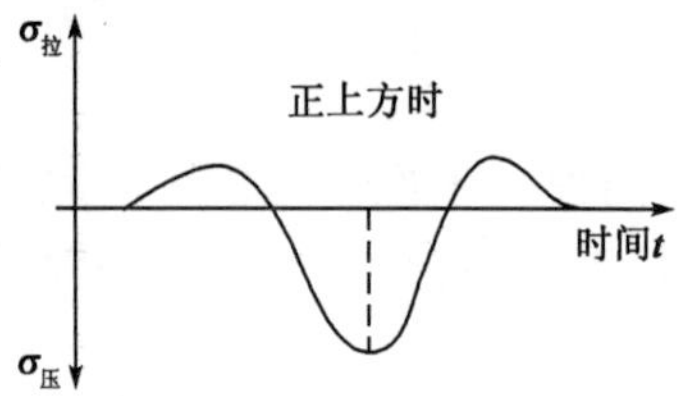

图 10-16　A 点应力随时间的变化

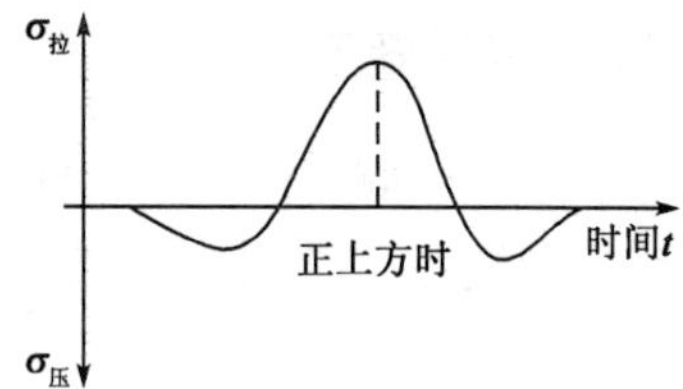

图 10-17　B 点应力随时间的变化

1. 正应力

裂缝槽中密封胶起着传递拉、压应力的作用，同时其自身也受到拉、压应力的作用(图 10-18)。在拉应力作用下，裂缝有不断扩张及密封胶与裂缝壁面被撕裂的趋势；在压应力作用下，裂缝呈不断愈合及密封胶被挤出的趋势。

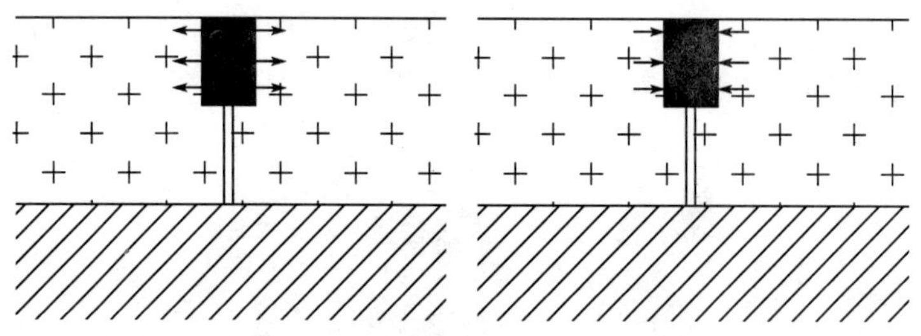

图 10-18　裂缝密封胶受正应力作用

2. 剪应力

当行驶的车辆接近裂缝或驶离裂缝时，密封胶起着传递剪应力的作用，同时其自身也受到剪应力的作用。在剪应力作用下，裂缝两侧出现错台及密封胶被剪断或密封胶与裂缝壁面被剪切开的趋势。受力状况如图 10-19 所示。

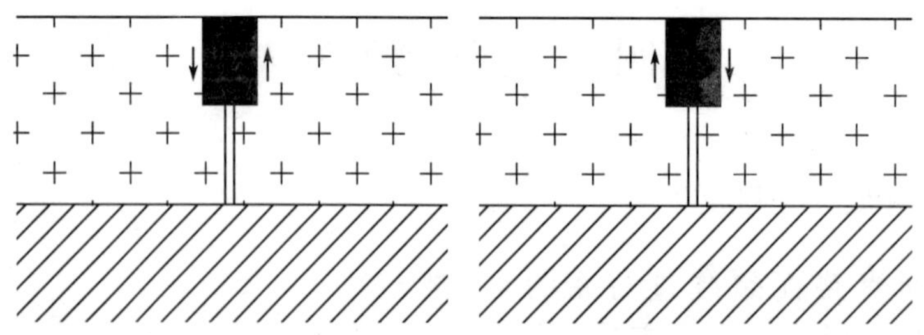

图 10-19　裂缝密封胶受剪应力作用

3. 动水压力和真空吸力

当降雨或裂缝处有积水时，行驶的车辆会对裂缝密封胶产生一定的水力冲刷作用。即在车辆驶近裂缝时,轮胎前面的水受轮胎挤压挤入裂缝,使裂缝密封胶受到动水压力作用;在车辆通过裂缝后,轮胎后方与路面间形成暂时的真空,使裂缝密封胶受到真空吸力的作用。在动水压力和真空吸力反复作用下,会造成裂缝密封胶自身黏结力下降及密封胶与裂缝壁面间黏附性强度降低,有使裂缝密封胶松散、脱出的趋势。受力状况如图 10-20 所示。

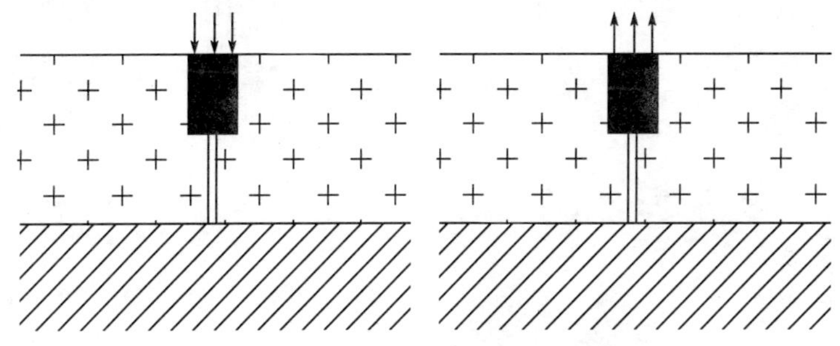

图 10-20　密封胶受动水压力和真空吸力作用

二、密封胶失效的分类

SHRP H106 提出了路面密封胶失效率的概念,即失效率 = 失效密封胶的延米数/密封胶的总延米数;同时,指出常见的损坏现象主要有如下四种。

(1)黏结失效(Adhesion Failure),指拉伸强度超过了密封胶与裂缝壁的黏结强度而导致的失效(图 10-21)。

(2)断裂失效(Cohesion Failure),指拉伸应力超过了密封胶的内聚应力而导致其本身出现断裂(图 10-22)。该种损坏形式尤以乳化沥青、改性沥青类填缝料最为常见。

图 10-21　黏结失效

图 10-22　断裂失效

(3)卷走(Pullout),在夏季,材料被轮胎粘走(这是主要现象);在冬季,材料易被除雪车扫走(图 10-23)。

(4)侧缝(Secondary Cracking),指拉伸强度超过了沥青混凝土抗拉强度而导致的裂缝周边出现新的裂缝(图 10-24)。主要原因有:路面材料老化导致应力不能及时松弛,或开槽不当导致路面材料松散。侧缝是沥青路面在灌缝处理附近出现的新裂缝,虽然不是灌缝胶本身的失效,但同样影响了灌缝的效果。

图 10-23 卷走失效

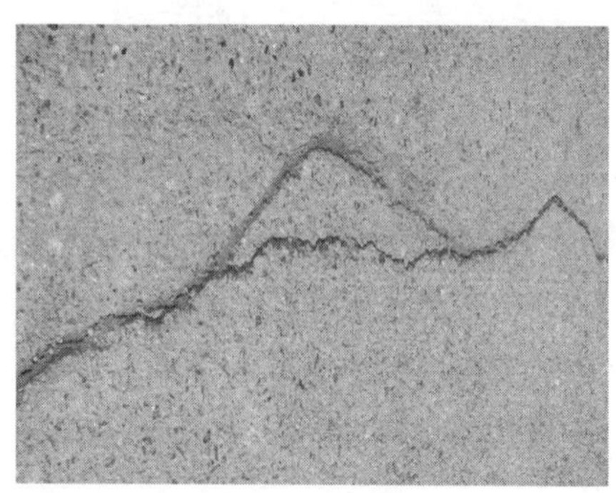

图 10-24 侧缝失效

此外,还有一些表面损坏,如发泡(Bubbling)、挤出(Extrusion)、车辙(Tracking)、杂物嵌挤(Stone Intrusion)、风化(Weathering)、磨耗(Wear)等,这些损坏一般并不影响密封胶的封水效果。

第十一章　高性能冷补材料与坑槽修补技术

第一节　技术概要

一、技术特性

坑槽是我国沥青路面的主要病害形式之一。坑槽的出现往往具有突发性，并有不断扩大的趋势，若不及时修补，会对行车安全造成极大的威胁。所以，在坑槽出现之后必须迅速进行修补(有些高速公路要求在坑槽出现后24h内修补完毕)。

沥青路面坑槽病害的修补，按照修补工艺的不同可以分为热补法和冷补法两种类型。前者采用热拌沥青混合料，有的还对原路面局部进行加热，而后者则采用常温沥青材料。我国大部分地区冬春季节气温较低，使用热拌沥青混合料进行路面局部修补难度很大。原因主要为：用热拌混合料拌和楼生产很不方便；修补剩余的混合料在低温下无法再利用，只能废弃，造成很大的浪费和污染；在雨季，有些施工质量不佳的路面容易出现很多坑槽路段，而热拌混合料在雨天无法正常施工。冷补材料施工速度快，操作简便，可在冬季和雨雪天气施工的优点，恰好满足了坑槽修补的要求，因此这项技术逐步得到认可和推广应用。

冷补沥青混合料的应用场合和使用条件，要求其具备以下技术特性。

(1)施工和易性。在施工温度下，混合料能保持松散状态，不结块，不黏聚成团，可以用铁铲方便地进行手工拌和操作。

(2)储存性能。冷补料生产后进行密封包装，室内堆放几个月甚至一年以上后，仍能保持松散状态；或虽已黏聚成团，但用铁铲等简易工具能方便地将其拍成松散状态。

(3)初期强度。在冷补料填补到坑槽并碾压后，为了满足立即开放交通的要求，混合料应具有一定的强度以承受车辆荷载。

(4)成型强度。在长期使用中，随着隔离剂的挥发和集料的进一步压实，混合料应具有足够的强度，以承受夏季高温季节的行车荷载反复作用。

(5)水稳定性。冷补料在有水的状态下仍能够正常摊铺、碾压,碾压后的冷补料需具备良好的抗水损坏能力,以抵御在初期和成型后的雨水的侵蚀。

与热拌沥青混合料相比,冷补料通过掺加隔离剂实现了施工状态从热铺到冷铺转变的同时,也不可避免地影响到了混合料的路用性能。因此,需要通过适当的技术手段,减少隔离剂对混合料路用性能的影响,协调好冷补料的"和易性"、"储存性能"、"初期强度"和"耐久性"之间的矛盾。

总之,冷补沥青混合料的设计,从根本上来说就是要解决和协调施工和易性与路用耐久性间的矛盾,而这也正是冷补材料的技术难点所在。

二、冷补料的类型

冷补料,国外称为"Cold Patch Asphalt Mixture"(简称为"Cold Patch"或"Cold Mix"等),国内有冷铺沥青混合料、常温沥青混合料、低温沥青混合料、冷拌沥青混合料、冷补沥青混合料等不同的叫法。国内外的冷补料尽管品牌、种类很多,但是从技术角度而言,这些产品根据所采用的冷补结合料的不同,可以归为以下两种类型。

(1)稀释沥青混合料,也称溶剂型沥青混合料。其基本原理是通过掺加不同挥发性的溶剂,在一定时间范围内暂时降低沥青的黏度,使混合料在一定时间内不致硬化,维持良好的施工性能;施工后随着溶剂的挥发,混合料获得足够的强度;同时,还通过掺加添加剂改善混合料的性能。

(2)乳化沥青混合料。其基本原理是将沥青乳化成常温下呈液态的乳化沥青,然后用乳化沥青拌制成常温混合料;施工后乳化沥青破乳,乳化沥青中的水分蒸发,残留沥青与石料黏结在一起形成具有一定强度的混合料。

两者相比,乳化沥青混合料的主要优点是没有污染,但是储存时间较短,而且一般只能在气温5℃以上施工,不能满足冬季施工的要求,因此适用范围受到了很大的限制。稀释沥青混合料储存时间可以是几个月甚至一年以上,且施工基本不受气温和天气条件的限制,是目前国内外冷补料的主要类型,也是冷补料的发展趋势。本章主要介绍可以储存的稀释沥青混合料。

稀释沥青一般由基质沥青添加一定数量的稀释剂(或称为溶剂、隔离剂)充分搅拌均匀而成。为保证隔离剂与沥青的相容性,通常采用极性与沥青相似的汽油、煤油和柴油作为隔离剂。添加了隔离剂的稀释沥青的性能受到了一定程度的影响,特别是抵抗水侵害的能力,所以稀释沥青通常还需要加入一些添加剂,以提高它的性能。

三、国外的相关技术概况

早在20世纪30~40年代，前苏联、美国等国家为实现冬季沥青路面的简易快速修补，已经对可储存式沥青混合料开展了研究和应用。进入20世纪80年代，美国、英国、日本等国家对冷补沥青混合料进行了系统研究，不仅成功地研制出了冷补沥青混合料产品，而且实现了大规模的商品化生产。

1. 前苏联

前苏联的研究指出，冷铺沥青混合料与热铺沥青混合料的根本区别在于，冷铺沥青混合料使用的结合料为稀释沥青，而热铺沥青混合料使用的结合料为黏稠沥青；拌制冷铺沥青混合料时必须使用一定量的矿粉，沥青越稀释，越应加大矿粉用量。分别用黏稠沥青和稀释沥青制备的两种沥青混合料具有相同的初始强度（如 $R_{20}=3.5\mathrm{MPa}$），采用黏稠沥青混合料时，矿粉用量应占矿料总量的0~5%；采用稀释沥青混合料时，矿粉用量应占12%。前苏联的这种技术指导思想反映在集料级配上就是，矿粉用量高达15%~30%，依靠沥青与矿粉所形成的胶结料构成混合料的黏结强度。

2. 美国

从20世纪80年代初开始，美国就开始研究和应用冷补沥青混合料。美国的冷补料来源主要有三个，一是常规产品（everyday material），即各地自行生产的冷补料，由于缺少相应的规范和质量控制，往往使用效果一般；二是州内规范产品（state specified material），一般有较好的设计，达到州规范的要求；三是私有产品（proprietary material），即由厂家进行商品化生产的、满足私有规范的品牌产品，在美国也被称为高性能冷补材料（High-Performance cold mix），比较有代表性的产品包括：Seaboard Asphalt Products 公司生产的 Bond-X、Koch 公司生产的 Elasti-Patch、United Paveing Materials 公司生产的 UPM High-Performance 等。

美国联邦公路局 FHWA 的调查显示，高性能的成品冷补料尽管价格最高，可达普通冷补料4倍，但是由于使用寿命长，避免了反复修补，寿命周期费用反而仅为普通冷补料1/5。

美国将沥青路面冷补工艺分为填－碾法（throw-and-roll）、封边法（edge seal）、半永久法（semi-permanent）、喷填法（spray injection）四种方法。填－碾法是不对坑槽进行任何处理，直接将冷补材料倒入坑槽内，然后用运送冷补料的货车碾压4~8次。封边法是在填－碾法的基础上，沿冷补料边缘喷洒黏层油，然后撒布一些集料；半永久法是将坑槽中的积水、杂物等清除，将坑槽锯成方形，倒入冷补料，然后用压路机压实。喷填法是将坑槽内的积水、杂物吹出，然后向坑槽内喷入结合料作为黏层油，然后同时喷入沥青和集料直至材料突出到路面，最后喷一层集料。美国联邦公路局 FHWA 的研究显示：

(1)在使用相同材料的情况下，填－碾法和半永久法的使用效果相当，而前者更加经济、方便、快捷；

(2)使用高性能冷补料和填－碾法工艺，使用寿命超过 4 年的案例占到了一半。

3. 英国

英国 Emcol 国际有限公司研制的快速道路修补材料(Instant Road Repairs)在美国、加拿大、南非等地能从－45℃的低温到路面温度达到 54℃的高温等各种气候条件下使用，修补迅速，成本比同类的材料低 30% 左右。由于选用了一种非离子型表面活化剂，保证了混合料在储存期间的和易性，该种材料有效储存期达到了桶装 10 个月，袋装 3 个月，储存温度为 5℃以上。

英国 Rocol 公司开发的路面坑槽修补材料(Do-it-yourself Pothole Repairs)以聚乙烯袋包装储存，使用时只需将修补材料填入路面坑槽中经抹平、压实，即可开放交通。这种材料使用不受气候条件限制，使用前不需加热、拌和，也是一种良好的全天候路用修补材料。

4. 加拿大

加拿大 TCG 材料有限公司推出的一种储存式冷补沥青混合料，是将沥青、湿润剂、共聚物以及特别挑选的集料，以独特的配方配制的特殊沥青混合料。这种混合料能在潮湿状态下进行路面修补，能露天储存 2 年，并能在－15～38℃的气温条件下使用，性能良好。其材料组成和要求如下。

集料：集料应满足一般要求，并采用开级配，如表 11-1 所示。

加拿大 TCG 公司采用的集料级配 表 11-1

方孔筛尺寸(mm)	9.5	4.75	2.36	1.18	0.3	0.075
通过质量百分率(%)	100	50～90	5～30	0～10	0～5	0～2

沥青：沥青用量一般为集料质量的 5.5%，采用改性沥青，稀释后的液体沥青应满足表 11-2 的要求。

加拿大 TCG 材料公司对液体沥青的要求 表 11-2

项目		要求
闪点(TOC)(℃)		94℃
运动黏度(60℃)(P)		300~400
含水率		<0.2%
蒸发试验(体积损失)	225℃	0
	260℃	0~5%
	315℃	0~25%
	360℃	0~28%
蒸发残留分试验(360℃后)	ABS 黏度(60℃)(P)	125~425
	针入度(0.1mm)	<200
	4℃延度(cm)	>100
	溶解度(%)	>99

注:1P=0.1Pa·s。

5. 日本

(1)日本某公司研制的一种冷补沥青混合料,由 *A*、*B*、*C* 三种材料构成。

A 材料:碱性金属的氢氧化物,10%~15%(占集料质量的百分比),如 $Mg(OH)_2$、$Ca(OH)_2$、$Zn(OH)_2$、$Al(OH)_3$ 等;集料;轻质沥青;3%~9%溶剂,如柴油、煤油、汽油、机油等。

B 材料:碳氢化合物类液状物。

C 材料:多元羟酸类物质(1 个分子中带有平均 1 个以上的羟酸基化合物)。

拌制时:

①将集料、二价以上碱金属的氢氧化物充分搅拌,使集料表面形成一层金属氢氧化物层;

②与轻质沥青混合,形成另一种轻质沥青层;

③再与多元羟酸类物质(轴承油+聚合酸)混合,形成羟基类化合物层,就得到冷补混合料。

这种混合料可在雨季施工,且强度没有损失,耐久性好。

(2)日本另一家公司研制开发的冷补混合料组成如下:

①集料:80%~90%;

②沥青材料:4%~8%(轻质沥青);

③树脂状物质:3%~10%。

施工时,将该混合料运送到现场,初步铺设后进行表面加热,待树脂状物质熔化后,便将集料就黏结在一起,冷却后即形成强度。施工结束30min后,即可开放交通。这种冷补混合料的储存期在1个月以上。

四、国内研究应用概况

我国在冷补料方面起步要迟于国外,直到20世纪80年代末才有一些研究部门开始进行探索性研究。早期的冷补料以乳化沥青型的冷补材料为主,从20世纪90年代开始,稀释沥青类型的冷补料开始在我国得到应用,并迅速成为我国冷补料的主要类型。

有关资料和报道表明,我国的黑龙江、辽宁、上海、陕西、山西、河北、北京等很多省市的公路、市政、科研机构和高等院校都在冷补沥青混合料的研究开发方面作了不少工作,并且有了相当数量的实际应用。

同济大学在20世纪90年代中期进行了储存式沥青混合料的研究。为了满足初期强度,他们选择了类似前苏联的级配类型,建议矿粉用量10% ~15%。冷补液为基质沥青添加柴油作为溶剂混合而成,加入SBS改性剂和抗剥落剂。东北林业大学的张海涛等在国内较早地对溶剂型常温沥青混合料进行了室内研究,并铺筑了试验路。他们采用了煤油和柴油作为添加剂,制备了溶剂型常温沥青混合料。为了便于储存,在混合料中掺加了油脚作为稳定剂。山西省交通科学研究所在常温混合料的研制上也做了大量有益的探索,根据气温高低及适用范围,开发出一般型和快速型两种常温混合料。一般型初期稳定度随气温下降而增大,适用于低温季节修补坑槽,而在夏季高温季节则宜使用快速型常温混合料。长沙理工大学的刘大梁等用SBS、混合溶剂、增黏剂、增塑剂、防水剂、补强剂等配制出冷铺沥青混合料专用的冷铺沥青添加剂,于2003年3月在湖南省浏阳市106国道进行了储存式冷铺沥青混合料的修补试验。吉林省公路管理局应用该技术自1997年起,将冷补技术作为吉林省公路养护管理行业重点新技术在全省推广。山西省公路管理局从1994年开始研究和推广应用冷铺沥青混合料冬季修补坑槽的技术,1996年冬季分别在太长线、108国道、307国道寿阳路段以及交通量较大的太旧高速公路上进行了推广试用,取得了良好的效果。

2006年,交通运输部公路科学研究所承担了交通运输部西部交通建设科技项目“高性能预拌式冷铺沥青混合料的研制和应用技术研究”,研究开发适合我国西部情况的高等级公路及时、快速、全天候修补的高性能修补材料和技术,特别是在低温、雨雪等不利施工季节下的路面快速局部修补技术,编写了《冷补沥青混合料技术指南》。

第二节　冷 补 材 料

一、冷补沥青混合料的结构组成特点

根据冷补沥青混合料的技术要求，为了获得较好的施工和易性能，沥青结合料的黏聚力应较小，故初始强度主要应来源于矿料间的嵌挤力和内摩阻力，即冷补沥青混合料宜采用骨架型结构。为了得到一定的初始强度可以采用较粗的、颗粒尺寸较均匀的集料，使它们之间相互嵌挤构成骨架。为了改善沥青混合料的疏松性、和易性，可采用低稠度沥青，降低沥青的黏度。这种材料在初期内摩阻力较大，而黏结力较小。

根据冷补沥青混合料的技术要求，其初期强度主要由集料嵌挤形成；随着时间的推移，冷补沥青中的隔离剂逐步挥发，冷补沥青黏度增大，沥青结合料的黏结力增大，集料嵌挤力和结合料黏结力共同作用形成最终强度。因此，冷补沥青混合料需要有一定的空隙率使隔离剂能较快较充分的挥发，宜采用开级配。

混合料的疏松性决定于未经压实时混合料颗粒上沥青薄膜的厚度。当沥青膜厚度大时，颗粒便易黏结起来而产生结块。由于增加混合料中矿粉含量可以使矿质骨架的比面积大大增加，可以加强沥青对石料的裹覆能力，避免拌和时发生的流淌，而且不至于显著增加它的空隙率，所以适当增加矿粉用量可以使混合料的强度增大。这是因为矿粉的增加，使得矿料的比面积增大且颗粒结合点数量剧增，更多的沥青成为薄层的结构沥青，具有更大的黏结力，尤其在颗粒接合点处这种联结作用更大。但是矿粉用量过多会影响施工和易性和储存性能。

所以，根据冷补沥青混合料的特点，宜采用骨架空隙型结构。显然，这对水稳定性方面提出了较高的要求。故水稳定性是衡量冷补沥青混合料的性能优劣的一个重要指标。

二、冷补液

冷补液是冷补料的结合料，一般由基质沥青、隔离剂、添加剂、改性剂等组成。

1. 隔离剂

根据冷补沥青混合料特殊的路用要求，基质沥青中必须掺加一定比例的隔离剂以降低它的黏度。隔离剂的选择应考虑极性与挥发性。

(1)隔离剂的极性：隔离剂极性的大小，不仅与沥青结合料的互溶性有关，还影响沥青结合料与集料的黏附性,因此应选择与沥青结合料极性相同或相似的低黏度液体为隔离剂。

(2)隔离剂的挥发性:隔离剂的挥发速度直接影响沥青结合料的黏度。挥发过快,会使沥青结合料表面结膜,影响混合料的储存性能;挥发过慢,则混合料强度形成很慢。为保证隔离剂与沥青的相容性,可采用极性与沥青相似的汽油、煤油和柴油。冷补沥青混合料一般需储存较长时间,所以应选用挥发慢的柴油。

柴油用量和标号应根据使用地区的气候条件决定。根据国家标准,柴油按凝固点分为 6 个标号:5 号、0 号、-10 号、-20 号、-35 号和 -50 号。冷补沥青混合料一般采用符合国家标准的"-20 号~0 号"车用柴油,推荐选用低温标号的柴油。

2. 添加剂

基质沥青掺加隔离剂后,使得原有沥青的性能受到了很大程度的破坏,所以需要掺加一些特殊的添加剂以改善它的性能。一般而言,添加剂应能改进稀释后的沥青与集料之间的黏附性能,提高水稳定性。

此外,为了提高冷补沥青混合料的性能,还可以加入一些特殊的添加剂,可以起到以下作用:

(1)吸附和吸收沥青的作用,以增加沥青用量,从而提高冷补料耐久性;

(2)加筋作用,以三维状态在混合料中起到加筋作用;

(3)增黏作用,提高沥青膜厚度,从而提高冷补料耐久性;

(4)催干作用,使沥青膜适当干燥,保持混合料疏松。

某些国外文献中曾介绍过在沥青中添加催干剂,如亚硫酸盐废液、环烷酸皂等,以便使混合料颗粒表面的沥青膜适当干燥,降低黏结性,保持混合料的疏松性。但这样要求混合料应具有良好的密封性,增加了储存的困难。

3. 改性剂

由于冷补沥青混合料在性能上存在不足,比如初期强度较低、高温稳定性差、低温工作性不好等,国内很多研究者通过加入 SBS、SBR 等改性剂来改善基质沥青性能。

三、矿料级配

目前国内外冷补沥青混合料的级配种类繁多,大体可分为以下三类。

1. 高矿粉含量型

该类型以前苏联为代表,其最大特点是矿粉用量高达 15% ~30%,依靠沥青与矿粉所形成的胶结料构成混合料的黏结强度。混合料级配见表 11-3。

前苏联冷补沥青混合料级配　　表 11-3

混合料类型	通过下列筛孔(方孔筛,mm)的质量百分率(%)									油石比(%)
	15	10	5	2	1.0	0.5	0.25	0.15	0.074	
砂粒式(D_{max}=5mm)	—	—	95~100	65~80	45~65	35~55	25~45	20~35	20~30	5.5~7.0
细粒式(D_{max}=10mm)	—	95~100	75~85	50~70	35~60	25~45	20~40	18~30	15~30	5.0~6.5
细粒式(D_{max}=15mm)	95~100	—	65~80	40~60	30~50	20~45	15~35	15~30	13~25	5.0~6.5

该类型混合料增加了矿粉用量,强度增大,但和易性会显著下降。同济大学宋建生、吕伟民于 1997 年通过研究建议,为了兼顾强度与和易性,冷补料矿粉含量应控制在 10%~15% 范围内。长安大学杜鹃、戴经梁通过研究也得出了相似的结论,并建议矿粉用量在 8%~12%。长沙理工大学李强、刘大梁建议矿粉含量在 8%~12%。崔雷根据选定的级配,选择不同的矿粉用量进行初始马歇尔稳定度试验,结果如表 11-4 所示。金晓晴进行不同矿粉用量的冷补料初始稳定度试验,结果如表 11-5 所示。这些试验结果都表明增大矿粉用量,将会提高混合料强度。

不同矿粉用量时的初始稳定度　　表 11-4

沥青用量(%)	矿粉用量(%)	初始稳定度(kN)
5.2	3	1.89
5.2	5	3.08
5.2	8	3.45

不同矿粉用量对冷补料初始稳定度的影响　　表 11-5

矿粉用量(%)	0	2	4	6
初始马歇尔强度(kN)	2.54	2.93	3.37	3.85

作者采用某一级配,其矿粉含量为 3%,对比级配分别另增加矿粉用量,分别为 5.8% 和 8.5%(并适当增加了油石比),采用完全相同试验方法进行试件成型、养生和测试,结果如表 11-6 所示。

矿粉含量对混合料性能的影响 表 11-6

矿粉含量(%)	3	5.8	8.5
马歇尔稳定度(kN)	1.66	2.36	3.34
最低可施工温度(℃)	0	10	15

试验证明,高矿粉含量的混合料,强度虽高,但施工和易性很差,容易结块,不适合长期储存。以前苏联为代表的这类高矿粉含量的级配,可定义为即拌即用型冷补沥青混合料的级配,强度高但不宜长期储存。从目前已知的国内外知名的成品冷补沥青混合料的级配来看,也没有这种高矿粉含量的级配,这也从侧面印证了高矿粉含量级配混合料应用的局限性。吕伟民等于 2001 年发表论文提出控制矿粉含量在 2% ~4% ,2002 年发表论文又提出控制矿粉含量在1% ~3% 。

2. 密实悬浮型

密实悬浮型混合料在国内是以采用日本技术的百合道补为代表,矿粉用量在 2% ~10% 之间。其强度主要依靠合理的配合比,使混合料具有较大的黏聚力和内摩阻力。表 11-7 为日本冷补沥青混合料的级配。

日本冷补沥青混合料级配 表 11-7

方孔筛尺寸(mm)	13	10	5	2.5	0.6	0.3	0.15	0.074
通过质量百分率(%)	90 ~ 100	80 ~ 95	55 ~ 80	35 ~ 60	15 ~ 40	10 ~ 30	7 ~ 20	4 ~ 10

表 11-8 为《公路沥青路面施工技术规范》(JTG F40—2004)中提到的冷补沥青混合料的级配,也属于密实悬浮型。这种类型级配空隙率小,隔离剂挥发困难,强度形成较慢,导致高温稳定性较差。

施工规范中的冷补沥青混合料级配 表 11-8

类型	通过下列筛孔(方孔筛,mm)的质量百分率(%)											
	26.5	19	16	13.2	9.5	4.75	2.36	1.18	0.6	0.3	0.15	0.075
细粒式 LB-10	—	—	—	100	80 ~ 100	30 ~ 60	10 ~ 40	5 ~ 20	0 ~ 15	0 ~ 12	0 ~ 8	0 ~ 5
细粒式 LB-13	—	—	100	90 ~ 100	60 ~ 95	30 ~ 60	10 ~ 40	5 ~ 20	0 ~ 15	0 ~ 12	0 ~ 8	0 ~ 5
中粒式 LB-16	—	100	90 ~ 100	50 ~ 90	40 ~ 75	30 ~ 60	10 ~ 40	5 ~ 20	0 ~ 15	0 ~ 12	0 ~ 8	0 ~ 5
粗粒式 LB-19	100	95 ~ 100	80 ~ 100	70 ~ 100	60 ~ 90	30 ~ 70	10 ~ 40	5 ~ 20	0 ~ 15	0 ~ 12	0 ~ 8	0 ~ 5

3. 骨架空隙型

国内很多研究人员采用热拌沥青混合料的间断级配，李强[6]采用 AC-13II、AC-10 II 级配生产冷补料；吉林省公路局采用了 AC-16 II 型级配；山西公路局太原分局在研究当中选择了沥青碎石的级配 AM-25、AM-20、AM-16、AM-13；HU 牌冷补混合料也采用了 AM-16、AM-13、AM-10 的级配类型；山西公路局晋中分局则采用了沥青碎石 4 种矿料级配，分别是 LS-35，LS-15，LS-10 和砂粒式混合料（中砂）。

表 11-9 是美国的部分冷补料级配，其中 Tag 8000 是乳化沥青混合料，King Patch 是天然沥青砂，其余 6 种产品都是液体沥青混合料。

美国的部分冷补料级配（燃烧法）　　表 11-9

品　牌	通过下列筛孔（mm）的百分率（%）									
	19	12.7	9.5	6.4	4.75	2.36	1.18	0.3	0.075	矿粉
Albany Control mix	99.8	99.8	99.8	96.6	55.4	8.8	5.3	3.8	3.0	2.8
Bond X	100	100	100	100	93.3	23.0	4.7	2.7	2.7	1.5
Elasti-Patch	100	100	99.8	99.3	89.8	21.4	10.6	5.6	3.4	2.9
Instant RR	100	100	99.9	93.3	81.6	41.0	26.5	12.0	5.4	5.0
King Patch	100	100	100	99.7	99.7	99.1	98.5	70.4	16.3	12.9
Optimix	100	100	100	76.4	47.1	8.0	4.6	3.7	3.1	2.9
Perma Patch	100	100	100	99.9	88.9	23.0	9.1	6.2	3.0	2.5
Qpr 2000	92.0	92.0	68.3	24.2	17.2	10.8	8.2	6.1	3.8	3.1
Tag 8000	99.4	98.9	97.9	44.2	13.0	3.5	3.2	2.6	1.7	1.5
UPM	100	99.6	98.6	86.8	59.2	15.4	7.5	4.5	2.9	2.6

美国的冷补料产品级配的特点是：

（1）公称最大粒径一般不超过 9.5mm；

（2）矿料中所占比例最大的粒径一般为 4.75mm 和 2.36mm，2.36mm 以下极少；

（3）矿料中 0.075mm 的通过率一般在 5% 以内。

这种级配的强度主要靠粗集料的嵌挤作用，空隙率大容易使隔离剂挥发形成最终强度。但是这种级配混合料需要良好的水稳定性，否则很容易出现水损坏。

四、油石比

沥青膜厚度直接影响到混合料的施工和易性、强度、水稳定性等一系列性能。用油量过大时，沥青膜厚度大，集料表面的沥青之间的接触面积较大，容易形成结块，容易出现析漏现象；用油量过少时，集料表面不能完全被沥青裹覆，产生弱界面层和应力集中现象，容易造成松散，耐久性较差。因此，必须严格控制沥青膜厚度。

确定最佳油石比主要有以下四类方法。

1. 传统的马歇尔试验方法

冷补沥青混合料的初期马歇尔稳定度较低，不适合采用这种方法。李强、刘大梁按照热拌沥青混合料最佳油石比方法，直接采用沥青和级配集料进行马歇尔试验，确定最佳油石比，然后根据添加剂、稀释剂掺量确定最佳冷补沥青用量。他们认为，当冷补料完全成型（溶剂和稀释剂完全挥发后）时，最后起黏结作用的是沥青黏结料，因而可以根据热拌沥青混合料的最佳沥青用量来估算冷补沥青混合料的最佳沥青用量。

2. 日本冷补料最佳油石比确定方法

日本方法采用浸水剥离试验和沥青膜流淌试验分别确定出油石比的下限和上限。试验步骤如下：

(1)裹覆性试验

①按照级配要求称量2 000g石料。

②将石料在60℃烘干。

③按照不同油石比混合沥青和石料。

④将混合料放在吸湿性纸上使其变干，或放入96℃烘箱中加速其干燥过程。

⑤当混合料干燥后，估测其裹覆率。

⑥记录下混合料裹覆率为90%时的油石比（表11-10）。

(2)黏附性试验

①称取5个质量为1 100g的石料试件，将其加热到60℃。

②拌和试件。从裹覆性试验得到的最低油石比开始试验，油石比每次增加0.5个百分比。

③确定每个试件的裹覆率都在90%以上。

④取100g冷却到室温进行黏附试验，剩余的1 000g进行析漏试验。

裹覆性试验数据表　　表 11-10

油石比(%)	石料质重(g)	沥青质量(g)	裹覆率(%)
3.0			
3.5			
4.0			
4.5			
5.0			
5.5			
6.0			

⑤将取出的100g 混合料放入1L 广口瓶中,装满纯净水。

⑥置入60℃烘箱中放置16～18h。

⑦取出广口瓶,猛烈摇动5s;倒出水,至干燥。

⑧估计其裹覆率,把裹覆率大于90% 时的油石比记录为最小油石比(表11-11)。

黏附性试验数据表　　表 11-11

油石比(%)	石料质量(g)	沥青质量(g)	裹覆率初始(%)	裹覆率浸水后(%)
4.0				
4.5				
5.0				
5.5				
6.0				
6.5				
7.0				

(3)析漏试验

①称取盛放混合料的直径为25cm 的铝制托盘质量;

②将黏附性试验中每个试件剩余的1 000g 混合料放入托盘,称取质量;

③将混合料和托盘一起放入60℃烘箱中24h;

④将其取出,称量并计算沥青脱落率,把沥青脱落小于4% 的油石比记录为最高油石比(表11-12)。

析漏试验数据表　　表 11-12

油石比(%)	托盘质量(g)	托盘＋混合料质量(g)	混合料质量(g)	沥青和托盘质量(g)	滴落沥青质量(g)	沥青脱落率(%)
4.0						
4.5						
5.0						
5.5						
6.0						
6.5						
7.0						

该方法采用黏附性试验控制最小油石比，不过黏附性试验除与结合料用量有关外，与结合料本身的抗剥落性能关系更为密切；采用析漏试验控制最大油石比，类似于 SMA 的控制最大油石比的析漏试验。

3. 科宁冷补料最佳油石比经验方法

(1)滚动试验

该试验用于控制沥青的最小用量。取少量新制成的冷补料，放在一张白纸上，试图产生像圆木一样的滚动，查看其黏结情况：试样若破碎，则说明用油量偏少，应增加冷补液用量 0.25 个百分点，然后重新进行试验直到满足要求。

(2)纸迹试验

该试验用于控制沥青的最大用量。取少量新制成的冷补料，自然放置在一张白纸上，观测残留在纸上的痕迹：正常痕迹应为轻微的黑色斑点；若出现严重的墨迹，则说明用油量偏多，应减少冷补液用量 0.25 个百分点，然后重新进行试验直到满足要求。

科宁方法的滚动试验没有控制试验温度，而实际上冷补料的黏聚性能对温度敏感性很大，不同的室温条件完全可能得出不同的结论；纸迹试验方便可行，根据经验，冷补料由于掺加了隔离剂，存在一定的冷补沥青流淌现象。

4. 经验公式法

该法系按照式(11-1)计算最佳油石比。

$$P = 0.021A + 0.056B + 0.099C + 0.12D + 1.2 \quad (11\text{-}1)$$

式中：P——冷补沥青混合料结合料用量(%)；

A——大于 2.36mm 颗粒质量百分率(%)；

B——0.3～2.36mm 颗粒质量百分率(%)；

C——0.075～0.3mm 颗粒质量百分率（%）；

D——小于 0.75mm 颗粒质量百分率（%）。

需要指出的是，起黏结作用的是沥青结合料，隔离剂不起黏结作用，所以按照沥青膜厚度理论计算所得的 P 应为沥青结合料用量，而不是冷补液用量。有人在引用该式时，直接将 P 作为冷补液用量，将导致计算所得沥青用量偏小。

作者建议，可先按经验公式确定初始油石比，然后进行纸迹试验（图 11-1），以室温下出现轻微的黑色斑点为最佳油石比；在条件允许的情况下，可进行飞散、析漏试验加以验证。

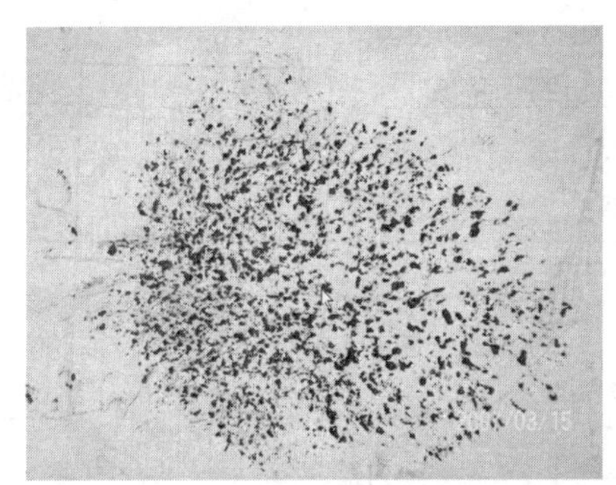

a)油石比偏小

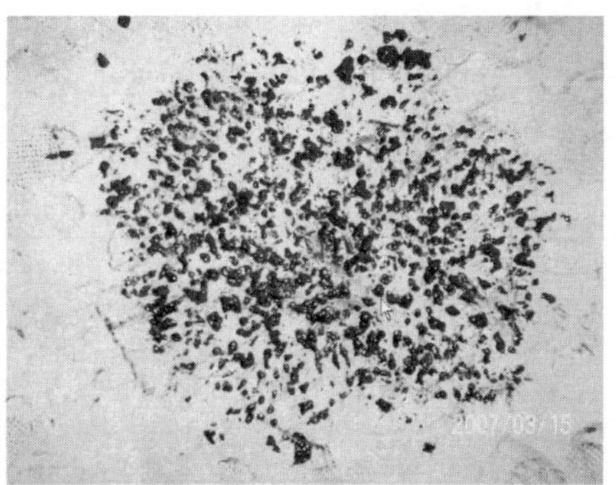

b)油石比适当

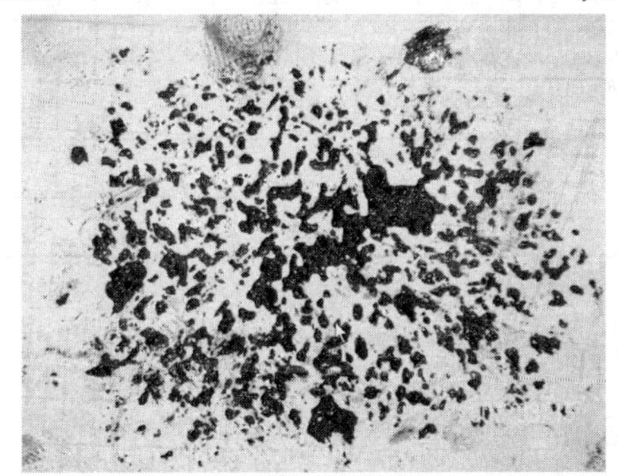

c)油石比偏大

图 11-1　纸迹试验

第三节　冷补混合料性能评价方法

一、冷补沥青混合料的结构组成特点

冷补沥青混合料与热拌沥青混合料有着不同的特点，其技术要求、性能评价方法也不同。冷补沥青混合料主要有如下五大性能要求。

(1)施工和易性。评价冷补料在施工过程中的流动性、黏聚性等综合性能，是冷补沥青混合料最基本的性能要求。

(2)初期强度。冷补料在铺筑之后,即应具有足够的强度抵抗车辆的荷载。

(3)储存性能。储存性能是冷补沥青混合料技术能够大规模推广应用的内在要求。

(4)成型强度。冷补沥青混合料隔离剂挥发后的最终强度。

(5)水稳定性。冷补沥青混合料应适合在雨雪天气下施工,所以它的水稳定性非常重要。

作者结合开展的西部交通建设科技项目研究成果,提出了如表 11-13 所示的冷补料评价方法。

冷补沥青混合料室内评价方法及技术要求 表 11-13

试验名称	性能控制	标准
赛波特黏度(50℃,3mm)	冷补液黏度	500~1 000s(冬季)
		1 000~2 000s(春秋季)
		2 000~5 000s(夏季)
黏附性试验	黏附性	5
贯入试验	施工和易性	0.5~4kg/cm²
黏聚性试验	黏聚力	≥60%
修正马歇尔试验	成型强度	≥5kN
	水稳定性	≥85%

二、黏附性试验

1.目的与适用范围

本方法适用于评价冷补液与集料的黏附性能或成品冷补沥青混合料抗水剥落性能。

2.仪具与材料

本试验需要下列仪器和材料：

(1)容积为 1 000mL 的烧杯一个；

(2)玻璃棒一根；

(3)天平,感量不大于 1g；

(4)秒表一只；

(5)白纸若干。

3. 方法与步骤

(1)在1 000mL的干净烧杯中注入800mL左右的蒸馏水,加热至沸腾。

(2)取250g的冷补料放入沸水中,并开始记时。试验时以1周/s的速率用玻璃棒搅拌,持续3min。

(3)停止加热并将水面上漂浮的沥青撇去,以免二次裹覆。

(4)将水冷却至室温,倒掉水分并将湿混合料放到白纸上。

(5)按表11-14目测判断评定黏附性等级。

冷补液黏附性等级　　表11-14

试验后石料表面上沥青膜剥落情况	黏附性等级
沥青膜完全保存,剥离面积百分率接近于0	5
沥青膜小部分为水所移动,厚度不均匀,剥离面积百分率小于10%	4
沥青膜局部明显地为水所移动,基本保留在石料表面上,剥离面积百分率小于30%	3
沥青膜大部分为水所移动,局部保留在石料表面上,剥离面积百分率大于30%	2
沥青膜完全为水所移动,石料基本裸露,沥青全浮于水面上	1

4. 报告

报告黏附性等级。

三、贯入试验

1. 目的与适用范围

本方法适用于评价成品冷补沥青混合料的施工和易性能。

2. 仪具与材料

本试验需要下列仪器和材料:

(1)贯入测试仪(图11-2),应满足以下要求。

①测试盒:测试盒呈正方体,由不锈钢材料制作,内壁边长为102mm ±0.5mm。顶面不封闭,其中一个侧面中心留有直径为10mm ±0.1mm的圆孔。

②贯入仪:一种简易的便携式贯入测试仪,测试范围为0 ~4.5kg/cm^2。

③适配器:长75mm,顶部为直径9.5mm的金属器。

(2)冰箱,感量不大于1℃。

3. 方法与步骤

(1)将冷补料放入测试盒中装满,注意松散放入,勿需压实。

(2)置于4℃的冰箱中保温3h以上。

(3)将贯入头匀速插入测试盒侧壁的小孔中,贯入过程持续时间约为2~3s,记录贯入仪上的读数。

(4)取三个试件的平均值记为该冷补料的贯入强度 W。

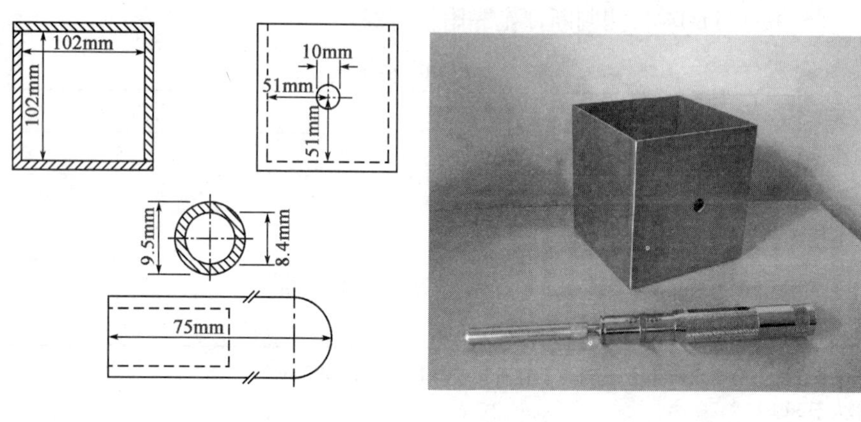

a)贯入试验示意图　　b)贯入试验仪

图11-2　贯入试验仪

4. 报告

同一试样平行试验三次,当三次测定值的差值符合重复性试验精密度要求时,取平均值作为试验结果,准确至0.25kg/cm^2。重复性试验的允许差为0.5kg/cm^2。

试验结果应报告三个试件的贯入强度值及平均值。

四、黏聚性试验

1. 目的与适用范围

本方法适用于评价成品冷补沥青混合料的颗粒之间互相黏结、在低温环境下不松散的特性。

2. 仪具和材料

本试验需要下列仪器和材料:

(1)马歇尔模具及马歇尔击实仪。

(2)天平、游标卡尺。

(3)冰箱。

(4)标准筛[底部为直径305mm、筛孔(方孔)为26.5mm]。

3. 方法与步骤(图11-3)

(1)将700g左右的冷补料装入马歇尔试模,放在4℃冰箱中保温3h以上。

(2)取出后双面击实各5次,制作成马歇尔试件。试件高度应满足51mm ± 1.3mm。

(3)将其脱模后称取质量(m),并迅速放在标准筛上(标准筛底部为直径305mm、筛孔为26.5mm),盖上盖。将标准筛直立并使试件沿筛框来回滚动20次,大约每秒一次。

(4)然后放在桌子边缘10s,并留有空隙使试件碎块通过筛孔;轻击筛网,打开盖,称取最大碎块质量m_1,计算残留率C。

4. 报告

试验结果应报告冷补料的残留率。

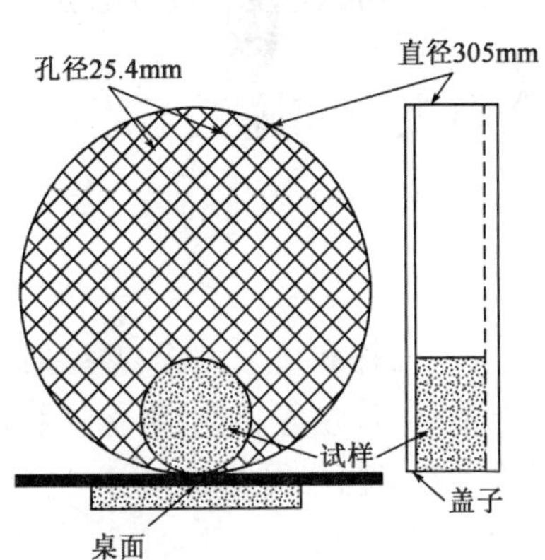

图11-3　滚动试验

五、修正马歇尔试验

1. 目的与适用范围

本方法适用于评价成品冷补沥青混合料的成型强度和水稳定性。

2. 仪具和材料

本试验需要下列仪器和材料:

(1)马歇尔模具及马歇尔击实仪、马歇尔稳定度仪、脱模器。

(2)烘箱、天平、游标卡尺、恒温水槽。

3. 方法与步骤

(1)称取1 100g左右的冷补料在常温下装入马歇尔试模,双面击实25次。

(2)连同试模一起以侧面竖立方式置110℃烘箱中养生24h,取出后再双面击实25次,制作成马歇尔试件。试件高度应满足63.5mm±1.3mm。

(3)脱模后在25℃恒温水槽中养生60min,进行马歇尔试验,测试其稳定度MS。

(4)另一组试件脱模后在25℃恒温水槽中养生48h,进行马歇尔试验,测试其稳定度MS_1,计算残留稳定度$MS_0 = MS_1/MS \times 100(\%)$。

4. 报告

两组试验各进行平行试验三次,当三次测定值的差值符合重复性试验精密度要求时,取平均值作为试验结果,准确至0.1kN。重复性试验的允许差为1.0kN。

试验结果应报告2组6个试件的稳定度及平均稳定度和残留稳定度。

第四节 冷补沥青混合料生产和施工工艺

一、冷补料的生产

生产冷补料一般借用生产热拌沥青混合料的拌和楼来完成;必要时还需要对拌和楼进行适当改造,以确保沥青罐具有搅拌、计量等功能,确保拌和楼火力可控,以达到出料的温度控制要求。常用的生产工艺流程见图11-4。

冷补料的生产一般应满足以下要求。

(1)将120~140℃之间的基质沥青加入隔离剂和添加剂,并借助于机械搅拌或泵循环装置,直到使其混合均匀为止。

(2)冷补液加热温度为80~120℃,最好采用导热油方式加热。

(3)将集料加热至80~100℃。拌和楼设备有除尘、除水的要求,以防止集料腐蚀筛孔,同时对集料加热和除尘也有利于裹覆性能,所以必须开启加热和除尘设备。

(4)混合料搅拌时间大于或等于35s,出料温度不宜超过90℃。

混合料拌制完成,冷却至常温(也可高于常温,以不损坏密封袋为准)后装入袋中密封。一般采用内袋、外袋进行严格密封包装,内袋可采用密封性良好的

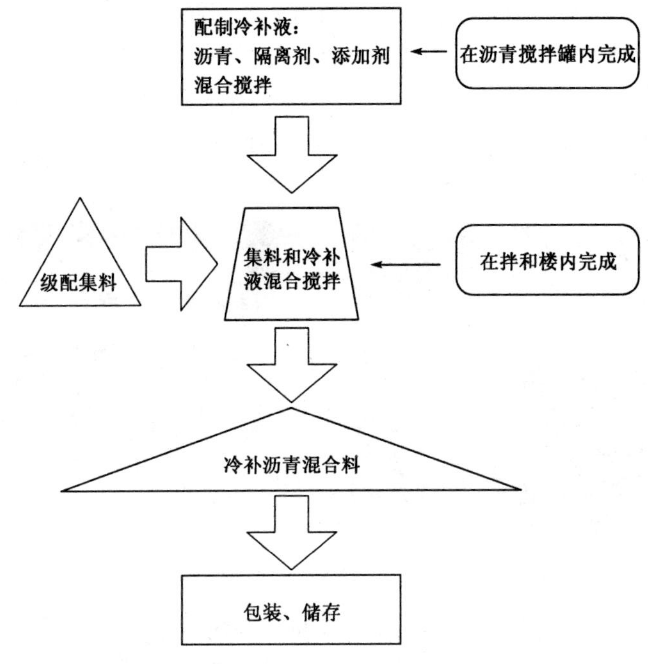

图11-4　生产工艺流程图

聚氯乙烯袋，外袋可采用韧性较好的编织袋；同时还应谨防包装袋破损而使冷补料挥发变硬，影响施工性能。

若生产的冷补料计划在一周内使用完毕，可在室内或室外有覆盖的情况下以散料形式存放，但至少需储存20t，并且以金字塔状堆积。使用期超过一周的，必须装袋密封储存。不作任何处理直接堆放于室外的方式，对冷补料储存性能、使用性能都有较大影响。从整个过程来看，这种方式显然是很不经济的。

二、冷补料的施工

冷补沥青混合料使用非常方便，当用于应急抢修时，可不进行圆坑方补、刷黏层油、坑槽干燥等传统热补复杂的工序，只需做简单的清扫即可填料，即便坑槽内有少许的粉尘、砂砾颗粒、积水等，也不会明显降低冷补料的路用性能。在没有压实设备情况下，只需用运料车的轮胎碾压几遍即可，也可用铁锹人工拍打几下击实。如图11-5、图11-6所示为某次应急抢修时的冷补料施工工艺。

非应急抢修情况下，冷补料的施工宜按下列步骤进行。

1.坑槽开挖

在对路面局部破损修补前，应将破损处开槽成型。首先确定路面破损部分的边界和深度,按照“圆洞方补”原则,画出大致与路中心线(即行车方向)平行或垂直的开槽修补轮廓线(矩形),每边至少应进入完好路面3cm(即挖去路面松散、破碎的旧料直至坚实部分);并沿画好的修补轮廓线开挖坑槽,要求成型的坑槽壁面应尽可能保持与路平面垂直,坑槽底部平整、坚实;最后再将挖掉的旧料刨出坑槽,如图11-7所示。

图11-5　应急抢修——水坑填料

图11-6　应急抢修——轮胎碾压

对路面破损坑槽进行开槽处理时,应将坑洞内不坚固的、松散的壁面材料移走,同时还应将坑槽内的松散碎屑、旧料、杂物开挖出去,露出一个坚实、整齐的坑槽壁面和一个稳定、平整的坑槽底面。这不仅便于冷补料的摊铺及用量的确定,也有利于提高冷补料与坑槽壁面材料间的黏结能力。特别是坑槽壁面与路平面垂直,不仅有利于冷补混合料与原有路面的充分黏附,同时还可大大提高冷补料的压实效果,从而获得更好的修补效果。

坑槽的开挖通常可采用人工或小型机械设备来完成。用路面破碎机开挖坑槽,效率高、使用灵活;但在开挖坑槽时,易使周围路面材料遭到振松。借助切割机可以克服路面破碎机的这一开槽缺点。开槽前先沿画好的修补轮廓线切割出一个整齐的切割缝,再用破碎机将坑槽内旧料松散、破碎。

2. 清扫坑槽

为了使冷补沥青混合料与坑槽壁面和底面具有良好的黏附性,应当清理出坑槽的松散颗粒和其他残余物,并可对坑槽壁面和底面采用凿毛处理。这样有利于提高摩阻力,使铺筑上的冷补沥青混合料同原路面结合得更牢固。

清理坑槽一般采用手动工具清扫。将坑槽内及四周的碎石、废渣清理干净,坑槽内不得存有泥浆、雨雪和冰块等杂物。对于高速公路、市政掘路工程的修补,被修补的洞穴、沟槽应有整齐的切边,废渣的清除要见到固体坚固面为止。扫除槽内槽壁碎石、尘土、积水等杂物,如图11-8所示。

图 11-7　坑槽开挖

图 11-8　坑槽清理

3. 涂刷黏层油

必要时,可在坑槽摊铺冷补料之前,先向坑槽壁面和底面均匀地喷洒一层黏层油,以浸润坑槽内表面裸露出的石料,从而提高冷补料与原有路面材料间的黏结效果,如图 11-9 所示。

乳化沥青、改性乳化沥青或液体沥青都可作为坑槽壁面的黏结层材料。在环境温度 4℃以上时宜采用乳化沥青,当温度在 4℃以下时宜采用液体沥青。液体沥青喷洒坑槽后可直接进行冷补沥青混合料铺筑,而乳化沥青喷洒后要等到破乳后才能进行混合料的摊铺。

4. 填入冷补料

将冷补料倒入坑槽中,直到填料高出路面 1 ~ 2cm 左右,冷补料的投入量可增加 10% ~ 20%。填满后坑槽中央应稍高于路面呈凸状,如图 11-10 所示。对于破损深度在 5cm 以上坑槽,可采用 3 ~ 5cm 为一层,分层填补、逐层压实。

图 11-9　涂刷黏层油

图 11-10　填入冷补材料

5. 压实

铺设均匀后，根据修补面积大小和深度，选择适当的压实工具和方法进行压实，如人工用铲背压实、货车轮胎压实、小型振动夯实机、小型压路机等。

(1)人工压实。当修补面积较小时，一般采用人工铲背压实拍打十几次即可。

(2)振动平板夯。振动压实是一种压实效果很好的方法。对于中小面积的坑槽修补，这种方法方便、实用，如图 11-11 所示。

(3)小型压路机。当大面积坑槽修补时，应使用小型压路机进行碾压。

(4)利用运料车车轮进行碾压。当修补道路等级较低或条件有限而无法采用其他压实方法时，可采用此法。具体操作方法是在铺筑混合料的坑槽上铺一层报纸或油毡纸即可，然后用汽车先从一侧向另一侧缓慢碾压。

进行压实时先从坑槽四周，然后逐渐向中间移动压实。每次应重叠压实一定宽度。最后的压实效果是中间出现弧形，这样便于行车对所修补混合料进一步压实，同时有助于将坑槽内的冷补料向四周挤压，使其与修补路面的坑槽壁面压紧，还可以保证坑槽边的冷补料不会落出坑外。

压实过程中如发现局部位置有料少之处，应立即用手工补料。压实完毕之后，必要时还可以用乳化沥青对坑槽边缘进行封边处理，如图 11-12 所示。

图 11-11 小型振动夯实机压实

图 11-12 压实后的坑槽进行封边处理

6. 开放交通

修补完的坑槽表面应光洁、平整、无轮迹，坑槽四周和边角压实良好、无松散等现象。坑槽修补完毕即可开放交通。

参考文献

[1] 徐剑,黄颂昌,邹桂莲.高等级公路沥青路面再生技术[M].北京:人民交通出版社,2011.

[2] 黄颂昌,徐剑,秦永春.改性乳化沥青与微表处技术[M].北京:人民交通出版社,2010.

[3] 潘玉利.路面管理系统原理[M].北京:人民交通出版社, 1998.

[4] 潘玉利,王松根,等.公路投资综合效益分析系统研究[R].交通部公路科学研究所, 2000.

[5] 山东省交通厅公路局,等.预防性养护政策及关键技术研究报告[R]. 山东省交通厅公路局,2007.

[6] 潘玉利,等.路面管理系统二期工程研究报告[R].交通部公路科学研究所,山东省公路管理局, 1997.

[7] 孙立军.沥青路面结构行为理论[M].上海:同济大学出版社,2003.

[8] 孙立军,姚祖康.北京市公路路面结构状况的预估分析[J].同济大学学报,1991,4.

[9] 姚祖康.路面使用性能预估模型[J].华东公路,1988,1.

[10] 姚祖康.路面管理系统[M]. 北京:人民交通出版社,1999.

[11] 董瑞琨,孙立军.路面维护及预防性养护效益分析[J].公路,2004,3.

[12] 董瑞琨,孙立军,彭勇.路面预防性养护时机确定方法探讨[J].中国安全科学学报, 2004, (14) 3.

[13] 刘伯莹.网级路面管理系统研究[D].上海:同济大学,1992.

[14] 彭华.路面管理系统中的资金优化和项目优化[D].上海:同济大学,2005.

[15] 曾峰, 张肖宁. 沥青混凝土路面预防性养护对策选择[J]. 公路 , 2007, 8.

[16] 史焕杰.高速公路路面养护决策[J].公路交通科技.2001,(118)3.

[17] 张雅涛. 高等级公路加强预防性养护的意义及具体实施建议[J].交通世界,2006,4.

[18] 赵双. 浅议加强沥青路面预防性养护的意义[J]. 甘肃科技 , 2003,9.

[19] 孙祖望. 沥青路面养护维修技术的发展与新材料、新工艺、新技术的应用(一)[J].建设机械技术与管理 , 2004,8.

[20] 杨明, 苏卫国. 预防性养护雾封层措施试验路工程实践[J]. 公路 ,

2006,11.

[21] 赵明方，徐建华，田国华，等. STAR-SEAL 封层在高速公路沥青路面养护中的应用[J]. 中国市政工程，2006,5:21-22.

[22] 姚玉玲，任勇，陈拴发. 沥青路面的预防性养护时机[J]. 长安大学学报（自然科学版），2006,6:34-38.

[23] 董瑞琨，孙立军，彭勇，等. 基于沥青路面功能性能的预防性养护时机指标[J]. 地下空间，2005,2:292-295.

[24] 董维扬，卢余权. 沥青混凝土路面预防性养护与机械[J/OL]. http://www. znjt. com/zisyd/lqhnt. htm, 2003-04-28.

[25] 沙庆林. 高等级公路半刚性基层沥青路面[D]. 北京:人民交通出版社,1998.

[26] 沈金安. 解决高速公路沥青路面水损害早期损坏的技术途径[J]. 公路,2000,5.

[27] 郭忠印，潘正中，陈崇驹，等. 半刚性基层沥青路面的(早期)损坏原因分析与对策建议[C]//2000 年道路工程学会学术交流会论文集. 北京:人民交通出版社,2000:115-116.

[28] 中华人民共和国交通运输部. 公路养护技术规范(JTG H10—2009). 北京:人民交通出版社，2009.

[29] 中华人民共和国交通运输部. 公路技术状况评定标准(JTG H20—2007). 北京:人民交通出版社，2007.

[30] TIMELY PREVENTIVE MAINTENANCE FORMUNICIPAL ROADS - BEST PRACTICE [DB/OL]. http://www. infraguide. gc. ca/docs/Timely Preventive Maintenance for Municipal Roads. pdf, 2003-06-13.

[31] Insights into Pavement Preservation [R]. Washington: U. S. Federal Highway Administration, April 2003.

[32] PAVEMENT PREVENTIVE MAINTENANCEPROGRAM GUIDELINES[R]. Ohio :The Office of Pavement Engineering, Ohio Department of Transportation, May 1, 2001.

[33] Tommy B, Tony H. Forum II: It´s Up To Us To Optimize Pavement Investment [J/OL]. Pavement Preservation Today, the Foundation for Pavement Preservation (Washington), WINTER 2002.

[34] Galehouse, L. Strategic Planning for Pavement Preventive Maintenance [J]. TR NEWS (America)219, MARCH-APRIL 2002.

[35] Ann J. Best Practices Handbook On ASPHALT PAVEMENT MAINTENANCE [R]. Washington:Minnesota Technology Transfer (T2) Center / LTAP Program, Center for Transportation Studies, University of Minnesota, February 2000.

[36] Pavement Management Guide——EXECUTIVE SUMMARY REPORT [R]. Washington: American Association of State Highway and Transportation Officials,Nov 2001.

[37] Design Division&Technical Services Division. Comprehensive Pavement DesignManual[R]. NewYork: NewYork State Department of Transportation, 2002.

[38] Labi S,Sinha KC. Life-Cycle Evaluation of Highway Pavement Preventive Maintenance[CD]. 82ndTRB AnnualMeeting, Washing-ton D. C. , January 2003.

[39] Geoffroy D N. Cost-Effective Preventive Pavement Maintenance[R]. Synthesis of Highway Practice 223, Washington, DC:National Cooperative Highway Research Program, 1996.

[40] Walls J, Smith M R. Life Cycle Cost Analysis in Pavement Design-Interim Technical Bulletin[R]. Report FHWA-SA-98-079,Washington, DC:Federal Highway Administration, 1998.

[41] Michigan DOT. Capital Preventive Maintenance Program-Guidelines [R], Michigan, March 1999.

[42] TRB. Optimal Timing of Pavement Preventive Maintenance Treatment Applications. NCHRP Report 523. Washington DC,2004.

[43] Pavement Rehabilitation Selection. MN/RC 2008-06,Minnesota Department of Transportation,2008.

[44] Foundation for Pavement Preservation. Maintenance Pavement Preventive Maintenance Guidelines. 2001.

[45] Hicks, Seeds and Peshkin. SELECTING A PREVENTIVE MAINTENANCE TREATMENT FOR FLEXIBLE PAVEMENTS. Foundation for Pavement Preservation. 2000.

[46] Kathleen T. Hall, Carlos E. Correa, Samuel H. Carpenter, Robert P. Elliot. Rehabilitation Strategies for Highway Pavements. NCHRP Web Document 35 (Project C1-38). 2001

[47] American Association of State Highway and Transportation Officials, Guide for Design of Pavement Structures, Washington, D. C. , 1993.

[48] American Association of State Highway and Transportation Officials, Supplement to the Guide for Design of Pavement Structures, Part II - Rigid Pavement Design and Rigid Pavement Joint Design, Washington, D. C., 1998.

[49] The Asphalt Institute, Thickness Design - Asphalt Pavements for Highways and Streets, Manual Series No. MS-1, Lexington, KY, 1991.

[50] The Asphalt Institute, Asphalt Overlays for Highway and Street Rehabilitation, Manual Series No. MS-17, Lexington, KY, 1999.

[51] Pavement Preventive Maintenance. Wisconsin Department of Transportation. 2003.

[52] Pavement Preservation in the United States. The Lead States Team on Pavement Preservation American Association of State Highway and transportation Officials. 1999.

[53] SHRP-H-380. Making Pavement Maintenance More Effective. Washington, DC 1994.

[54] SHRP-H-358. Pavement Maintenance Effectiveness. Washington, DC 1994.

[55] SHRP-M/UFR-91-506. Innovative Materials and Equipments for Pavement Surface Repairs. Washington, DC 1991.

[56] NCHRP Web Document 47 (Project 20-50[3/4]). Kathleen T. Hall, Carlos E. Correa, Amy L. SimpsonLTPP Data Analysis: Effectiveness of Maintenance and Rehabilitation Options. 2002.

[57] FHWA-AK-RD-01-04. Cost-Effective Rut Repair Methods. 2001.

[58] Ann Johnson. Best Practices Handbook on ASPHALT PAVEMENT MAINTENANCE. Minnesota Department of Transportation. 2000

[59] U. S. EPA. Hazardous and Solid Waste Amendments of 1984. 1984.

[60] Hall, Ridgeway M., Jr.; Robert C. Davis, Jr.; Richard E. Swartz, et al. RCRA Hazardous Wastes Handbook, 12th ed. Rockville, MD: Government Institutes, Inc., 2001.

[61] U. S. Environmental Protection Agency. 25 Years of RCRA: Building on Our Past to Protect Our Future. July 2003.

[62] FHWA Pavement Preservation Technology In France, South Africa, And Australia. 2002.

[63] David G. Peshkin, Todd E. Hoerner, Kathryn A. Zimmerman(NCHRP report 523, National Research Council Optimal timing of pavement preventive maintenance treatment applications. Transportation Research Board. 2001.

[64] 中华人民共和国行业标准. JTG F41—2008 公路沥青路面再生技术规范[S]. 北京:人民交通出版社,2008.

[65] 黄建跃, 刘先森. 谈发展沥青再生技术的几个关键问题[J]. 公路,2003, 8 .

[66] 徐剑,黄颂昌,等. 北京市道路材料再生利用技术指南和标准研究报告[R]. 交通运输部公路科学研究所,2009.

[67] 中华人民共和国行业标准. JTJ 073. 2—2001 公路沥青路面养护技术规范. 北京:人民交通出版社,2001.

[68] 吕伟民. 沥青再生原理与再生剂的技术要求[J]. 石油沥青,2007,6(21).

[69] 拾方治,马卫民,吕伟民. 沥青路面再生技术手册[M]. 北京:人民交通出版社. 2006(84).

[70] 芦军. 沥青路面老化行为与再生技术研究[D]. 西安:长安大学,2008.

[71] 张金喜. 道路工程材料资源循环利用技术[M]. 北京:科学出版社,2008.

[72] 徐卫东,等. 就地热再生修补方法试验研究[J]. 江苏交通工程,2003(2): 92-97.

[73] 吕伟民,严家伋. 沥青路面再生技术[M]. 北京:人民交通出版社,1989.

[74] 吴少鹏,等. 路用沥青再生剂的研究[J]. 国外建材科技,2001(4):47-50.

[75] 江燕青. 沥青路面就地热再生技术的研究[D]. 西安:长安大学,2006.

[76] U. S. Department of Transportation Federal Highway Administration. INFORMATION: Formal Policy on the Use of Recycled Materials. 2002.

[77] FHWA. Pavement Recycling Guidelines for State and Local Governments. 1997.

[78] NCHRP REPORT 452. Recommended Use of Reclaimed Asphalt Pavement in the Superpave Mix Design Method: Technician's Manual. WASHINGTON, D. C. , 2001.

[79] ARRA. Basic Asphalt Recycling Manual. 2002.

[80] Performance of recycled hot mix asphalt mixtures[R]. NCAT Report N0. 95-1.

[81] RECYCLED MATERIALS IN EUROPEAN HIGHWAY ENVIRONMENTS Uses, Technologies, and Policies[R]. FHWA-PL-00-025, US Dept. of Transportation Washington, DC, 2000.

[82] Pavement Recycling Executive Summary And Report. Federal Highway Administration[R], Report No. FHWA-SA-95-060, Washington, DC, October, 1995.

[83] Luc De Bock. Hot In-Plant Recycling of Processed Reclaimed Asphalt Pavement[M]. Belgian Road Research Centre.

[84] 王元勋,张文魁.日本路面废料再生利用技术指南(草案)[M].北京:人民交通出版社,1990:21-46.

[85] 黄煜镔,等.沥青路面再生技术的原理与应用[J].重庆建筑大学学报,2004(6):129-133.

[86] 吉才平.浅谈TL-2000聚合路面强化剂在高速公路沥青路面养护中的应用[J].科技信息(科学教研),2006,(10):85-86.

[87] 宋建生.储存式沥青混合料设计方法的研究[D].上海:同济大学,1997.

[88] 吕伟民.沥青混合料设计原理与方法[M].上海:同济大学出版社,2001.

[89] 杜鹃.储存式冷铺沥青混合料的研究[M].西安:长安大学,2001.

[90] 毛玮芸.冻土地区沥青路面冷补材料路用性能研究[D].西安:长安大学,2005.

[91] 金晓晴.LB(冷拌冷铺)沥青及其路面修补技术研究[D].西安:长安大学,2005.

[92] 郝培文,符俊.预拌式冷补沥青在道路日常养护中的应用[J].公路.2001,12:75-77.

[93] 冯健理,袁文平,朱保罗,等.冷铺沥青材料的研制与应用[J].上海公路.2001,1:10~12.

[94] 吕伟民,李立寒,周海生,等.冷铺沥青材料的特性与配制技术[J].华东公路.2002,2:67-69.

[95] 张海涛,张立宁.溶剂型常温沥青混合料的生产和施工技术[J].东北林业大学学报.2001,6:60-63.

[96] 张新天,高金歧.沥青路面冷补材料与应用技术的研究[J].北京建筑工程学院学报.2004,1:22-27.

[97] 闰庆奎.冷补技术在道路养护中的应用[J].甘肃科技.2006,9:180~181.

[98] 孙苏梅.冷补沥青混合料在道路坑洞修复中的应用[J].中国市政工程.2006,5:10-12.

[99] 刘大梁,刘小燕,罗立武,等.储存式冷铺沥青混合料的研制和应用[J].中外公路.2005(2):118-120.

[100] 刘大梁,刘小燕,罗立武,等.高性能预拌式冷铺沥青混合料的研制和应用[J].公路.2004,10:112-115.

[101] 刘大梁,刘小燕,罗立武,等.预拌式冷铺创万青混合料的赶开制与应用[C]//第二届全国公路科技创新高层论坛论文集.北京:朝华出版社,2004.

[102] 延西利,金晓晴,李金永. LB冷拌冷铺沥青及其路面修补技术研究[J]. 公路. 2005,8:147-151.

[103] 延西利,李金永. LB沥青混合料的路面修补技术工艺[J]. 西南公路. 2006,1:6-9.

[104] 任永利. HU-L冷补料在高等级公路沥青路面养护维修中的应用[J]. 广东公路交通. 2003,4:11-13.

[105] 唐高见. 储存式沥青混合料的配合比设计[J]. 公路与汽运. 2005,(4):37-39.

[106] 宋建生,吕伟民. 储存式沥青混合料的配制与应用[J]. 中国市政工程. 1997,4:16-18.

[107] 姚利杰,蔡鑫,李宁利. 高性能冷铺沥青混合料配合比设计及应用[J]. 交通标准化. 2006,8:38-40.

[108] 李勇. 沥青路面冷补技术的特点与应用[J]. 养护机械与施工技术. 2005,(6):26-28.

[109] 张海涛. 溶剂型常温沥青混合料室外试验研究[J]. 公路. 2003,(3):74~76.

[110] Smith, K. L., A. R. Romine. Materials and Procedures for Sealing and Filling Cracks in Asphalt-Surfaced Pavements [R]. FHWA-RD-99-147. FHWA, U. S. Department of Transportation, McLean, Virginia, 1999.

[111] David R. Johnson, Reed B. Freeman, James R. Stevenson. Cost-Effectiveness of Crack Sealing Materials and Techniques for Asphalt Pavements [A]. Transportation research record: Journal of transportation research board [C], TRB, National Research Council, Washington, D. C., 2000.

[112] 孙立军,等. 沥青路面结构行为理论[M]. 北京:人民交通出版社, 2005.

[113] Leslie Ann Myers, Reynaldo, Roque. Evaluation of Top-Down Cracking in Thick Asphalt Pavements and the Implications for Pavement Design [A]. Transportation Research Circular [C]. Washington, D. C.: Transportation Research Board National Research Center, 2001. 79-87.

[114] Gilbert Y. Baladi, Michael Schorsch, Tunwin Svasdisant. Determining the Causes of Top-Down Cracks in Bituminous Pavements[R]. MDOT-PRCE-MSU-2003-110, 2003.

[115] Myers, L., R. Roque. Top-Down Crack Propagation in Bituminous Pavements and Implications for Pavement management [J]. Proceedings of the Associa-

tion of Asphalt Paving Technologists, 2002, 71:651-670.

[116] Donna Harmelink. Extent of Top-Down Cracking in Colorado [R]. CDOT-DTD-R-2003-7, 2003.

[117] Uhlmeyer, J. S., Willoughby, K., Pierce, L. M., et al. Top-Down Cracking in Washington State Asphalt Concrete Wearing Courses[A]. Transportation Research Board [C]. Washington, D. C.: National Research Council, 2000. 110-116.

[118] 李峰，孙立军. 沥青路面Top-Down开裂成因的有限元分析[J]. 公路交通科技,2005,23(6):1-4.

[119] ASTM D5329-04, Standard Test Methods for Sealants and Fillers, Hot-Applied, For Joints and Cracks in Asphaltic and Portland Cement Concrete Pavements [S].

[120] ASTM D5078-95, Standard Specification for Crack Filler, Hot-Applied, for Asphalt Concrete and Portland Cement Concrete Pavements [S].

[121] ASTM D1190-97, Standard Specification for Concrete Joint Sealer, Hot-Applied Elastic Type [S].

[122] ASTM D3405-97, Standard Specification for Joint Sealants, Hot-Applied, for Concrete and Asphalt Pavements [S].

[123] ASTM D6690-06a, Standard Specification for Joint and Crack Sealants, Hot-Applied, for Concrete and Asphalt Pavements [S].

[124] ASTM D1985-91, Standard Practice for Preparing Concrete Blocks for Testing Sealants, for Joints and Cracks [S].

[125] ASTM D5893-04, Standard Specification for Cold Applied, Single Component, Chemically Curing Silicone Joint Sealant for Portland Cement Concrete Pavements [S].

[126] AASHTO M324-2004, Standard Specification for Joint and Crack Sealants, Hot Applied, for Concrete and Asphalt Pavements [S].

[127] Federal Specification SS-S-1401C, Sealant, Joint, Non-Jet-Fuel-Resistant, Hot-Applied, for Portland Cement and Asphalt Concrete Pavements [S].

[128] Federal Specification SS-S-164, Sealing Compound, Hot Poured Type, for Joints in Concrete [S].

[129] EN 14188—2004, Joint Fillers and Sealants [S].

[130] GOST 30740—2000, Sealing Materials Used in Joints of Aerodrome Coat

[S].

[131] 中华人民共和国行业推荐标准. JT/T 203—95 公路水泥混凝土路面接缝材料[S]. 北京:人民交通出版社,1995.

[132] 中华人民共和国行业推荐标准. JT/T 589—2004 水泥混凝土路面嵌缝密封材料[S]. 北京:人民交通出版社,2004.

[133] 中华人民共和国行业推荐标准. JT/T 740—2009 路面橡胶沥青灌缝胶[S]. 北京:人民交通出版社,2009.

[134] Imad Al-Qadi, Eli. H. Fini, Mostafa A. Elseifi, et al. Repeatability and Reproducibility of the Newly Developed Hot-Poured Bituminous Sealant Viscosity Test [A]. Transportation research record: Journal of transportation research board[C], TRB, National Research Council, Washington, D. C., 2007.

[135] Imad L. Al-Qadi, Amara Loulizi, Susanne Aref, et al. Modification of Bending Beam Rheometer Specimen for Low-Temperature Evaluation of Bituminous Crack Sealants [A]. Transportation research record: Journal of transportation research board[C], TRB, National Research Council, Washington, D. C., 2005.

[136] Jim McGraw, John Olson. Evaluating Minnesota Crack Sealants by the Modified Bending Beam Rheometer Procedure [A]. Transportation research record: Journal of transportation research board[C], TRB, National Research Council, Washington, D. C., 2007.

[137] I. L. Al-Qadi, S-H Yang, S. Dessouky, et al. Low Temperature Characterization of HotPoured Crack Sealant Using Modified SHRP Direct Tensile Tester [A]. Transportation research record: Journal of transportation research board[C], TRB, National Research Council, Washington, D. C., 2007.

[138] Imad L. Al-Qadi, Eli. H. Fini, Mostafa A. Elseifi. Viscosity Determination of Hot-Poured Bituminous Sealants [A]. Transportation research record: Journal of transportation research board[C], TRB, National Research Council, Washington, D. C., 2006.

[139] Mostafa A. Elseifi, Samer H. Dessouky, Imad L. Al-Qadi. A Viscoelastic Model to Describe the Mechanical Response of Bituminous Sealants at Low Temperature[A]. Transportation research record: Journal of transportation research board[C], TRB, National Research Council, Washington, D. C.,

2006.

[140] Innovative Crack Sealing and Filling Materials and Procedures for Asphalt Surfaced Pavements, Evaluation and Analysis Plan [R], SHRP-H-106, 1991.

[141] Lynn D. Evans. SHRP Joint Study: A Seven-Year Look[A]. Transportation research record: Journal of transportation research board[C], TRB, National Research Council, Washington, D. C., 1999.

[142] Ambroz J. K., L. D. Evans. Construction Report for Campo, Colorado SHRP SPS-4 Experiment 08A400[R]. Federal Highway Administration Contract No. DTFH61-93-R-00051, FHWA, U. S. Department of Transportation, 1996.

[143] Evans L. D., C. J. Wienrank. Draft Construction Report for Wells, Nevada SHRP SPS-4 Experiment 32A400[R]. Federal Highway Administration Contract No. DTFH61-93-R-00051, FHWA, U. S. Department of Transportation, 1995.

[144] Evans, L. D. and C. J. Wienrank. Draft Construction Report for Salt Lake City SHRP SPS-4Experiment 49D400[R]. Federal Highway Administration Contract No. DTFH61-93-R-00051, FHWA, U. S. Department of Transportation, 1995.

[145] Evans, L. D. and C. J. Wienrank. Draft Construction Report for Heber City, Utah SHRP SPS-4 Experiment 49E400[R]. Federal Highway Administration Contract No. DTFH61-93-R-00051, FHWA, U. S. Department of Transportation, 1995.

[146] Meier, W. R. and E. J. Elnicky. Construction Report for Arizona's SHRP SPS-4 Experiment[R]. Report No. AZ92-377-1. Arizona Department of Transportation, 1992.

[147] Innovative Crack Sealing and Filling Materials and Procedures for Asphalt Surfaced Pavements, Evaluation and Analysis Plan [R], SHRP-H-106, 1991.

[148] Kelly L. Smith, A. Russell Romine. Innovative Materials Development and Testing Volume 3: Treatment of Cracks in Asphalt Concrete-Surfaced Pavements[R], SHRP-H-354, 1993.

[149] Smith, K. L., A. R. Romine. Materials and Procedures for Sealing and Fill-

ing Cracks in Asphalt-Surfaced Pavements[R]. FHWA-RD-99-147. FHWA, U.S. Department of Transportation, McLean, Virginia, 1999.

[150] David R. Johnson, Reed B. Freeman, James R. Stevenson. Cost-Effectiveness of Crack Sealing Materials and Techniques for Asphalt Pavements[A]. Transportation research record: Journal of transportation research board[C], TRB, National Research Council, Washington, D. C., 2000.

[151] 郑健龙,周志刚,张起森. 沥青路面抗裂设计理论与方法[M]. 北京:人民交通出版社,2002.

[152] 刘立新. 沥青混合料粘弹性力学及材料学原理[M]. 北京:人民交通出版社,2006.

[153] 朱玮玮. 新型沥青类路面裂缝灌缝胶研发[D]. 上海:同济大学,2009.

[154] 龙光. 行车荷载作用下沥青路面表面裂缝的扩展以及疲劳寿命的研究[D]. 长沙:湖南大学,2008.

[155] 何波. 沥青路面裂缝何坑槽破损机理与修补技术研究[D]. 西安:长安大学,2006.

[156] 罗睿,黄晓明. 沥青路面表面裂缝应力强度因子计算方法研究[J]. 公路交通科技,2002,19(1):13-15.

[157] 曾梦澜,马正军. 广义 Paris 公式预测沥青路面的疲劳寿命[J]. 湖南大学学报(自然科学版),2005,32(6):20-23.

[158] 冯立群,王成,刘涛,等. 沥青路面填缝带的研制及性能分析[J]. 第三届(2009)国际路面养护技术论坛论文集,2009,206-210.

[159] 李峰,黄颂昌,徐剑,等. 沥青路面灌缝胶性能评价与技术要求[J]. 交通运输工程学报,2009,9(2):7-11.

[160] 黄天元. 沥青路面裂缝处治若干问题的研究[D]. 上海:同济大学,2004.

[161] 刘焱. 水泥混凝土路面嵌缝料力学分析和灌缝技术[D]. 上海:同济大学,2005.

[162] 朱玮玮. 新型沥青类路面裂缝灌缝胶研发[D]. 上海:同济大学,2009.

[163] 何波. 沥青路面裂缝何坑槽破损机理与修补技术研究[D]. 西安:长安大学,2006.